古代東アジアの情報伝達

藤田勝久
松原弘宣　編

汲古書院　刊

はしがき

東アジアの古代史の解明にとって、既存の編纂史料だけでなく、石刻、墨書・刻書土器、漆紙文書とともに竹簡・木簡などの出土文字資料を無視することができないことは異論のないところであろう。

中国における出土文字資料は、古くは二〇世紀初頭のトゥルファン文書、敦煌漢簡・居延漢簡からはじまり、一九七〇年代以後の居延新簡、懸泉置漢簡、さらには馬王堆漢墓の簡牘・帛書、睡虎地秦簡、張家山漢簡、里耶秦簡、長沙三国呉簡などが相次いで出土している。当初は、これらの文字資料の出土地が辺境地域であることより例外的な状況を示すものであるとか、古墓からの出土である点が強調されたりした。しかし、今やその点数の多さだけでなく、里耶古城一号井戸より出土した三万七〇〇〇点の里耶秦簡のように、秦代から現実に使用された文書の出土が確認でき、かかる出土文字資料を無視した中国古代史研究はありえないといっても過言ではない。そこで、漢簡による簡牘文書学にくわえて、里耶秦簡などの長江流域出土資料をふくめて、秦代に成立した地方行政と情報伝達の基礎が、漢代以降に継承されてゆく原型について、資料論を試みることが可能であると考える。

一方、日本における木簡出土は一九二八年の三重県桑名郡柚井遺跡の三点に始まるが、一九六六年末～七年の藤原宮発掘調査で出土した評木簡により、十数年続いた郡評論争に一応の決着がつけられ、木簡の重要性が周知されたところである。以来、藤原・平城京などの都城だけでなく、全国各地の官衙や寺院遺跡などで多くの木簡が出土し、木簡学会編『日本古代木簡集成』（東京大学出版会、二〇〇三年）によると、長屋王家木簡の三万五〇〇〇点と二条大路木簡七万四〇〇〇点を含め、一九九九年末までに、全国の三六〇箇所から計二〇万二四九四点が出土し、その後も毎年全国各地で出土し続けている。こうした出土文字資料のなかには未知の事柄が記されていることがあるため、古代史研究者は、鰹節に群がる猫と揶揄されながら、個々の木簡の釈読とその理解に追われているのが現状である。

こうしたなかで、寺崎保広「木簡論の展望」（『新版　古代の日本』一〇、角川書店、一九九三年）は、文書・荷札・その他に分類された日本の木簡のなかでも文書木簡を取り上げ、ⓐ人・物の移動以前に取り交わされるもの、ⓑ人・物の移動に密着して移動する物、ⓒ人・物の移動後に取り交わされるものに分類すべきことを指摘した。ついで、石上英一「歴史情報伝達行動論」（『日本古代史料学』東京大学出版会、一九九七年）は「木簡と文書料紙の形態や使用法の差異に留意しつつ、両者を統合的に捉える史料学の視角が必要とされるようになってきた」と述べ、木簡だけでなく紙文書と木簡を統合して論ずべきことを提起した。さらに、『日本古代木簡集成』の総説では、①木簡の形態と内容の分類法を形態分類だけでなく機能を重視した分類をおこなうこと、②中国・朝鮮半島の木簡との比較研究をおこなうこと、③国語学との共同研究によって文字世界の様相を明らかにすることを、今後の課題であると述べている。以上の指摘は、従来のような文書や書写素材の形態的な分類だけではなく、木簡が作成されるのは如何なる理由なのかという木簡の機能を重視した分類の必要性を述べたものといえよう。日本古代史研究においても、出土文字資料の増加にともない、紙文書と木簡を統合した資料論を文字機能を重視して構築することが求められているのである。

そもそも文字を記すということは、発信者（記録者）が時空を越えて意志・情報を発信・伝達する目的でおこなう行為であり、受信者はそれを理解（受容）した後に、それを保管なり廃棄することを不可避とする。情報の発信～受容という点より編纂史料と出土文字資料を比較すると、古代史研究の基本史料である編纂史料は、文字が有する時空を越えて意志・情報を発信・伝達する目的は存在するが、受容後における発信者と受容者との関係は全く記されず、文字機能からみると極めて例外的な存在といえる。それに対して、出土文字資料は、発信から廃棄に至る全ての経緯の痕跡を留めていることが最大の特徴で、文字の本来的機能を示していることが知られる。こうした点に注目して伝世史料を含む非編纂史料を、文字の移動の有無に分けて整理すると次のように考えられよう。移動することによって機能が果たされる文書や荷札の場合は、情報に従った書式で書写素材に記され、種々の交通手段を利用した人により受容者のもとまで伝達される。そして、機能が終了すればその場で廃棄され、未終了の場合は機能が完了する所まで移され廃棄されるのである。それに対し、移動を目的としない帳簿類・書籍・習書・石刻・土器などは、一定の場所で情報・意志を伝えるために設置して管理されるのであるが、その伝達から保管の過程で合点や書き入れが付される場合があり、それは発信から伝達・廃棄という全ての経緯を経ていることを物語るものである。さらに、出土文字資料の最大の特質として、機能の終了後に廃棄されることがあり、廃棄（出土）場所とその機能とは密接な関係にあり、記載内容の解明だけでなく、その機能を明らかにするうえで出土遺構の検討は欠くことができない。この意味において出土文字資料は考古遺物として検討する必要があるが、それとともに考古学の側でも、情報の発信・伝達・受容・管理・廃棄という視点からの発掘調査も必要であろう。こうした相互の努力によって、鰹節に群がる猫という揶揄を払拭した考古学との共同研究が可能になるのではないかと考える。

出土文字資料の新たな資料論を構築するには、他の学問領域の視点を取り入れた共同研究が有効であるとき、同じ漢字を対象とする日本史と中国史の研究者による共同研究が必要であることはいうまでもない。しかしながら、日本と中国の古代史研究者による出土文字資料の共同研究は必ずしも進展していない現状がある。その理由には、対象とする出土文字資料の年代とその背景が異なること、それぞれに膨大な研究蓄積を背負っていること、個々の研究が精密化したために相互の研究状況の把握が困難であることなどがあげられる。さらに、中国における木簡・竹簡は木・竹使用期であるのに対して、日本古代の木簡は紙木併用期であるという点も指摘されている。前者の相互理解については、日本古代史を専門とされる方々に本書の中国篇の論考を読んでいただき、反対に中国古代史の方には日本篇の論考を読んでいただくことによって、それぞれの発想と研究視点を理解し、すこしでもその溝を埋めることができればと思う。また、後者の問題は、木簡・竹簡・紙という書写素材の形態面だけでなく、情報の発信・伝達・受容・管理・廃棄という機能面を重視することによって共同研究が可能ではないかと考えている。

本著『古代東アジアの情報伝達』は、以上述べてきたような点をふまえながら、公開シンポジウムで公表したものをもとにして成稿したものであり、将来的には新たな資料論を構築したいと願っている。

松原　弘宣

目　次

第二部　古代日本の情報伝達

古代東アジアの情報伝達

第一部　古代中国の情報伝達

中国古代の社会と情報伝達

藤田勝久

はじめに

古代東アジアの基点は、中国古代文明の成立（秦漢時代）と展開をうけており、その指標の一つは漢字文化といわれる。[1] しかし、それは文字だけを伝えるのではなく、文字資料の内容（文章のメッセージ）によって意志の伝達がはかられるものである。中国古代史では、それを文献史料によって考察してきた。

二〇世紀には、中国で簡牘《かんとく》（竹簡、木簡、木牘《もくとく》）、帛書《はくしょ》（白絹）などの文字資料が発見され、一九七〇年代以降に、その内容と数量が豊富になっている。[2] これらの出土資料は、紙が書写材料として普及するまでに、竹や木、絹、石などを素材として、文書や書籍などを作成していた第一次資料である。

しかし従来の歴史学と思想史では、その研究方法やその対象に相違がみられ、必ずしも社会の全体におよぶ資料論は展開されていない。たとえば歴史学では、法制史や行政文書の考察が多いが、その対象は、西域の遺跡から出土した漢簡（居延《きょえん》漢簡、敦煌《とんこう》漢簡など）や、古墓に副葬された秦律と漢律（睡虎地《すいこち》秦簡、張家山《ちょうかざん》漢簡）に集中している。[3] また思想史の分野では、思想の成立や、『漢書』芸文志の目録とくらべた書誌学の考察が多く、とくに長江流域の古墓の典籍（郭店楚簡《かくてんそかん》、上海博物館蔵楚簡、馬王堆《まおうたい》漢墓帛書など）が中心となっている。[4]

それでは古代社会のなかで、どのように文字資料（文献と出土資料）を総合し、モデル化できるのだろうか。私たちは、その研究を進展させるために、さらに多様な視点から資料論を試みようとしている。そのキーワードは「情報の伝達——発信と受容」である。それは文書行政をこえて、文字資料による行政の運営、公的・私的な情報、交通と人の往来による情報伝達をふくめて、社会のなかで全体的に考えてみたいとおもう。

なお本稿では、中央と地方社会を結ぶ接点として、県レベルの社会を基準に三つの区分を試みている。(5) その一は、中央と地方の情報伝達で、いわゆる文書行政の範囲である。二は、地方生活の基本単位となる県社会の末端におよぶ公・私の情報であり、これまで研究の少ないところである。三は、先の二つとも重複するが、交通と往来による伝達として、広く公・私の情報を展望してみたい。

一　中央と地方の情報——文書行政

1公文書の通信と副本

秦漢時代では、皇帝を中心とする中央官制と、郡県制による地方行政がおこなわれた。それらの官府では文書による伝達が規定されている。(6) たとえば睡虎地秦簡『秦律十八種』の「内史雑律」一八八簡には、事柄を申し述べるとき、必ず書面でおこない、口頭や代理によって請示してはならないという。また「行書律《こうしょりつ》」一八四、八五簡では、文書の伝達と受信に対して、必ず月日と時刻を記し、もし文書が紛失した場合は、すみやかに官に告げることになっている。これによれば秦代までに、文書行政は文字資料によっておこなわれており、その伝達の規定は戦国時代にさかのぼる。

漢代の文書行政については、これまで前漢時代の後半から王莽《おうもう》期、後漢時代の漢簡を中心として、詔書をふくむ下行文書や、同級の官庁の平行文書、上計などの上行文書、裁判にかかわる文書の研究がある。(7) 中国の簡牘学では、こうした文書を書檄類（書、檄、記、伝、致）に分類し、簿籍、律令、案録、符券、検楬類と区別している。しかしこれらの行政文書は、その作成と伝達からみると、官府の系統による区分ができ、出土資料はこれらの系統に対応している。

たとえば秦漢時代の中央官制には、儀礼と学問にかかわる奉常《ほうじょう》（前漢の景帝期から太常《たいじょう》）の官府がある。このほか行政にかかわる官府には、丞相《じょうしょう》、御史大夫《ぎょしたいふ》、廷尉《ていい》、大司農《だいしのう》がある。[8]

太常には、王朝の儀礼や実務の基準となる暦譜がある。すでに秦代では、公文書に月日と時刻を記すことを規定していたが、こうした実務を施行するには、基準の暦を配布する必要がある。秦漢時代では、奉常（太常）に所属する太史令《たいしれい》が新年の暦を奏上することになっていた。その暦は、戦国末の秦、秦代から漢武帝の太初元年以前までは、十月が年頭の顓頊《せんぎょく》暦であり、太初暦の作成より以降は正月を年頭としている。したがって、暦は文書行政に必要な最初の資料となり、暦譜の実物は出土資料に多くみえている。[9]また太常には博士の官があり、ここには六芸などをはじめ多くの書物が所蔵されている。このような書物は、中央の文書とともに、司馬遷が『史記』を編纂するときに利用できた系統の資料である。[10]

つぎに皇帝の詔書や行政文書は、丞相、御史大夫に関する資料である。『漢書』百官公卿《こうけい》表によれば、丞相は天子を補佐し、御史大夫は副丞相にあたるが、これらは関連して中央の命令を発布している。大庭脩氏によると、詔書の立法手続きには三通りの形式がみられるという。[11]第一は、皇帝自ら命令を下す形式。第二は、官僚の献策が認可され、皇帝の命令として公布するもの。第三は、官僚に立法を委託し、覆奏と制可の言がつくものである。これらは丞相と御史を通じて公布される。

これは前漢初期の張家山漢簡「津関《しんかん》令」からも裏づけられる。「津関令」には、この三つの形式に対応する令があり、皇帝の裁可をうけたあと、地方に伝達されたとおもわれる。ただし「津関令」は、詔書を直接的に伝達した文書ではなく、中央の令を編集したものが、張家山漢墓がある南郡の江陵県に達していることが確認できる。中央から地方への下行文書には「下」「告」「謂」「言」が用いられ、同格の場合には「移」の用語をもつと指摘されている。また下部からの上行文書には、「敢言之」という用語がみられ、これらは丞相と御史大夫の系統に関する資料である。

これに対して裁判の手続きと、それに関連する文書がある。たとえば籾山明氏は、起訴状にあたる「劾」をしたあと、必要があれば取り調べの情況を記した「爰書《えんしょ》」を送り、それから罪状を確定する「鞫《きく》」の文書を作成したと述べている。「鞫」の結果が死刑相当の罪状であれば、郡の判決が下されるが、郡が判断に迷えば、中央の廷尉の判断をあおぎ、廷尉が迷えば皇帝の判断をあおぐと理解している。[12]

こうした裁判の例は、張家山漢簡の『奏讞書《そうげつしょ》』に案件がみえており、その一例は以下のような形式である。

十一年八月甲申朔己丑。夷道汾・丞嘉敢讞之。……敢讞之。謁報、署獄史曹發。●吏當。……。●廷報。當腰斬。（案件1）

ここでは上行文書の「敢言之」が「敢讞之」となっているが、その返答には「廷報」とあり、これは廷尉の系統の文書である。したがって、この行政文書は、丞相や御史大夫とは別の系統の資料であったことになる。

このように中央と地方を結ぶ行政文書は、文書の書式では、同じように「書檄類」に分類されているが、情報伝達の機能からみれば、太常や、丞相と御史大夫、廷尉などの系統に分けることができる。

つぎに漢王朝では、地方に命令や行政文書を伝達するとき、郡県の行政機構によるほか、郵（のち駅、置）という施設によって逓送している。これは今日でいえば、郵便と官庁による公文書の伝達である。張家山漢簡「行書律」には、こうした文書の伝達に関する規定がみえている。[13]

①「制書」「急書」と、五〇〇里（約二〇〇キロ）を越える重要文書などは、郵で伝達する。ただし危害の畏れがあったり近辺に郵を置けない場合は、門亭の卒や捕盗（役人）によって文書を伝達する（二六五～二六七簡）。②危急の変事を知らせるときは伝馬に乗る（二一三～二一五簡）。③通常の文書は、県・道の次（伝舎や官の施設の順序）によって伝

達する（二七三～二七五簡）。

また「行書律」二六四簡、二六六～二六七簡には、郵を置く距離の規定がある。通常は一〇里（約四キロ）ごとに一郵を置くが、南郡の長江より以南では二〇里（約八キロ）ごとに一郵とする。北地郡と上郡、隴西《ろうせい》郡の三郡では、三〇里（約一二キロ）ごとに一郵とした。さらに土地が険しく郵が置けないときには、便利な所まで進退してよいという。

「行書律」二七三～七五簡では、郵人が文書を伝達するノルマは、一昼夜で二百里（約八〇キロ）を行くこととし、ノルマの遅れが半日分までなら笞五十の罰とする。半日から一日までの遅れは笞百の罰とする。一日以上であれば罰金二両とする。また郵の官吏が境界で文書を受けながら、伝達せずに滞留したとき、それが半日以上であれば罰金一両とする。さらに郵で伝達するとき、封泥《ふうでい》（粘土で封をした印）が損なわれた場合は、別に県が封印することを規定している。

前漢後半期より以降の漢簡でも、文書の伝達が明らかにされている。[14]そこでは「一封」「二封」など郵書の記録が残され、配達の期限が守れない場合には「郵書失期」の罪となった。したがって漢代では、長江流域の古墓や、西域辺境の資料から、同じように中央から全国の地方に文書が送付された姿が推測できる。しかし出土資料の行政文書は、郵や行政機構によって送付された公文書（宛名と発信をもつ）の実物だけではない。各地の役所では、公文書を伝達する際に、多くの副本と控えを作成したようである。

たとえば皇帝の詔書が、長い日数をかけて地方の官府（郡太守、都尉、県レベルの候官）に伝達されることは、大庭脩氏が復元された居延漢簡の「元康五年詔書冊」によって、よく知られている。[15]その過程は、中央で裁可された詔書が、宣帝の元康五年（前六一）二月に御史大夫から丞相をへて、全国の郡・国に伝達される。それが三月下旬に、西域の張掖《ちょうえき》郡に到達し、閏月に張掖郡の肩水都尉、肩水候官の候まで伝えられ、その下部に伝達する控えで終わっている。

ここで注目されるのは、これが配達された公文書そのものではないことである。この冊書が出土したエチナ河流域のA三三地湾は、肩水候官の遺跡と推定されている。だから中央の詔書が、郡太守、都尉の機構をへて書写され、県レベルの候官まで伝達されたことは確認できる。しかしこの部署で、冊書と下部への文書を一緒に記しているのは、肩水候官に届いた文書の実物ではない。つまりこの冊書は、永田英正氏が指摘されるように、肩水候官が受け取ったあと、これまでの文書を清書して、さらに下部に伝達する控えとみなされる。(16) そのためこの文書は、候官の遺跡で出土しているのであり、別に公文書の副本が下部に伝達されたはずである。

これは「移動する文書」に対して、その官府に留めておく「控えあるいは保存」の記録といえよう。これまでの簡牘文書学では、資料の書式に注目して、公文書の原型を明らかにしようとしてきた。しかしその素材とした出土資料は、伝達された文書の実物だけではなく、その写し（副本と処理の控え）も多い点が注目される。こうした処理は、漢代に整備されるとみなされていたが、すでに秦代の里耶《りや》秦簡《しんかん》にみえている。

2 文書の処理と保存――データベース（1）

秦代の郡県では、行政文書の伝達とともに、県の役所での処理を示す文書がある。それが長江流域の湖南省龍山県里耶鎮で、洞庭《どうてい》郡に所属する遷陵《せんりょう》県の古城（J1井戸）から出土した里耶秦簡（約三七〇〇〇枚）である。(17)

その一例は、木牘⑯5、⑯6にみえる。(18) これは木牘の正面に、二枚とも同文で、始皇帝二十七年（前二二〇）二月十五日に洞庭郡の長官から県へ出された命令を写している。その内容は、輸送労働の調達について、むやみに民を徴発しないように通達したものである。背面には、それぞれ左右に分けて、この文書の受信と発信の控え、それに従事した人名を記している。これが郡県の文書行政と、県での処理を示している。

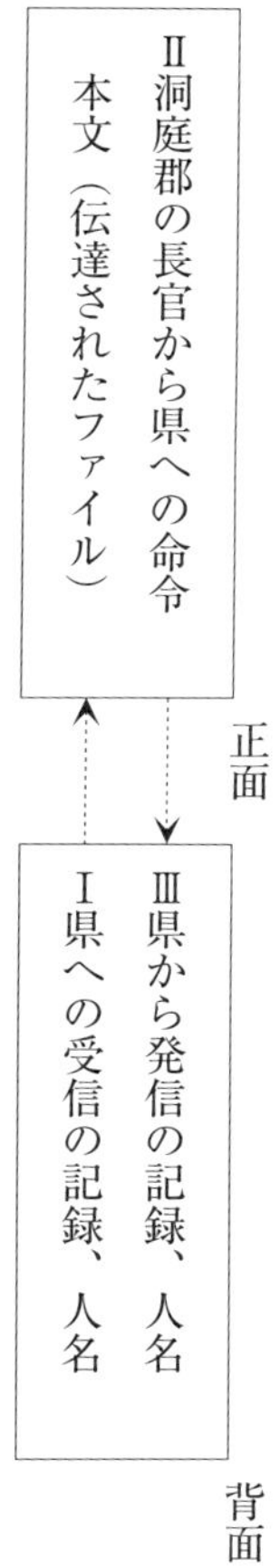

Ⅰ背面の左側にある受信には、二枚に分かれて、二月二十八日、三月三日、三月八日に文書を持ってきた人物と、サインをした人物の名（⑯5羽、邪、⑯6慶。某手と表記）を記している。この文書が正面にコピーされて、Ⅱ命令文書の本文控えとなる。

Ⅲ背面の右側には、遷陵県の丞がこの文書の処理をして、三月五日と十一日に県尉に告げる発信の控えがある。⑯5と6では共に釦という人物が書写しており、持って行く人物も記されている。また⑯6には、下部への伝達とは別に、三月十三日に県丞が写したことを隣県を通じて報告する「写上。敢言之」という表現がある。

これは今日でいえば、電子メールの受信と、その本文、発信（転送）の機能とまったく同じである。これを秦代では木牘一枚で処理しており、その形態がきわめて便利なことがわかる。遷陵県では、この控えにもとづいて、正面の本文を写した公文書を、県尉を通じて下部に何度か伝達したはずである。したがって遷陵県に届いた公文書と、県尉に伝達された文書は「移動する文書」であるが、県に残された木牘⑯5、6は「処理をした控え」の文書なのである。これと同じ機能は、県の下部機構とのやりとりにもみえており、その文面には添付ファイルの存在もうかがえる。[19]

里耶秦簡は、まだサンプル資料しか公表されていないが、報告では一枚の木牘で完結する資料が多いといわれている。しかも公開された資料だけでも、九点以上が文書の処理を示していることから、その多くは「移動する文書」の形態ではなく、処理と保存の資料である可能性が大きいと予想している。[20]

ところで里耶秦簡の形態からは、さらに受信や発信だけを記録したり、本文（ファイル）だけを保存するケースが推測される。これらの一部は、里耶秦簡ではなく、戦国楚の包山《ほうざん》楚簡《そかん》や、睡虎地秦簡「語書」にみえている。

包山二号楚墓の墓主は、戦国中期の懐王期（前三二二～三一六）に、昭王の一族で、左尹の職務にあった昭㸰という人物である。包山楚簡には、遣策と卜筮祭禱簡、司法や裁判に関する文書簡があり、さらに文書簡は、集箸、集箸言、受期、疋獄、その他に分類されている[21]。これは秦漢時代でいえば、裁判に関連する廷尉の資料に近いであろう。ここに処理の控えを示す資料がある。

たとえば「疋獄」と名づけられた文書は、月日と、訴訟の人名と要点、処理をした官員の名を、連続して記している。その他の簡には、左尹が下級官員に処理を委ねた文書がある。その形式は、ある官員が処理をした案件を、月日ごとに記しているが、ここには具体的な内容を記していない。また「受期簡」の用例は、つぎのようになる。

某月某日。某A受期。某月某日。不～某B以廷。陞門有敗。〔空白〕某C識之。

これらは具体的な法律の案件ではなく、すべて処理の要点を記録したものである。このように戦国楚では、左尹のもとで裁判にかかわる案件を処理して、その記録だけを竹簡に記す場合があった。このほか包山楚簡には、里耶秦簡と同じように、竹簡の正面に文書を記し、背面に受信と発信を記す形態がある[22]〔一三二～一三五簡の案件〕。

また里耶秦簡とはちがって、背面の受信と発信を省略し、正面の文書だけを写して保存する形態は、睡虎地秦簡の「語書」にみられる。この資料は、南郡の長官が秦王政二十年（前二二七）に、所属する県と道（県レベル）に通達した文書である。その書式は、里耶秦簡の⑯5、6正面の用法とまったく共通している。

廿年四月丙戌朔丁亥。南郡守騰謂縣道嗇夫。……今且令人案行之、舉劾不從令者、致以律、論及令・丞。有（又）且課縣官、獨多犯令而令・丞弗得者、以令・丞聞。以次傳。別書江陵布、以郵行。（睡虎地秦簡「語書」）

廿七年二月丙子朔庚寅。洞庭守禮謂縣嗇夫・卒史嘉・叚（假）卒史穀・屬尉。……縣亟以律令具當坐者、言名史泰守府。嘉・穀・尉在所縣上書。嘉・穀・尉令人日夜端行。它如律令。（里耶秦簡⑯5、6正面）

したがって公文書の内容は、その本文だけを竹簡に保存する場合があり、それが「語書」となっているのである。このように秦漢時代の文書システムは、戦国秦や楚にさかのぼることが予想されるが、秦と楚国では、それぞれ異なる暦を採用し、行政機構や、裁判の原理、祭祀、習俗、規範などがちがっている。これは文書システムをこえて、広く社会システムの相違になるとおもわれる。

3簿籍による管理――データベース（2）

それでは上行文書の場合にも、同じように副本や、処理の控えがあるのだろうか。永田英正氏は、漢代の上行文書で多いのは、簿籍（帳簿と名籍）や爰書を上級官庁に送る送り状といわれる。[23]そして帳簿と送り状との関係を、つぎのように説明している。

たとえば、内郡の県レベルにあたる候官より以下の部署では、備品リスト（簿籍簡牘）を作成して、その簿籍をすべて候官に送った。これはタイトル簡（標題簡）で挟む帳簿の形式である。候官は、それらの簿籍を整理集計したうえで都尉府に送ったという。このとき候官では、さらに「……敢言之。謹移……□簿一編。敢言之」の送り状（簿籍送達文書簡）を付けることによって、上級への上行文書になるという。これによって帳簿は、ただ物品リストではなく、上級官庁に逓送される古文書として理解できるようになった。

永田氏は、県にあたる候官が、行政文書を作成する最末端の機関とみなしている。ただし文書の発信と受信の記録や、人事異動の記録簿などは、控えとして候官に残していたといわれる。このように県レベルが、下部の文書などを集積する基本単位であることは、里耶秦簡や尹湾漢墓簡牘などによっても明らかとなった。[24]

こうした帳簿にあたる資料は、里耶秦簡の木牘⑧147にみえている。

遷陵已計卅四年餘見弩臂百六十九。　●凡百六十九

　出弩臂四輪益陽。出弩臂三輪臨沅。〔●〕凡出七。今八月見弩臂百六十二

ここでは遷陵県が、始皇帝三十四年（前二一三）に弩の在庫の帳簿を作成しており、そのとき貸し出した弩を差し引いている。これは上行文書の資料となろうが、同時に次期の基本台帳となるものである。

　里耶秦簡には、さらに名籍を保存した資料がある。それは木牘の⑨1〜12で、陽陵県の債務労役者を記した一連の文書である。[25] その要点は、まず陽陵県の司空が、三十三年（前二一四）三月から四月にかけて、不在となった債務労役者の卒十二人の「校券」を備えて県に提出している。それを陽陵県は、三十三年四月に洞庭の郡尉に報告して指示を求めたが返答がなかった。陽陵県は、三十四年六月から八月にかけて、ふたたび洞庭尉の指示をあおいだ。こうした経過を、おおむね正面に記している。そこで洞庭郡の尉は、三十五年四月七日の同日に所轄の県に一括して通達したらしく、卒十二人の文書が遷陵県に届いている。これが木牘の裏面に記されている。このように卒に関する命令と報告が機能するためには、陽陵県、洞庭郡ともに名籍の控えがなくては不可能である。また出土した遷陵県でも、これらの卒一人を一枚の木牘に記して一括するのは、これが伝達される文書の原本ではないことを示している。

　ここから秦漢時代では、命令の文書につづいて簿籍の内容においても、送付する原本のほかに、それぞれの官府と部署で控えを保存していることが想定できる。その理由は、公文書を確実に伝えるためだけではなく、張家山漢簡「賊律」に偽書や文書の不正、「行書律」に文書遅延などの罰則があることからすれば、不正や偽造を防止し、内容を確認するために必要だったのであろう。[26]

　ただし簿籍の重要な点は、文書の作成と確認だけではない。それは簿籍によって、労役や財務の運営をすることである。また倉庫の出入には「出入券」の類を作成して財務の管理をしたと推測される。このほか文書や物品に付ける付け札（楬《けつ》、笥牌《しはい》）がある。このように文字資料の形態で、郡県の業務をおこなう方式は、地方統治の運営にかかわる情報システムとみなすことができる。[27] これは日本古代の木簡とも関連する用途である。

二　地方社会の情報

1公的な情報――壁書、扁書、石刻、口頭

ここで視点をかえて、県社会に住む吏民たちに、どのようにして公的な情報を伝達するのかを考えてみよう。これについては、文書や壁書、扁書《へんしょ》による文字資料のほかに、口頭による伝達がある。(28)

壁書の例は、敦煌懸泉置《けんせんち》で発見された「四時月令」（『敦煌懸泉月令詔條』中華書局、二〇〇一年）がある。これは宿場の壁に書かれていたもので、高さ四八センチ、長さ約二二二センチであった。全体は、大きく三つの部分に分かれる。

Ⅰ「太皇太后の詔」と、元始五年（後五）五月十四日に郡太守に下す命令。

Ⅱ上段は「四時月令」の本文。下段は、月ごとの禁止や奨励などの補足。

Ⅲ「詔書」とその送り状。中央から全国の地方、敦煌郡、所属の県に下す。

この壁書の本文にあたる「四時月令」は、一種の時令思想として、官吏に遵守させる項目とみなしている。そこで県以下の機構では、文書による形態のほかに、壁書によって官吏に周知させる方法があったが、必ずしも庶民に対する方法ではない。

つぎに吏民に広く周知させるには、扁書による方法がある。扁書の例は、前漢の成帝期から王莽の紀年をふくむ烽隧から出土した、エチナ漢簡（2000ES7S:4A）がある。

十一月壬戌。張掖大守融・守部司馬横行長史事・守部司馬焉行丞事下部都尉。承書從事、下當用者。書到、明白大扁書郷・亭・市・里・門外・謁舍顕見處、令百姓盡知之、如詔書。書到言。

（魏堅主編『額済納漢簡』広西師範大学出版社、二〇〇五年）

この詔書の内容は不明であるが、張掖太守が都尉府に伝えており、「郷亭、市里、門外、謁舎」のよく見える場所に扁書して、百姓（庶民）に知らせることを指示している。それが県レベルの下部にある烽燧まで文書で伝えられ、扁書で掲示することになる。馬怡氏によれば、扁書は木板や牆壁に記すのではなく、一種の文書を通告して発布する形式とする。(29) その方法は、紐で編んだ木簡の冊書を、両側に小さな輪を作って固定すると考えている。扁書の形態には、なお不明な点があるが、少なくとも吏民に情報を周知させるために、県社会の見やすい所に掲示したとおもわれる。これは詔書だけではなく、もう少し広い範囲におよんでおり、命令を吏民に伝達する有効な一手段であった。

このほか漢代の郡県では、特殊な例であるが、官府の規約を石刻とする場合がある。(30) 前漢時代には、1左内史の児寛が六輔渠を開いたとき、水令を定めており（『漢書』巻五八児寛伝）、2南陽太守の召信臣が民のために均水約束を作り、石に刻んで民の紛争を防いでいる（『漢書』巻八九循吏伝、召信臣条）。後漢時代では、3王景が廬江太守となって水利施設の修復をしたのち、石に誓を刻んで民に常禁を知らせている（『後漢書』循吏伝、王景条）。

さらに注目されるのは、漢代の県社会では文書や扁書と並行して、口頭による伝達がみえることである。こうした例は、きわめて少ないが、『史記』呉王濞列伝（『漢書』荊燕呉伝）に、呉楚七国の乱に際して、使者が諸侯王に詔書を読み聞かせている。これは庶民のケースではないが、口頭で読み聞かせた例である。

また『漢書』巻六武帝紀、元狩元年（前一二二）四月丁卯条の詔書では、その伝達について「曰。皇帝使謁者賜県三老・孝者帛。人五匹。……有冤失職。使者以聞。縣郷即賜。毋贅聚」という追加の記事がある。唐代の顔師古は、これを「謁者が使者をして詔書の文を宣べさせる」と理解している。また「贅聚する毋かれ」とは、県、郷のレベルで恩賜を与えるときに、集めるのではなく、人びとの所に行って渡すように解釈している。したがって、この例では県以下の郷レベルまで、使者が赴いて詔書の内容を直接に伝えることになる。郷里社会では、こうした口頭なども考慮する必要があろう。

2私的な情報――古墓の資料、石刻

それでは県社会で、私的な情報はどのように伝達されたのだろうか。また古墓に副葬された文書や書籍は、公的な資料か、それとも私的な資料なのだろうか。

これまでみた文書行政によれば、公文書の原本が古墓に収められるとは考えられない。なぜなら公文書の伝達では、不正や偽造を防ぐためや、そのノルマや方法について厳しく規定されているからである。しかし文書の控えや保存の形態をみると、両方の接点が見いだせるようにおもう(31)。

もし文書の副本や控えが無効になったり、あるいは官吏が個人的に書写した場合には、それは公文書ではなく、私的な資料とみなされたのではないだろうか。このように私的な資料となった文書が、古墓に副葬されるとき、とくに墓主にとって随行品の一部として意識された可能性がある。つまり古墓の資料は、現実におこなわれた文書や案件などの控えか、あるいは無効となった資料をふくむと考えるのである。

県レベルの社会では、さらに古墓に書籍が収められている。こうした書籍のうち、睡虎地秦簡の『日書』や、張家山漢簡の『算数書』は、実務に関連する書籍とみなすこともできる(32)。しかし戦国楚墓や秦漢墓に副葬されたさまざまな典籍は、必ずしも公的な資料とはみなされない。これらは書籍が書写され伝達される過程として、広く交通や人びとの往来と関連して考える必要がある。

また漢代の県社会では、地方長官を顕彰した徳政碑や、墓碑、祠廟碑などの石刻資料があり、とくに後漢時代に流行するといわれている。これについては、角谷常子氏や永田英正氏などの考察があり、ここにも情報伝達との関係がみえる(33)。

中国では、秦代以前のわずかな例をのぞいて、有名なのは秦代の刻石である。始皇帝は統一のあと、天下に巡行し

図１　簡牘文書学から新たな「資料論」へ

〔古文書学、法制史〕
文書行政（遺跡、古墓の資料）
法律、行政文書、裁判

〔書誌学、思想史〕
書籍、卜筮、遣策など
（古墓の資料）

⇓

秦漢帝国の情報伝達（社会システム）
情報システム、官府の運営
文書システム
暦、法律、行政文書、裁判
文書処理、簿籍の管理
⇨掲示、口頭
祭祀、習俗、地域性
書籍、書信、石刻
交通、人々の往来

て各地で刻石をした。『史記』秦始皇本紀によれば嶧山《えきざん》、泰山《たいざん》、琅邪《ろうや》、之罘《しふ》、東観《とうかん》、碣石《けつせき》、会稽《かいけい》の七ヶ所で、それは秦の徳を頌えるものである。これは全国のレベルで、各地域の人々への情報とみることができる。

これに対して漢代の石刻は、主な地域に偏りがあり、永田氏は、山東（六八種）、河南（三二種）、陝西（二〇種）、四川（一八種）などが多いといわれる。また郡・国や県レベル以下の範囲では、前漢と王莽の時代では、題字・土地売買に関する資料をのぞけば、諸侯王の王国か、郡県レベルで作成されている。しかし後漢時代には、しだいに刻石が増加して、県レベル以下の三老や父老などの社会層に関するものなど、その内容も豊富になっている。ここには褒斜道《ほうやどう》の摩崖《まがい》石刻のように、交通路の開通や修復に関連して刻まれたものがある。[34] これらは当時の郡県社会が、石に刻むという永続性をもって、それを不特定の人びとに示すことにより、地域社会の関係を維持しようとする様子がうかがえる。そのため漢代の石刻は、中国の原点とみなされており、それ以降の時代に仏教関係の石刻や、造像銘、墓誌などをふくめて、後世に展開してゆくものである。

このように戦国時代から秦漢時代では、県社会を一つの基準として、公文書の情報伝達と、私的な資料や書籍、石刻などとのかかわりを見いだすことができる。図1は、これまでの簡牘文書学と、出土資料を考える視点を整理したものである。

三　交通と往来による情報

1交通システム――関所と宿場、津関令、通行証

これまで「文字資料の移動」の様子をみてきたが、もう一つ考えるべきことは、交通と往来による情報伝達である。それは「人の移動」による情報のあり方である。

秦漢時代の交通には、文書を送付する郵や、行政機構の施設などがあった。これと関連して、人びとの往来に関する施設には、関所と宿場（伝舎、置など）がある。その交通システムは、つぎのように要約できよう[35]。

漢代初期では、張家山漢簡「津関令」に、長安を起点とする交通路に、黄河と漢水、長江の津（水路の関所、渡し場）と関所がみえている。すなわち黄河流域には、函谷関と臨晋関があり、漢水とその支流には武関と鄖関が置かれ、長江には扞関が設けられた。「津関令」によると、このほかに「塞の津関」がある。西方では、軍事施設としての関所があり、エチナ川流域では肩水金関などがある。

こうした津関を通過するには、中央や地方官府が発行する通行証（伝、符）が必要である。「伝」は官僚・官吏の公的な出張や赴任、帰省などに使用された[36]。

「津関令」四八八～四九一簡では、津関の通行に「伝」や「符」が必要であり、証明をもたずに津関を出入りしたり、関所の門や渡し場以外から出入りする者には、罰則を定めている。また他人に「伝」や「符」を貸与する場合も同罪であること、「伝」の偽造に罪があった。このほか塞の郵や門亭で、公文書を伝送する者は「符」を用いてよいことになっている。「符」は、六寸（約一三・八センチ）を基準として、二つを合わせて割り符とし、側面に刻みをもつことが指摘されている。その一方を関所が持ち、もう一方を通行する者に渡して、帰るときに確認する一ヶ所の通

行証といわれている。

また漢代では、公用の「伝」「符」のほかに、私的な旅行に対する「伝」や、随行する人や物に対する証明書を作成しており、公用の「伝」を用いる旅行者には、身分によって車馬や宿泊、従者、食事などが提供されている[37]。その規定の一部は、睡虎地秦簡「伝食律」や、張家山漢簡「伝食律」にみえている。これに対応するのは、県城に設けられた伝舎や、郡県の領域にある亭、置などの施設であり、懸泉置の遺跡では、こうした宿場の構造を知ることができる[38]。

以上が、秦漢時代の交通システムのあらましであるが、こうした人びとの往来によって、どのような情報が伝達されたのだろうか。

2　人の移動と情報伝達——書籍、書信

人びとの往来による私的な情報には、書籍の伝達がある。これは文字資料による文書システムではなく、いわば知の普及という側面である。出土資料では、戦国楚の竹簡に書かれた典籍がもっとも早い。そのため中国思想史や、古文字、言語学などでは、郭店楚簡や上海博物館蔵楚簡の典籍に関心が集まっている。しかし出土書籍は、文書とはちがって、発信者や年月などを記していないため、伝達の過程がわかりにくい。

これについては、戦国時代に外交の使者が往来することや、荀子が楚の封君・春申君の食客となったり、秦では呂不韋に諸侯の遊士や賓客を集めて『呂氏春秋』を編纂したことから、楚墓の地域社会と遊説家、諸子、客などの活動が注目される[39]。

戦国楚は、前二七八年に秦に占領されるまでは、紀南城（郢、湖北省荊州市）を都城としていた。書籍を出土した楚墓は、都城の周辺と、交通路線上にある地方都市（湖南省長沙市など）や貴族クラスの墓に散在している。これまで楚

墓のなかで、書籍などを副葬する墓はきわめて少ないが、その地域には交通による遊説家や食客などとの関連が見いだせるかもしれない。ただし竹簡の発見が、楚墓に集中しているのは、白膏泥や青膏泥などを使用した特殊な構造によるとおもわれる。

漢代でも、同じように各地の諸侯王や官吏などに寄食する客たちがいる。その代表的な人物は、景帝・武帝期のとき文学で有名な司馬相如である。『史記』司馬相如列伝によると、かれは蜀郡成都の人で、景帝のとき郎となって長安に行き、武騎常侍となった。たまたま来朝した梁孝王が連れてきた遊説の士を知り、諸生や游士と一緒に舎に寄食している。このとき梁国には、斉や淮陰、呉の人たちがいた。のちに梁王が亡くなると、蜀郡の成都に帰ったが、このとき臨邛の県令のもとで都亭に寄食している。そして武帝の時代に、天子のために賦を作成したり、巴・蜀の吏卒を徴発して夜郎へ進軍するときには、使者となって「巴蜀の太守への檄文」を作っている。

したがって都城や地方都市に書籍などを伝えたのは、行政官府や官僚によるものだけではなく、諸国に遊説家が往来したり、あるいは戦国時代の封君や、漢代の諸侯王・列侯、郡県の官吏などに寄食する人びとによる場合があったと推測されるのである。

さらに交通による情報には、個人的な書信や、さまざまな伝聞がある。(40)書信については、『史記』に伝えがみえているが、湖北省雲夢《うんぼう》県の睡虎地四号秦墓から戦国後期の私信の木牘二枚が出土して、その形態がわかるようになった。これは従軍した兵士が、家族に宛てた書信である。また漢代文帝期の馬王堆帛書『戦国縦横家書《しょうおうかしょ》』には、戦国外交に従事した書信をふくむ故事がある。(41)ここには発信と受信者のほかに、往来して書信を持ち運ぶ人びとがいる。

このほか近年では、安徽省天長市の前漢墓から、木牘の私信一六枚が発見され、この墓主は東陽県の官吏で、謝孟という人物とみなされている。(42)ここには、一県の「戸口簿」と「算簿」を表裏に記した木牘一枚も副葬されていた。また敦煌懸泉置の遺跡では、帛書などに書かれた前漢時代の書信がある。(43)とくに帛書の書信では、丁寧に書かれた本文のほかに、自筆の文字があり、代筆の存在もうかがえて興味深い。こうした人びととの往来による伝聞や、書信の形態については、まだ研究が始まったばかりである。しかし文書システムにくわえて、こうした交通や習俗、地域性を考えるとき、古代の社会システムが理解できることになる。

おわりに——簡牘・帛書から紙へ

本稿では、出土資料を社会のなかで全体的に位置づけ、文献と出土資料をあわせた「資料論」を考えてみようとした。その要点は、つぎのようになる。

一は、中央と地方を結ぶ情報の系統による区別である。ここでは文書行政の主体が、丞相と御史大夫、裁判に関する廷尉の系統にあるが、儀礼と学問を司る太常の系統もあることを指摘した。

二は、公文書の本文と副本、処理の控えの違いである。これまで文書行政では、主として、郵や行政機構を通じて逓送される公文書の書式を問題としてきた。しかし出土資料では、公文書の実物のほかに、その副本を写して控えとする形態がうかがえる。その転機となるのは秦代の里耶秦簡である。里耶秦簡は、原本そのものよりも、むしろ写しと単独の記録簡が多いのではないかと推測される。

そこで三に、原本と写しを区分してみると、さらにいくつかの形態がある。1は処理の控えである。里耶秦簡では、官府で公文書を伝達するとき、木牘一枚の表裏に、受信（日付と担当者）と本文、発信（日付と担当者）の処理を記している。また受信・発信だけの控えや、本文の保存、添付ファイルの形態もみられる。これは現代でいえば、電子メールの受信記録と、本文、発信（転送）記録の原理とよく似ている。こうした処理は、簿籍（帳簿と名籍）でも、同じような形態がみられた。2は、労役や財務の管理に利用する簿籍や倉庫出入の券などである。したがって秦漢時代では、

図２　中国古代社会の情報伝達

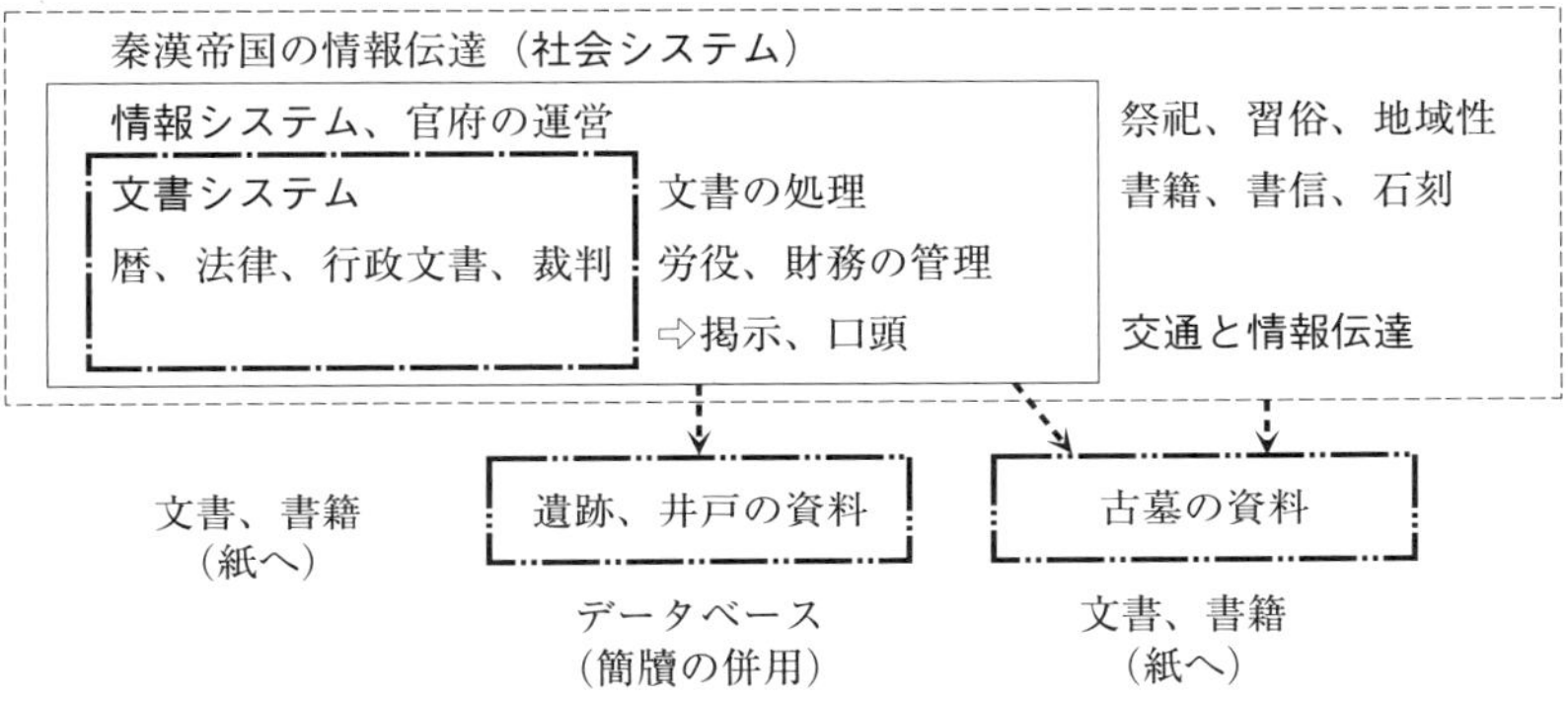

公文書を確実に伝えるとともに、不正や偽造を防止し、地方の業務を運営するためにも、それぞれの郡県の機構で、処理の控えや保存をしていたと推測される。その基本単位は、「県」が集約する末端の機構である。

四に、県レベル以下の情報伝達のあり方である。ここでは皇帝の詔書などを、官吏と庶民へ周知させる方法をながめてみた。その一つは、前漢末の敦煌懸泉置で壁に書き写すケースがある。また扁書といって、官府や人びとが集まる目につく所に、文字資料を掲示して周知させる方法があった。さらに漢代では、法令の規約などを石刻として吏民に知らせることがある。このほか史料は少ないが、使者による口頭での読み聞かせがある。私的な情報では、個人が所有する書籍や、先にみた公文書の控えを私的に所有することを想定してみた。また後漢時代に盛んとなる石刻の流行も、地方社会の私的な情報である。

ところが五に、古代社会の情報は文字資料の移動だけではない。そこには交通と人びとの往来による情報の伝達がある。そこで秦漢時代の交通施設や、津関令と通行証の運用をふまえて、官吏や客などの往来による書籍や書信の伝達を考えてみた。こうした交通による情報伝達は、日本古代史と比較するためにも、さらに発展させる必要がある。

図2は、以上の内容をモデル化したものである。ここでは従来まで注目された文書システムをこえて、とくに文書の控えと副本、データベースに

よる労役や財務の運営（情報システム）を設定している。これによって中国古代では、秦漢時代に「県」を単位とする地方行政と情報伝達の原型ができていたことがわかる。そして各地域の交通や、書籍・書信の伝達、習俗などをふくめて、広く社会システムと表現した。そのとき遺跡と井戸の資料は、保存や廃棄される過程で、古墓に収められる資料との接点が想定できるとおもう。

このモデル図は、文献と出土資料の関係や、簡牘・帛書から紙への変化についても示唆を与えている。たとえば、司馬遷の『史記』とくらべてみると、情報システムにかかわる地方行政の資料は、ほとんど共通していない。ここから司馬遷は、中央にある資料を主要な素材として、古墓と共通する資料を多く利用したことが理解できる。また簡牘・帛書から紙への変化では、まず書籍や公文書のほうが早く紙にかわり、情報システムにかかわる文字資料（データベース）は遅れることが想定できる。つまり簡牘の用途は、実務を処理するときに便利な形態として、なお紙との併用が行われたのではないだろうか。この点は、長沙東牌楼東漢簡牘や三国呉簡、日本古代の木簡と同じ用途の簡牘について、さらに詳しく検討する必要がある。

以上のように、中国では秦代に文書行政と情報伝達の基礎が成立していた。そして漢王朝は秦のシステムを継承して、広く情報を伝達する社会システムの原型となったことがわかる。さらに秦漢時代の地方行政は、軍事編成、労役編成、財政などの実務とあわせて、つづく中国地方社会の基礎となっている(44)。こうした古代の情報伝達を基礎として、東アジア地域に独自の地方行政と社会システムが展開してゆくのではないかと推測される。

本稿は、おおまかな資料論の展望にとどまっているが、このような中国古代社会と情報伝達を明らかにしようとする試みは、古代東アジアの出土資料を比較するうえでも参考になると考えている。

注

（1）西嶋定生『古代東アジア世界と日本』（岩波書店、二〇〇〇年）、李成市『東アジア文化圏の形成』（山川出版社、二〇〇〇年）。

（2）全体的なものとして、駢宇騫・段書安編著『本世紀以来出土簡帛概述』（台北市、万巻楼図書、一九九九年）、同『二十世紀出土簡帛総述』（文物出版社、二〇〇六年）、胡平生・李天虹『長江流域出土簡牘与研究』（湖北教育出版社、二〇〇四年）がある。

（3）大庭脩『秦漢法制史の研究』（創文社、一九八二年）、永田英正『居延漢簡の研究』序章（同朋舎出版、一九八九年）、李均明・劉軍『簡牘文書学』（広西教育出版社、一九九九年）など。

（4）浅野裕一・湯浅邦弘編『諸子百家〈再発見〉』（岩波書店、二〇〇四年）、朱淵清著、高木智見訳『中国出土文献の世界』（創文社、二〇〇六年）、廣瀬薫雄「荊州地区出土戦国楚簡」（『木簡研究』二七、二〇〇五年）など。

（5）拙稿「中国出土資料と古代社会」（『資料学の方法を探る』四、愛媛大学、二〇〇五年）、同「長江流域の社会と張家山漢墓」（『資料学の方法を探る』三、二〇〇四年）では、県レベルの社会を一つの基準としている。

（6）『睡虎地秦墓竹簡』（文物出版社、一九九〇年）。

（7）永田英正「文書行政」（『殷周秦漢時代史の基本問題』汲古書院、二〇〇一年）。

（8）大庭脩「漢王朝の支配機構」（一九七〇、前掲『秦漢法制史の研究』）、安作璋・熊鉄基『秦漢官制史稿』上下（斉魯書社、一九八五年）など。

（9）吉村昌之「出土簡牘資料にみられる暦譜の集成」（冨谷至編『辺境出土木簡の研究』朋友書店、二〇〇三年）に、資料と暦の形式を紹介している。

（10）拙著『史記戦国史料の研究』（東京大学出版会、一九九七年。曹峰・廣瀬薫雄訳、『《史記》戦国史料研究』上海古籍出版社、二〇〇八年）、拙稿「簡牘・帛書の発見と『史記』研究」（『愛媛大学法文学部論集』人文学科編一一、二〇〇一年）、同「『史記』の素材と出土資料」（『愛媛大学法文学部論集』人文学科編二〇、二〇〇六年）など。

(11)　大庭前掲『秦漢法制史の研究』第三編第一章「漢代制詔の形態」、第二章「居延出土の詔書冊」など。
(12)　籾山明「中国の文書行政」(『文字と古代日本』二、吉川弘文館、二〇〇五年)。
(13)　張家山二四七号漢墓竹簡整理小組『張家山漢墓竹簡〔二四七号墓〕』(文物出版社、二〇〇一年)、同整理小組『張家山漢墓竹簡〔二四七号墓〕』釈文修訂本(文物出版社、二〇〇六年)、彭浩・陳偉・工藤元男主編『二年律令與奏讞書』(上海古籍出版社、二〇〇七年)。王子今『秦漢交通史稿』(中共中央党校出版社、一九九四年)、彭浩「読張家山漢簡《行書律》」(『文物』二〇〇二年九期)、エノ・ギーレ「『郵』制攷」(『東洋史研究』六三―二、二〇〇四年)、本書の陳偉「秦と漢初の文書伝達システム」など。
(14)　鵜飼昌男「居延漢簡にみえる文書の逓伝について」(『史泉』六〇、一九八四年)、籾山前掲「中国の文書行政」、本書の藤田高夫「漢代西北辺境の文書伝達」など。
(15)　大庭前掲「居延出土の詔書冊」、同『木簡学入門』(講談社、一九八四年)など。
(16)　永田前掲「文書行政」。
(17)　湖南省文物考古研究所等「湖南龍山里耶戰国―秦代古城一号井発掘簡報」(『文物』二〇〇三年一期)、湖南省文物考古研究所『里耶発掘報告』(岳麓書社、二〇〇七年)、籾山明「湖南龍山里耶秦簡概述」(『中国古代訴訟制度の研究』京都大学出版会、二〇〇六年)、里耶秦簡講読会「里耶秦簡訳註」(『中国出土資料研究』八、二〇〇四年)、馬怡「里耶秦簡選校」(『中国社会科学院歴史研究所学刊』第四集、商務印書館、二〇〇七年)、王煥林『里耶秦簡校詁』(中国文聯出版社、二〇〇七年)など。
(18)　拙稿「中国古代の秦と巴蜀、楚」(二〇〇三、『長江流域と巴蜀、楚の地域文化』雄山閣、二〇〇六年)、同「里耶秦簡と秦代郡県の社会」(『愛媛大学法文学部論集』人文学科編一九、二〇〇五年)。
(19)　拙稿「里耶秦簡の文書形態と情報伝達」(『愛媛大学法文学部論集』人文学科編二一、二〇〇六年)。
(20)　拙稿「里耶秦簡の情報システム」(『愛媛大学法文学部論集』人文学科編二三、二〇〇七年)、同「始皇帝と秦帝国の情報伝達――『史記』と里耶秦簡」(『資料学の方法を探る』七、二〇〇八年)。

(21) 陳偉『包山楚簡初探』（武漢大学出版社、一九九六年）、拙稿「包山楚簡よりみた戦国楚の県と封邑」（一九九九、『中国古代国家と郡県社会』汲古書院、二〇〇五年）、同「包山楚簡と楚国の情報伝達」（『中国研究集刊』総三八、二〇〇五年）。

(22) 陳偉前掲『包山楚簡初探』では、内容の考証から竹簡の配列を修正している。

(23) 永田前掲『居延漢簡の研究』第Ⅰ部第三章「簿籍簡牘の諸様式の分析」（一九八九年）、同前掲「文書行政」。

(24) 拙稿前掲「里耶秦簡の情報システム」、連雲港市博物館等『尹湾漢墓簡牘』（中華書局、一九九七年）。

(25) 邢義田「湖南龍山里耶J1⑧157和J1⑨1—12号秦牘的文書構成・筆跡和原檔存放形式」（『簡帛』第一輯、二〇〇六年）、拙稿前掲「里耶秦簡の文書形態と情報伝達」。

(26) 張家山漢簡『二年律令』「賊律」に規定がある。

(27) 籾山明「刻歯簡牘初探」（『木簡研究』一七、一九九五年）、拙稿前掲「里耶秦簡の情報システム」。

(28) 拙稿「張家山漢簡『津関令』と詔書の伝達」（『資料学の方法を探る』六、二〇〇七年）、同「漢代地方社会への情報伝達——敦煌懸泉置『四時月令』をめぐって」（二〇〇三、前掲『中国古代国家と郡県社会』）。

(29) 馬怡「扁書試探」（武漢大学簡帛研究中心主辦『簡帛』第一輯、上海古籍出版社、二〇〇六年）。

(30) 拙著前掲『中国古代国家と郡県社会』の第二編第一章「漢王朝と水利事業の展開」。

(31) 拙稿「張家山漢簡『津関令』と漢墓簡牘——伝と致の情報伝達」（『愛媛大学法文学部論集』人文学科編二二、二〇〇七年）。

(32) 工藤元男『睡虎地秦簡よりみた秦代の国家と社会』（創文社、一九九八年）、彭浩『張家山漢簡《算数書》註釈』（科学出版社、二〇〇一年）、張家山漢簡『算数書』研究会編『漢簡「算数書」——中国最古の算数書』（朋友書店、二〇〇六年）、拙稿前掲「長江流域の社会と張家山漢墓」など。

(33) 本書の角谷常子「碑の誕生以前」、同「秦漢時代の石刻資料」（『古代文化』四三—九、一九九一年）、永田英正「漢代の石刻」（永田英正編『漢代石刻集成』本文篇、同朋舎出版、一九九四年）。

(34) 拙稿「後漢時代の交通と情報伝達」（『資料学の方法を探る』五、二〇〇六年）。

(35) 李均明「漢簡所反映的関津制度」（『歴史研究』二〇〇二年三期）、拙稿「秦漢時代の交通と情報伝達——公文書と人の移動」

（『愛媛大学法文学部論集』人文学科編二四、二〇〇八年）など。

（36）大庭脩「漢代の関所とパスポート」（一九五四、前掲『秦漢法制史の研究』）、籾山前掲「刻歯簡牘初探」。

（37）大庭脩「漢代の符と致」（『漢簡研究』同朋舎出版、一九九二年）、冨谷至「漢代の『伝』について」（『シルクロード学研究』二二、二〇〇五年）、拙稿前掲「張家山漢簡『津関令』と漢墓簡牘」。

（38）甘粛省文物考古研究所「甘粛敦煌漢代懸泉置遺址発掘簡報」（『文物』二〇〇〇年五期）。

（39）拙稿前掲「中国古代の秦と巴蜀、楚」など。

（40）佐藤武敏『中国古代書簡集』（講談社学術文庫、二〇〇六年）、《雲夢睡虎地秦墓》編写組『雲夢睡虎地秦墓』（文物出版社、一九八一年）など。

（41）佐藤武敏監修、工藤元男・早苗良雄・藤田勝久訳注『馬王堆帛書戦国縦横家書』（朋友書店、一九九三年）。

（42）天長市文物管理所、天長市博物館「安徽天長西漢墓発掘簡報」（『文物』二〇〇六年一一期）。

（43）甘粛省文物考古研究所「敦煌懸泉漢簡釈文選」（『文物』二〇〇〇年五期）、胡平生・張徳芳編撰『敦煌懸泉漢簡釈粋』（上海古籍出版社、二〇〇一年）。

（44）山田勝芳『秦漢財政収入の研究』（汲古書院、一九九三年）、重近啓樹『秦漢税役体系の研究』（汲古書院、一九九九年）、拙著前掲『中国古代国家と郡県社会』終章「中国古代国家と地域社会」など。

秦と漢初の文書伝達システム

陳　偉
（柿沼陽平訳）

整備された公文書伝達システムは、国家機構の運営の要《かなめ》である。秦と漢初の簡牘には、これに関する記載が散見する。資料の公表と研究の進展に伴い、その実態は徐々に明らかになりつつある。たとえば郵の設置と郵人の待遇や、文書の封緘と伝達などに対する現在の認識は、以前よりもはるかに高い水準に達している。[1]本稿では、このような先学の議論をもとに、里耶秦簡・張家山漢簡を主たる対象とし、さらに他の出土文献・伝世文献を結びつけることによって、秦～漢初の文書伝達について検討を加えたいとおもう。

一　「以郵行書」について

郵の規模について、張家山漢簡「二年律令」行書律には明確な規定がある。

一郵郵十二室、長安廣郵廿四室、敬（警）事郵十八室。有物故、去輒代、代者有其田宅。有息、戶勿減。（第二六五簡）

冒頭の一句は、原釈文では「一郵十二室」に作る。しかし赤外線図版によると、「郵」字の下には重文符号がある。[2]「長安廣郵」が二十四室もあるのは、その場所が京師であること、その業務が煩雑・重大であることによるのであろう。「敬（警）事郵」も、おそらくは長安に設置されたもので、もっぱら突発的な軍務に対処するための郵であろう。これを別の独立した郵送システムと解してはならない。

また尹湾漢墓出土木牘「集簿」には、東海郡のこととして「郵卅四、人四百八」とあり、[3]それを平均すると、郵ごとに十二人となる。これより、ある研究者は次のように指摘している。すなわち、ここでいう「一郵十二室」とは、十二戸の住民がすべて郵人であったということではなく、一郵あたり十二戸があり、その中の各戸から一名の郵人を出すという意味である、と。[4]後掲の里耶秦簡（8:157）には、啓陵郷の官員が遷陵県の令・尉に送った報告がみえ、その中で「成」を「啓陵郵人」にするとあり、その指示対象は一人であって一戸ではなく、それもまた証左となりうる。[5]しかし「一郵十二室」の「十二室」は、あくまでも「室」であり、「人」や「戸」ではないので、そこにはさらに別の意味があった可能性もある。

「有物故、去輒代、代者有其田宅」は、原釈文では「有物故・去、輒代者有其田宅」に作る。「去」は一般に、離職することと解されている。里耶秦簡における郵人の任命プロセスをみると、郵人はおそらく勝手に離職することができなかったとみられる。そのほかに赤外線図版をみると、「代」字の下にはおぼろげながら重文符号がある。そこで当該箇所については、赤外線図版によって読みを改めた。また本条文には「代者有其田宅」とあるが、「二年律令」戸律・置後律の「代戸」に関する条文と対照すると、「代者」の多くは、死亡した者の後継者あるいは親族であったに違いない。

「有息、戶勿減」の大意は、ある戸の人口が増加したばあいに、その戸の人数を削減してはならないというものである。『管子』山至数篇に「四減國穀、三在上、一在下」とあり、郭沫若氏は、「減とは、分のことである。その国穀を四分割し、そのうち四分の三は上に、四分の一は下にあることをいう」[6]とのべている。これによれば、「有息、戶勿減」の「減」も、あるいは「分」と読むことができ、戸を分割することをさすのかもしれない。かりにそうであれば、郵人の戸が徭役を免除されたばあいには、戸を分割していない方が、より多くの家族を恩恵に浴せしめることができたことになる。

郵人は「行書」の任務を担当するので、自らの徭役から家庭の租賦に至るまでの負担が減免されていた。このことをしめすものとして、「二年律令」行書律（第二六六簡）の郵人に対する規定に

復、勿令爲它事。

とある。さらに同「二年律令」行書律（第二六八簡）に

復蜀・巴・漢中・下辨・故道及鷄劍中五郵、郵人勿令繇（徭）戍、毋事其戸、毋租其田一頃、勿令出租・芻稾。

とある。また『漢書』高帝紀下の五年五月詔に「非七大夫以下、皆復其身及戸、勿事」、顔師古注引如淳注に「事、謂役使也」とあり、さらに同高帝紀下の十二年十二月詔にも「其與秦始皇帝守冢二十家、楚・魏・齊各十家、趙及魏公子亡忌各五家、令視其冢、復亡與它事」とある。前掲「二年律令」行書律（第二六六簡・第二六八簡）の「復」の内容は、それぞれ高祖十二年詔・高祖五年詔の内容と類似する。「勿令爲它事」とは、郵人が郵以外の徭戍を担う必要のないことをのべたものである。「毋事其戸」とは、郵人の家族がいかなる徭戍をも担う必要がないことをのべたものである。[7]「毋租其田一頃、勿令出租」は、一見すると、その中の「毋租其田一頃」と「勿令出租」が内容的に重複しているようにみえる。しかし実際には、「勿令出租・芻稾」は「毋租其田一頃」の補足説明で、「その一頃の田については田租を出す必要がなく、一頃ごとの芻稾を出す必要もない」という意味であろう。

郵が設置される場所は、すでに先学が指摘しているように、交通の要道にあたる。[8]それについて「二年律令」行書律（第二六四簡）には

十里置一郵。南郡江水以南、至索南界、廿里一郵。

とある。「界」は、原釈文では「水」に作るが、赤外線図版に基づいて解釈を改めた。「索」県は、前漢初年に南郡に

属した県で、[9]現在の湖南省常徳市東北にあたる。また里耶秦簡（16:52）は木牘の残片であるが、その第二欄には次のようにある。[10]

鄢到銷百八十四里
銷到江陵二百四十六里
江陵到孱陵百一十里
孱陵到索二百九十五里
索到臨沅六十里
臨沅到遷陵九百一十里
凡四千四百四十四里

本木牘にしめされているのは、鄢県～遷陵県の交通ルートである。木牘前面の欠損している部分には、ほぼ北から南への道が記されていたはずで、それは咸陽を起点とするものであったとも考えられる。[11]また「索」県は、西進して遷陵県へむかうときの転換点であるのみならず、そこから南方へと繋がるルートでもあったに違いない（たとえば漢長沙国に通じる）。ともあれ、この里耶秦簡と「二年律令」の成書年代が近いことからすると、前掲「二年律令」（第二六四簡）の、「南郡江水以南」～「索南界」における郵の設置里程に関する文は、まさしく前掲里耶秦簡（16:52）のルートを背景としていた可能性が高い。これより、郵と郵をつなぐ道の大半は、おもに郡と郡をむすぶ幹線上に分布し、それらは京師を中心とするものであったと推測される。

尹湾漢墓出土木牘「集簿」にみえる漢東海郡の郵の数（三四）は、東海郡の管轄する県・邑・侯国の数（三八）よりも少なく、平均して県ごとに一郵未満である。そのほかに同簡「東海郡吏員簿」によると、東海郡の属県のうち、下邳・郯・費・利成・曲陽・蘭旗のみに一名あるいは二名の「郵佐」がおり、その総数は十人である。[12]とすると郵は、郵佐のいる県邑だけに設置されたのであろう。これは郵が、必ずしもすべての県に設置されていたわけではなく、むしろ郡と郡の幹線上の県に集中していたとする上述の推測をある程度裏付けるものである。

ところで「二年律令」行書律（第二七三～二七四簡）には

　郵吏居界過書。弗過而留之、半日以上、罰金一兩。

とあり、ここでいう「界」とは、県・道の辺界のことであろう。「二年律令」のそれ以外の箇所で言及されている「界」は、基本的にすべて県・道の「界」とみられる。その用例を挙げると以下のごとくである。

　獄事當治論者、其令・長・丞或行鄉官視它事、不存、及病、而非出縣道界也、及諸都官令・長・丞行離官有它事、而皆其官之事也、及病、非出官在所縣道界也、其守丞及令・長若眞丞存者所獨斷治論有不當者、令眞令・長・丞不存及病者皆共坐之、如身斷治論及存者之罪。（第一〇二～一〇六簡）

　羣盜殺傷人・賊殺傷人・强盜、卽發縣道、縣道亟爲發吏徒足以追捕之、尉分將、令兼將、亟詣盜賊發及之所、以窮追捕之、毋敢□界而環（還）。（第一四〇～一四一簡）

　使者非有事其縣道界中也、皆毋過再食。（第二三四簡）

　索南界。（第二四六簡）

しからば、尹湾漢墓出土木牘「東海郡吏員簿」の「郵佐」とは、あるいはまさしく前掲「二年律令」行書律（第二七三～二七四簡）のいう「郵吏居界過書」の「郵吏」をさすのかもしれない。

二　「以次傳書」について

「以次傳書」とは、秦と漢初における、「以郵行書」とは別の文書伝達方式である。秦～漢初の簡牘には、おもに次のようにある。

以次傳。別書江陵布、以郵行。[13]

（睡虎地秦簡「語書」）

行傳書・受書、必書其起及到日月夙莫（暮）、以輒相報殹（也）。書有亡者、亟告官。隸臣妾老弱及不可誠仁者勿令。書廷辟有曰報、宜到不來者、追之。

（「秦律十八種」行書律）

□□□不以次、罰金各四兩、更以次行之。

（「二年律令」行書律、第二七一簡）

書不急、擅以郵行、罰金二兩。

（「二年律令」行書律、第二七二簡）

郵人行書、一日一夜行二百里。……書不當以郵行者、爲送告縣道、以次傳行之。諸行書而毀封者、皆罰金一兩。書以縣次傳、及以郵行、而封毀、過縣輒劾印、更封而署其送徼（檄）曰、封毀、更以某縣令若丞印封。

（「二年律令」行書律、第二七四〜二七五簡）

「二年律令」行書律（第二七一簡）の上端は欠けている。「語書」と「二年律令」行書律（第二七四〜二七五簡）を照合すると、それらも「以次傳書」についてのべたものであるとわかる。

「以次傳書」の特徴は、文書をいわゆる「次」あるいは「縣次」によって「傳」する点である。すなわちそれは、配達先の方角に沿って隣接する県・道を順につたたってゆき、それによって文書を広く相互配達するものなのである。かりに秦人が鄢県より遷陵県に文書を伝達するばあい、その者は、まさしく前掲里耶秦簡（16:52）のしめすように、諸県をつたってその文書を移送したはずである。この里耶秦簡（16:52）は、県同士の距離がかなり遠いことを明示している。[14]これは、それらの地域が秦軍に占領されたばかりで、戦争によって人々が死傷・遷徙したので、人家がきわめて少なく、当地における県邑の人口密度がかなり低いためであろう。かりに「以次傳書」と「以郵行書」が主要道路上に重複して存在したばあい——たとえば秦代の鄢県〜遷陵県——、前者はその配置よりみて、よりすばやく自由がきくので、より多くの県邑と地区を覆うことができた。たとえば「語書」における「以次傳」の目標は、南郡の諸県である。これらの県の大半に郵が置かれたことはない。しかし、郵の代わりに「以次傳書」の方式によることによって、南郡の諸県は、郡城およびその他の城邑と繋がることができるようになるのである。

前掲「秦律十八種」行書律の「輒相報」は、「以次傳書」の重要な規定である。「報」は、返信すること。「輒相報」は、文書を受領した県に対して、発送側の県に「行書」の結果を返信するよう求めることである。それによって文書を保障し、文書伝達の信頼性を高めているのである。これに関連して睡虎地秦簡「封診式」遷子には次のようにある。

　告灋（廢）丘主、士五（伍）咸陽才（在）某里曰丙、坐父甲謁鋈其足、遷蜀邊縣、令終身毋得去遷所論之、遷丙如甲告、以律包。今鋈丙足、令吏徒將傳及恆書一封詣令史、可受代吏徒、以縣次傳詣成都、成都上恆書太守處、以律食。灋（廢）丘已傳、爲報、敢告主。

これについて整理小組の注には、「廃丘は秦の県名で、現在の陝西省興平県東南にあたり、咸陽より出発して蜀郡にゆくときの第一の駅である」とある。「告灋（廢）丘主」云々は、咸陽の者が、丙を護送して蜀の辺県に遷そうとしたさいに廃丘県に送った公文書で、廃丘県にその中継地点となってもらい、丙と関連文書を順番に伝達してゆき、最後に成都県から蜀郡太守にそれらを引き渡してくれるよう求めたものである。「廢丘已傳」とは、廃丘県の伝達を終えてから、廃丘県が咸陽に出した返信を意味するもの、つまり前掲「秦律十八種」行書律のいう「報」である。

前掲「封診式」遷子がしめしているように、「以縣次傳」では、文書を配達する以外に、さらに人員・物資をも輸送していた。『史記』淮南王列伝には、文帝が劉長を「蜀郡嚴道邛郵」に遷したこととして

　于是乃遣淮南王、載以輜車、令縣以次傳。是時袁盎諫上曰、「上素驕淮南王、弗爲置嚴傅相、以故至此。且淮南王爲人剛、今暴摧折之、臣恐卒逢霧露病死、陛下爲有殺弟之名、奈何」。上曰、「吾特苦之耳、今復之」。縣傳淮南王者皆不敢發車封。淮南王乃謂侍者曰、「誰謂乃公勇者。吾安能勇。吾以驕故、不聞吾過至此。人生一世閒、安能邑邑如此」。乃不食死。至雍、雍令發封、以死聞。

とある。これと「封診式」にみえる丙の遷徙方式とは、あきらかに相互に関連している。また『史記』倉公列伝にも

　文帝四年中、人上書言意、以刑罪當傳西之長安。

とある。これについて索隠には「傳、乘傳送之」とあるが、おそらく誤りであろう。倉公を西方の長安に送る方式も、丙・劉長のばあいと同じく、その途中にある各県を転々としながら護送するというものであったのである。そのほか、「二年律令」賜律（第二八六簡）に

　吏各循行其部中、有疾病□者收食、寒者假衣、傳詣其縣。

とあり、その中の「傳詣」も、各地を転々とつたって送致することを意味している。それは形式上、犯罪者を護送することと同じである。

　さらに別の二つの文をみてみよう。

　廿七年二月丙子朔庚寅、洞庭守禮謂縣嗇夫・卒史嘉・叚（假）卒史穀・屬尉。令曰、「傳送委輸、必先悉行城旦春・隸臣妾・居貲贖責。急事不可留、乃興繇（傜）」。今洞庭兵輸內史、及巴・南郡・蒼梧輸甲兵、當傳者多。節（卽）傳之、必先悉行乘城卒・隸臣妾・城旦舂・鬼薪白粲・居貲贖責（債）・司寇隱官・踐更縣者。田時殹（也）、不欲興黔首。嘉・穀・尉各謹案所部縣卒・徒隸・居貲贖責（債）・司寇隱官・踐更縣者簿、有可令傳甲兵縣弗令傳之而興黔首、興黔首可省少弗省少而多興者、輒劾移縣、縣亟以律令具論當坐者、言名史泰守府。嘉・穀・尉在所縣上書嘉・穀・尉。令人日夜端行、它如律令。

（里耶秦簡16:5）

　發傳送、縣官車牛不足、令大夫以下有訾（貲）者、以訾（貲）共出車牛。及益、令其毋訾（貲）者與共出牛食、約載具。吏及宦皇帝者不與給傳送事。委輸傳送、重車・重負日行五十里、空車七十里、徒行八十里。免老・小未傅者・女子及諸有除者、縣道勿敢繇（傜）使。節（卽）載粟、乃發公大夫以下子未傅年十五以上者。

（「二年律令」傜律、第四一一～四一三簡）

これら二つの文のいう「傳送」も、「以縣爲次」にあたり、各地を転々としながら運送するものである。「以次傳書」と「傳送」の人員数を比較すると、「傳送」の規模の方が大きいけれども、両者の運行方式はほぼ同じであったに違いない。ただし「以郵行書」は郵人が伝達するものであるが、「以次傳書」は専任の職員が担当するものではない。たとえば、前掲「秦律十八種」行書律には

行傳書・受書、必書其起及到日月夙莫（暮）、以輒相報殹（也）。書有亡者、亟告官。隷臣妾老弱及不可誠仁者勿令。

とある。ここでの「傳書」とは、まさしく「次」によって文書を伝達することであろう。「隷臣妾老弱及不可誠仁者勿令」は、秦代の「以次傳書」もまた、年壮で信頼できる官奴婢を担当者としていたことを意味している。[15]前掲里耶秦簡（16-5）には、「甲兵」を輸送するときに、まず乗城卒・隷臣妾・城旦舂・居貲贖債・司寇・隠官・践更県者を優先的に派遣するとあり、任務の性質が同じであることから、それらの者の大半も「傳書」に使用できたのであろう。その上、のちに検討する里耶秦簡にみえる文書伝達の実例の中にも、兵卒と隷臣妾を使用する様子がみえる。

「秦律十八種」田律にも「行書」に関する記載がある。

雨爲湗〈澍〉、及誘（秀）粟、輒以書言湗〈澍〉稼・誘（秀）粟及豤（墾）田暘毋（無）稼者頃數。稼已生後而雨、亦輒言雨少多、所利頃數。早〈旱〉及暴風雨・水潦・𧒒蚰・羣它物傷稼者、亦輒言其頃數。近縣令輕足行其書、遠縣令郵行之、盡八月□□之。

本文が県に言及し、郡に言及していないのは、おそらくこれが秦による郡の設置以前の古い律であるからであろう。ここでいう「遠」・「近」は、秦都咸陽からの距離に対応するはずである。「遠縣」には農事に関する文書が郵より伝達され、「近縣」には各県より直接人が派遣されてくる。「輕足」とは、速く走れる人をさす。ここで指摘したいのは、「近縣令輕足行其書」も、おそらくは「以次傳書」のカテゴリーに属するもので、別の文書伝達システムではないと

いう点である。

三　「傳・置」と「行書」の無関連性

ここでいう「傳・置」は、政府関係の交通システムに属する。睡虎地秦簡と公表済みの里耶秦簡には、この意味の「置」はまだみえない。しかし張家山漢簡では、「置」と「傳」がしばしば区別されている。その例は以下のごとくである。

駕傳馬、一食禾、其顧來有（又）一食禾、皆八馬共。其數駕、毋過日一食。駕縣馬勞、有（又）益壺〈壹〉禾之。

（「秦律十八種」倉律）

傳車・大車輪、葆繕參邪、可毆（也）。

（「秦律十八種」金布律）

郡守二千石官・縣道官言邊變事急者、及吏遷徙・新爲官、屬尉・佐以上毋乘馬者、皆得爲駕傳。

（「二年律令」置吏律、第二一三～二一四簡）

……諸□□及乘置・乘傳者□□、皆毋得以傳食焉。

（「二年律令」伝食律、第二三一簡）

丞相・御史及諸二千石官使人、若遣吏・新爲官及屬尉・佐以上征若遷徙者、及軍吏・縣道有尤急言變事、皆得爲傳食。車大夫粺米半斗、參食、從者糲（糲）米、皆給草具。車大夫醬四分升一、鹽及從者人各廿二分升一。食馬如律、禾之比乘傳者馬。使者非有事其縣道界中也、皆毋過再食。其有事焉、留過十日者、稟米令自炊。以詔使及乘置傳、不用此律。縣各署食盡日、前縣以誰（推）續食。食從者、二千石毋過十人、千石到六百石毋過五人、五百石以下到三百石毋過二人、二百石以下一人。使非吏、食從者、卿以上比千石、五大夫以下到官大夫比五百石、大夫以下比二百石。吏皆以實從者食之。諸吏乘車以上及宦皇帝者、歸休若罷官而有傳者、縣舍食人・馬如令。

（「二年律令」伝食律、第二三二～二三七簡）

伏閉門、止行及作田者。其獻酒及乘置・乘傳、以節使、救水火、追盜賊、皆得行。

（「二年律令」戸律、第三〇六簡）

相國上長沙丞相書言、長沙地卑濕、不宜馬、置缺不備一駟、未有傳馬、請得買馬中[16]、給置傳、以爲恆。相國・御史以聞、請許給置馬。制曰、可。

（「二年律令」津関令、第五一六～五一七簡）

丞相上長信詹事書、請湯沐邑在諸侯屬長信詹事者、得買騎・輕車・吏乘・置傳馬關中、比關外縣。丞相・御史以聞、制……

（「二年律令」津関令、第五一九簡）

これらの簡牘にみえる「傳」と「置」、「駕」と「乘」、「馬」と「車」といった関連の語は、いずれも何らかの交通手段をさしている。[17] 懸泉漢簡に多くみえる郵駅機構としての「置」は、[18] 秦と漢初の文献にはまだ出てきていない。[19]「二年律令」伝食律（第二三二～二三七簡）の「縣舍」は、おそらく「傳」・「置」などの交通手段および食事・宿を提供するもので、後の「置」と類似する。[20]

「傳」・「置」は、同文中に一緒にとりあげられることもあるが、明らかに別のものである。律文が同時に両者に言及しているばあい、それらはいずれもまず「置」に言及し、後に「傳」に言及しているのであり、これは「置」の地位が「傳」よりも高かったということを反映している。また張家山漢簡（第五一九簡）の長沙丞相の書に

置缺不備一駟、未有傳馬。

とあり、「置」が四頭立ての馬車であることが明示されており、「傳馬」の規格は「置」のそれよりも下であったとみられる。如淳『漢書注』所引の漢律は、おそらくこれと関係があるもので、『漢書』高帝紀下の顔師古注にはそれが引用されている。

如淳曰、「律、四馬高足爲置傳、四馬中足爲馳傳、四馬下足爲乘傳、一馬二馬爲軺傳。急者乘一乘傳」。

さらに『史記』田儋列伝の集解に

　如淳曰、「四馬下足爲乘傳」。

とあり、『史記』孝文本紀の索隠に

　如淳云、「律、四馬高足爲傳置、四馬中足爲馳置、下足爲乘置。一馬二馬爲軺置、如置急者乘一馬曰乘也」。

とある。また『漢書』平帝紀の顔師古注に、如淳の引く別の条文が伝えられている。

　諸當乘傳及發駕置傳者、皆持尺五寸木傳信、封以御史大夫印章。其乘傳參封之。參、三也。有期會累封兩端、端各兩封、凡四封也。乘置・馳傳五封也、兩端各二、中央一也。軺傳兩馬再封之、一馬一封也。

これらを相互に校訂すると、前掲『漢書』高帝紀下注引の如淳注が信頼できるといえるであろう。[21] 張家山漢簡の条文と対照すると、張家山漢簡の「置」はおそらく如淳注引漢律のいう「四馬高足」の「置傳」で、「傳」はその他の乗駕方式をさすのであろう。あるいは、漢初における両者の区別はいまだはっきりとしたものではなく、「置」は四頭立ての馬車をさし、「傳」は二頭立てもしくは一頭立ての馬車をさすのかもしれない。

　現在一般には、「傳」・「置」もまた「行書」の任務を担っていたと考えられている。しかし、秦と漢初の簡牘資料をみると、実のところ当時の「傳」・「置」は、たんに官吏のために提供された車馬という交通手段にすぎず、「傳」・「置」を提供する県舎が、同時に、官吏に食事と宿を提供することにもなっていただけであって、もともと文書伝達の責務は負っていなかった。もっとも、「傳」に乗る者の中には、「郡守二千石官・縣道官言邊變事急者」もおり、これは急を告げる手紙・文書の迅速な伝達を可能にした。しかし本来の意義からいえば、「傳」・「置」が載せるべきは、なんらかの資格を有する者であって、なんらかの文書ではなかったのである。

四　里耶秦簡にみえる「行書」の実例

現在公表済みの里耶秦簡の中には、貴重な公文書伝達記録も含まれており、それらは秦代の「行書」制度を具体的に理解するのに有益である。これらの記録のうち、おおよそ検討が可能なものは、三つの情況に分けることができる。すなわち、（一）遷陵県と洞庭郡の間、（二）遷陵県と酉陽県の間、そして（三）遷陵県内の文書伝達である。

（一）遷陵県～洞庭郡間の文書。合計四例で、その中の二例は以下のごとくである。

遷陵以郵行
洞庭　(6:2)

卅三年二月壬寅朔朔日、遷陵守丞都敢言之。令曰恆以朔日上所買徒隷數。●問之、毋當令者。敢言之。(8:154正面)

二月壬寅水十一刻刻下二、郵人得行。圂手。(8:154背面)

里耶秦簡(6:2)は洞庭郡から遷陵県に下された文書、里耶秦簡(8:154)は遷陵県から洞庭郡への報告文書であろう(保存用の副本。以下、副本の説明は略す)。二者はいずれも「以郵行」、すなわち郵によって伝達されている。ただし、遷陵県～洞庭郡間の官府文書は、すべてが郵人によって伝達されたわけではないようである。里耶秦簡(16:6、16:5)をみてみよう。この二つの文書の正面にしるされている内容は同じで、いずれも秦始皇二十七年二月庚寅（十五日）に洞庭守礼が県嗇夫・卒史嘉・仮卒史穀・属尉に出した指令である。それは、「傳送委輸」が必要なばあいに、まずそれぞれの県卒・徒隷・居貲贖債・司寇隠官・践更県者を動員し、それでも人手が足りないときには黔首を徴発するよう要求している。この二つの文書のうち、里耶秦簡（16:5）の正面の方はすでに引用済みである。二つの木牘の背面には、遷陵県がこの指令を処理した記録がみえる。


［三月］戊申夕士五（伍）巫下里聞令以來。慶手。　如手。

三月庚戌遷陵守丞敦狐敢告尉。告鄉・司空・倉主聽書從事。尉別書都鄉・司空、司空傳倉、都鄉別啓陵・貳春、皆勿留・脫。它如律令。扣手。庚戌水下□刻走祒行尉。

三月戊午遷陵丞歐敢言之、寫上、敢言之。扣手。己未旦令史犯行。　（16:6背面）

二月癸卯水十一刻刻下九、求盜簪褭陽成辰以來。羽手。　如手。

三月癸丑水下盡□陽陵士□匄以來。邪手。

三月丙辰遷陵丞歐敢告尉、告鄉・司空・倉主前書已下、重聽書從事。尉別都鄉・司空、司空傳倉、都鄉別啓陵・貳春、皆勿留・脫。它如律令。扣手。丙辰水下四刻隷臣尙行。　（16:5背面）

里耶秦簡（16:6背面）第一行目の「三月」は、胡平生氏に従って補った。[22] 里耶秦簡（16:5背面）第一行目の「二月」は、原釈文では「七月」に作る。第三行目の「三月」は、原釈文では「二月」に作る。「勿」は、原釈文では「弗」に作る。しかし、いずれも胡平生氏の解釈に従って訂正した。里耶秦簡（16:6背面）第二行目の「告鄉」は、原釈文では誤って「告貳春鄉」に作るが、整理者は別稿ですでにそれを改訂している。[23] 里耶秦簡（16:6背面）の記載によると、この指令は三月三日（戊申）の夕方に、「士伍巫下里聞令」によって届けられたものである。しかし里耶秦簡（16:5背面）には、そのほかに二つの遷陵県の文書受領記録、すなわち二月二十八日（癸卯）に「求盜簪褭陽成辰」が届けたものと、三月八日（癸丑）に「陽陵士□匄」が届けたものがある。この合計三回の記録のうち、どれが直接的に二月十五日に出された指令と符合するのかははっきりしない。かりにもっとも近い記録、すなわち里耶秦簡（16:5背面）のいう二月二十八日がそれに当たるとしても、それはすでに十三日も後のことである。このような状況下において、洞庭郡の当該文書は、郵人が配達したものではないはずである。現に、木牘に列挙されている数名の配達者の中には、郵人と称する者が一人もいない。その者たちの戸籍（巫、陽成、陽陵）よりみると、[24]彼らはおそらく、他の里耶秦簡にみえる、陽陵県の「貲贖」請求文書における被請求者と同様、外地からの戍卒であろう。思うに、この指令の下達にさいしては、比較的スピードの遅い「以次傳書」方式を採用したはずである。

（二）　遷陵県～酉陽県の文書。隣接する県同士の往来文書として現在みえるのは、いずれも遷陵県～酉陽県間のものである。全部で三例ある。

或遝廿六年三月甲午遷陵司空得、尉乘……卒算簿。廿七年八月甲戌朔壬辰酉陽具獄史啓敢……啓治所獄留［須］。敢言之。封遷陵留。　（8:133正面）

八月癸巳水下四刻走賢以來。行手。

八月癸巳遷陵守丞□告司空主聽書從事……起行司空。　（8:133背面）

この木牘の正面は、秦始皇二十七年八月壬辰（十九日）に酉陽県へ発送された文書である。背面は、翌日癸巳（二十日）に、遷陵県がそれにサインして受領したときの記録と、それを相関部門に回したときの付加記録である。胡平生氏は、いくつかの文書においては、背面右端の文が文書受領記録となっていると指摘している。[25]これはきわめて重要な発見である。文書の書写順序については、これに従って調整した。

秦の遷陵県治は、まさしく里耶秦簡の出土地――現在の湖南省龍山県里耶鎮にあったはずである。[26]酉陽県は、ほぼ現在の永順県王村にあたる。[27]この二つの地域は、直線距離にして約八〇キロメートルである。秦人は時間を記録するさいに、昼間を均等に分割して十一刻としており、[28]したがってここでいう「四刻」とは、ほぼ午前中のことである。酉陽県が前日に発送した文書は、二日目の午前中にすぐさま走賢という者によって遷陵県に配達された。そして遷陵県府はすぐにそれを処理し、遷陵県の県司空に転送し、今度はその県司空によってどこかに送られた。酉陽県・遷陵県は互いに隣接しており、文書は一日余ですぐに送達されたのである。

廿八年八月戊辰朔丁丑、酉陽守丞□敢告遷陵丞主。亭里士五（伍）順小妾□餘有律事□□□遷□令史可聽書從事□□□。八月甲午遷陵拔謂都

鄉嗇夫以律令從事。朝手。卽走印行都鄉。（9:984正面）

八月壬辰水下八刻、隸妾以來。□手。　□手。（9:984背面）

この文書は、もともと酉陽県府が遷陵県府に書き送ったもので、それは秦始皇二十八年八月丁丑（十日）のことである。八月壬辰（二十五日）の午後に、隸妾がそれを遷陵県に送り届け、二日後の甲午（二十七日）には、遷陵県府がそれを都郷に転送している。酉陽県府がそれを書き送ってから遷陵県府に送達されるまで、半月が経過している。それが、書き終わってからすぐ発送しなかったためなのか、それとも配達途中で問題が発生したためなのかは不明である。

卅二年四月丙午朔甲寅、遷陵守丞色敢告酉陽丞主・令史。下絡帬（裙）直書已到、敢告主。（8:158正面）

四月丙辰旦守府快行旁。　欣手。（8:158背面）

この文書がどのような意味を有しているのかについては、かなりの推測を要する。後掲の遷陵県内文書、すなわち里耶秦簡（8:156、8:152）の内容と日時をも結びつけて分析すると、ここでいう「下絡裙直書」とは、おそらく洞庭郡が下達した、「絡裙」の価値に関する文書のことであろう。この文書は、秦始皇三十二年四月癸丑（八日）に遷陵県に配達され、その日のうちに遷陵県の少内に転送された。そして翌日（甲寅）には、「書已到」という文言とともに、酉陽県に返信が出された。つまりこの文書は、洞庭郡より下達され、酉陽県を経由して遷陵県に送られたもので、「縣次傳書」の証左となるものなのである。ちなみにこの文書は、いかなる原因によるのかは不明であるが、二日後（丙辰）の早朝になって、ようやく快によって発送されている。[29]

（二）遷陵県内における往来文書。前掲里耶秦簡（8:133、9:984）の二例は、同時に遷陵県内の文書を含み、遷陵県府より、それぞれ県内の司空と都郷に下達されたものである。前掲里耶秦簡（16:6、16:5）には、郡守の指令が県内の関連部署と郷に伝達される過程がより具体的に説明されている。すなわちそれは、まず県丞や守丞が県尉に伝達し、県尉がそれを別途二通抄写して都郷と司空に送り、司空はそれを倉に転送し、都郷はそれを別途二通抄写して啓陵郷と弐春郷にそれぞれ発送するというものである。[30]「留」とは、文書を留め置くこと。「脱」とは、伝達対象を見落とすことである。「守丞敦狐告尉書」は、文書作成日（庚戌）にすぐに走招という者によって送達された。「丞歐告尉書」もまた、文書作成日（丙辰）に隷臣の尚という者によって送達された。

遷陵県内の文書は、まだ他にも五例ある。発行順にならべると以下のごとくである。

廿六年五月辛巳朔庚子啓陵郷應敢言之。都郷守嘉言渚里……劾等十七戸徙都郷、皆不移年籍。令曰「移」言。●今問之、劾等徙……、書告都郷曰、啓陵郷未有枼（牒）毋以智（知）劾等初産至今年數……。謁令都郷具問劾等年數。敢言之。（16:9正面）

甲辰水十一刻刻下者十刻不更成里午以來。貄手。

……遷陵守丞敦狐告都郷主。以律令從事。建手。……（16:9背面）

「應」は、李学勤氏によれば、啓陵郷嗇夫の名である。[31]この文書は、秦始皇二十六年五月庚子（二十日）に啓陵郷より遷陵県府に上呈された。それは、甲辰（二十四日）の夕方に県府に送り届けられた。遷陵県がそれを都郷に転送した日時については、木牘が不完全であるためか、あるいはもともと記されていないために不明である。

卅年九月丙辰朔己巳、田官守敬敢言之。廷曰、令居貲目取船、弗豫、謾曰亡。亡不定言。論及讂問、不亡、定謾者訾。遣詣廷。問之、船亡、審。漚枲、迺甲寅夜、水多漚流包（浮）船、船毄（繫）絕、亡、求未得。此以未定。史逐將作者氾中。具志已前上。遣佐壬操副詣廷。敢言之。（9:981正面）

九月庚午旦佐壬以来。扁発。壬手　(9:981背面)

この文書は、「田官」が秦始皇三十年九月十四日（己巳）に発送したもので、翌日の早朝、佐壬という者によって送り届けられた。ここでの「田官」は、郷名を冠していないので、郷でなく県級の役所に相当するものである[32]。

卅二年正月戊寅朔甲午、啓陵郷夫敢言之。成里典・啓陵郵人缺。除士五（伍）成里匄・成、成爲典、匄爲郵人。謁令・尉以從事。敢言之。　(8:157正面)

正月丁酉旦食時、隸妾冉以來。欣發。

正月戊寅朔丁酉遷陵丞昌郄之啓陵。廿七戶已有一典、今有（又）除成爲典、何律令。應・尉已除成・匄爲啓陵郵人、其以律令。氣手。正月戊戌日中守府快行。壬手。　(8:157背面)

文書の正面は、啓陵郷嗇夫が遷陵県の令・尉に指示を仰ぎ[33]、成を「成里典」、匄を「啓陵郵人」に任命しようとしたもので、秦始皇三十二年正月十七日（甲午）に発送され、二十日（丁酉）の早朝に隷妾の冉という者によって送り届けられた。その日の遷陵県丞昌の返信では、啓陵郷が里典を任命しようと指示を仰いだことを問いただし[34]、応・尉がすでに匄・成を郵人に任命したことがのべられている[35]。この返信は、二十一日（戊戌）の正午に発送された。

四月丙午朔癸丑、遷陵守丞色下少內。謹案致之、書到言、署金布發、它如律令。欣手。四月癸丑水十一刻刻下五、守府快行少內。　(8:156)

卅二年四月丙午朔甲寅、少內守是敢言之。廷下御史書舉事可爲恆程者・洞庭上裙直、書到言。今書已到、敢言之。　(8:152正面)

四月甲寅日中佐處以來。欣發。處手。　(8:152背面)

「少内」は県級の役所である[36]。これによると、秦始皇三十二年四月八日（癸丑）の正午に、遷陵県の守丞色は、受領した文書を少内に転送した。翌日（甲寅）に少内は回答文書を発送し、それは、その日の正午に佐処という者によって送り届けられた。

これらの遷陵県内の文書には、県内における長官（丞、守丞）と他の部署もしくは官員による往来文書と、県長官と郷部官吏による往来文書が含まれている。前者に関連する部署の大半はいずれも県治に位置するので、前者の文書は当日あるいは次の日のうちにすぐ送達された。後者は、啓陵郷～遷陵県府間の二次的な往来文書で、それぞれ三日後（8:157）ないしは四日後（16:9）に送り届けられた。これは距離がかなり遠いという理由によるのであろう。里耶秦簡（16:9）の配達者は「不更成里午」で、里耶秦簡（9:981）からわかるように、「成里」は啓陵郷内の里である。啓陵郷の文書は、その郷人によって送り届けられた。これは、当該文書の配達が一人によってなされたもので、リレー形式によるものではなかったことを意味している。

以上の所論は、次のようにまとめられる。

1．「以郵行書」と「以次傳書」は、秦～漢初における二種類の基本的な公文書伝達方式である。

2．「以郵行書」とは、限られたルートに集中的に郵駅を設置し、それを短距離ですばやいリレー方式によって結ぶもので、効率のよい文書伝達を行なうものである。「以次傳書」は、広大な範囲にあり、県・道のネットワークを利用するもので、比較的長距離（通常は隣接する二県間の距離）でゆっくりとした（「以郵行書」よりも遅いという意味）リレー方式により、すばやく広範な文書伝達を行なうものである。かりに前者が当時の通信の枢軸であるとすれば、後者はまさにそれを補い、かつ拡張するための非常に重要な方式であった。

3．近距離の文書伝達、たとえば県内の各官署間および県府～郷部間における通信は、リレー伝達方式をとらず、責任担当者が自らそれを行なったようである。

4．この時期の「傳」・「置」は、官吏のために提供された交通手段であり、文書伝達の機能を別途有していたわけではなかった。

注

（1）張家山二四七号墓竹簡整理小組『張家山漢墓竹簡［二四七号墓］』（文物出版社、二〇〇一年）、張春龍・龍京沙「湖南龍山里耶戦国——秦代古城一号井発掘簡報」（『文物』二〇〇三年第一期）、彭浩「読張家山漢簡「行書律」」（『文物』二〇〇二年第九期）、李均明「張家山漢簡「行書律」考」（『中国古代法律文献研究』第二輯、中国政法大学出版社、二〇〇四年）、于振波「里耶秦簡中的「除郵人」簡」（『湖南大学学報（社会科学版）』二〇〇三年第三期）。

（2）本文でいう赤外線図版とは、武漢大学簡帛研究中心・荊州博物館・早稲田大学長江流域文化研究所の合同研究の成果である。『二年律令与奏讞書』（上海古籍出版社、二〇〇七年）参照。

（3）連雲港市博物館・中国社会科学院簡帛研究中心・東海県博物館・中国文献研究所『尹湾漢墓簡牘綜論』（科学出版社、一九九九年）、七七頁。

（4）于注（1）前掲論文。

（5）張・龍注（1）前掲論文。于注（1）前掲論文も参照。

（6）『管子集校』（科学出版社、一九五六年）、一一二九頁。

（7）陳偉「張家山漢簡雑識」（『語言文字学研究』中国社会科学出版社、二〇〇五年）は、かつて本文を「……勿令傜戍、毋事。其戸毋租其田一頃、勿令出租・芻稾」と釈したことがある。第二六六簡は郵人を「勿令爲它事」とし、五年詔では「復其身及戸、勿事」としており、それらを対照した結果、原釈文の断句に誤りはないとみられる。

（8）彭注（1）前掲論文。

（9）周振鶴「「二年律令秩律」的歴史地理意義」（『学術月刊』二〇〇三年第一期）。

（10）張春龍・龍京沙「里耶秦簡三枚地名里程木牘略析」（『簡帛』第一輯、上海古籍出版社、二〇〇六年）。当該釈文は、張・龍注（1）前掲論文に先に掲載された。

(11) これは王煥林「里耶秦簡釈地」(『社会科学戦線』二〇〇四年第三期)の推測である。
(12) 連雲港市博物館・中国社会科学院簡帛研究中心・東海県博物館・中国文献研究所編『尹湾漢墓簡牘』(中華書局、一九九七年)、七九～八四頁。謝桂華「尹湾漢墓所見東海郡行政文書考述(上)」(『尹湾漢墓簡牘綜論』科学出版社、一九九九年)参照。
(13) 睡虎地秦墓竹簡整理小組『睡虎地秦墓竹簡』(文物出版社、一九九〇年)。
(14) 張・龍注(10)前掲論文が提示した里耶秦簡(17:14)にも類似の状況が描かれている。
(15) 王煥林「里耶秦簡叢考」(『吉首大学学報』第二六巻第四期、二〇〇五年十月)は、この漢律を論拠とし、秦律の「隷臣妾」の後を読点で断句し、それを「老弱」・「不可誠仁者」と并列関係にあるものとし、「隷臣妾」を公文書伝達に使用できない存在とするが、それは誤りである。ただし条文をみると、隷臣妾は「傳書」をする唯一の存在というわけではなかったに違いない。
(16) 「中」は原釈文で「十」に作る。陳偉「張家山漢簡「津関令」中的渉馬諸令研究」(『考古学報』二〇〇三年第一期)参照。
(17) 張家山漢簡(第二三二簡)「毋得以傳食」の「傳」は、符伝をさしているようで、「符傳」によって飲食・接待できないことを意味する。第二三二～二三七号簡に「諸吏乘車以上及宦皇帝者、歸休若罷官而有傳者、縣舍食人・馬如令」とある。その中の「傳」は明らかに「符傳」であり、証左となりうる。
(18) 胡平生・張徳芳『敦煌懸泉漢簡釈粋』(上海古籍出版社、二〇〇一年)参照。
(19) 『淮南子』主術訓に「故至精之所動、若春氣之生、秋氣之殺也、雖馳傳鶩置、不若此其亟」とある。ここでいう「傳」・「置」は、簡文と同義である。
(20) 律文に「縣各署食盡日、前縣以誰(推)續食」とある。ここでいう「縣」とは、具体的には県舎であろう。
(21) 沈家本『歴代刑法考』(中華書局、一九八五年、一六〇七頁)の『漢律摭遺』廐律「傳置」条の按語参照。
(22) 胡平生「読里耶秦簡札記」(『簡牘学研究』第四輯、甘粛人民出版社、二〇〇四年)。
(23) 張春龍・龍京沙「湘西里耶秦代簡牘選釈」(『中国歴史文物』二〇〇三年第一期)。
(24) 巫は県名。胡注(22)前掲論文参照。
(25) 胡注(22)前掲論文参照。

(26) 張・龍注（23）前掲論文、李学勤「初読里耶秦簡」（『文物』二〇〇三年第一期）。
(27) 鍾煒「里耶秦簡所見県邑考」（『河南科技大学学報』二〇〇七年第二期）。
(28) 李注（26）前掲論文。
(29) 李注（26）前掲論文に、「行」は配達すること、「旁」は隣接する県のことであるとあり、いずれも従うべきである。張・龍注（23）前掲論文は、「快行」を「急を要する文書を発送する」こととするが、恐らく誤りであろう。王注（15）前掲論文は、すでに誤りを指摘している。
(30) 于注（1）前掲論文は、すでにこの状況について論じている。「貳春」もおそらくは二つの郷名であろう（「弐と春」の意）。
(31) 李注（26）前掲論文。
(32) 張・龍注（23）前掲論文は、「田官」を郷嗇夫に属するとする。卜憲群「秦漢之際郷里吏員雑考」（『南都学壇』二〇〇六年第一期）も、「田官」を郷にいて土地を管理する官吏であったとする。
(33) 「夫」は「啓陵嗇夫」の名前。楊宗兵「里耶秦簡釈義商榷」（『中国歴史文物』二〇〇五年第二期）参照。
(34) 「郄」は「隙」とよみ、ほぼ「間」と同義で、問題を指摘することを意味する。
(35) 胡注（22）前掲論文は、「應」が啓陵郷嗇夫の名前で、里耶秦簡（16:9）にもみえ、そこではそれは啓陵郷嗇夫の称呼で、その下面に「應」を告訴する話がみえるとする。思うに、胡氏が、「應」を「啓陵嗇夫」の名前とし、里耶秦簡（16:9）の「啓陵郷應」と関係があるとしているのは妥当であろう。しかし、里耶秦簡（16:9）は秦始皇二十六年のことで、このときの「啓陵郷嗇夫」の名前は「夫」である。遷陵県丞の返信文書は旧事に遡るはずで、以前の啓陵郷嗇夫応・尉がすでに匄・成を郵人に任命したことをいう。これはまさにこのときの、郷より指名して県令に報告し、尉が批準するというプロセスと同じである。
(36) 李注（26）前掲論文は、里耶秦簡（8:156）の「少内」を、県内の銭財を管理する仕事とする。

漢代西北辺境の文書伝達

藤田高夫

はじめに

本稿は、辺境出土漢簡を材料にして、漢代の文書伝達の実相を具体的に示すことを目的としている。周知のように、居延漢簡・敦煌漢簡などの中国西北辺境出土木簡は、前漢武帝以降、万里の長城沿いに駐屯し、国境警備の任にあった守備隊が残した軍事行政文書が大部分を占める。それらは前漢後半から後漢初年にいたる文書行政の実態を伝える第一次資料として貴重なものであるが、『史記』・『漢書』など典籍には見られない漢簡特有の用語、辺境の軍事機構の特殊性、さらに数種類の釈文と図版のクロス・リファレンスの必要など、漢代史研究者であっても、辺境出土漢簡の取り扱いには特殊技能が必要であるかのような印象を持たれる方が多いように思われる。近年、漢代木簡を素材に、漢代行政あるいは漢代西北フロンティアの姿を描いたすぐれた一般書が刊行されているにもかかわらず(1)、状況はあまり変わらないようである。

確かに、典籍史料を扱うのとは異なったスキルが必要なのは事実であるが、辺境出土漢簡から得られる知見は、史書の欠を補ってあまりあるものである。しかし、特に居延漢簡については、一九三〇年出土のいわゆる居延旧簡約一〇、〇〇〇件に加え、一九七三年出土の居延新簡二〇、〇〇〇件のうち既公表分約一〇、〇〇〇件という大量のデータが存在している。そのため、当時の文書行政の実態について、二千年前の歴史事象としては驚くべきレベルでのディーテイルの復元が可能である。

本稿では、この居延漢簡を中心に、辺境の軍事機構の中での文書行政、とりわけ文書の伝達に関わる具体的諸相にふれながら、今日の辺境出土漢簡研究が達成した成果を紹介するものである。引用する辺境出土漢簡は、特に注記しない限りはA八（破城子）遺跡、すなわち甲渠候官出土の木簡である。簡番号は一〇・二七のように「・」を持つものが居延旧簡、EPT五一：一四のように「EP」で始まるものが居延新簡の原簡番号である。木簡の釈文は、原則として居延旧簡については謝桂華・李均明・朱国炤『居延漢簡釈文合校』（文物出版社、一九八七年）、居延新簡については甘粛省文物考古研究所等編『居延新簡　甲渠候官与第四燧』（文物出版社、一九九〇年）に拠るが、図版等を参照して改めた場合もある。釈文中の□は一文字判読不能、……は数文字判読不能であることを示し、▨は簡が折れていることを示す。

一　辺郡の統治機構概観

西北辺境地域における文書伝達の諸相を論ずるためには、辺境の軍事機構を理解しておく必要がある。そのために、まず大庭脩氏が復元されたA三三遺址（地湾）出土の「元康五年詔書冊」を取り上げ、そこに見える文書下達のルートをたどることにする。(2) 辺境出土漢簡の概説では必ず取り上げられる有名な冊書であるが、わかりにくいと言われる辺境の統治機構を概観するためには、これに勝る材料はない。

A　御史大夫吉昧死言丞相相上大常昌書言大史丞定言元康五年五月二日壬子日夏至宜寝兵大官抒
井更水火進鳴鶏謁以聞布当用者●臣謹案比原泉御者水衡抒大官御井中二＝千＝石＝令官各抒別火

B　官先夏至一日以除随取火授中〃二〃千〃石官在長安雲陽者其民皆受以日至易故火庚戌寝兵不聽事尽　〇・二七
甲寅五日臣請布臣昧死以聞　五・一〇

C　制　曰可　三三二・二六

D　元康五年二月癸丑朔癸亥御史大夫吉下丞相承書従事下当
用者如詔書　一〇・三三

E　二月丁卯丞相相下車騎將〃軍〃中〃二〃千〃石〃郡大守諸侯相承書従事下当用者如詔書
少史慶令史宜王始長　一〇・三〇

F　三月丙午張掖長史延行大守事肩水倉長湯兼行丞事下属国農部都尉小府県官承書従事
下当用者如詔書／守属宗助府佐定　一〇・三二

G　閏月丁巳張掖肩水城尉誼以近次兼行都尉事下候城尉承書従事下当
用者如詔書／守卒史義　一〇・二九

H　閏月庚申肩水士吏横以私印行候事下尉候長承書従事下
当用者如詔書／令史得　一〇・三一

夏至の日の井戸・火種の更新と前後五日の兵事の停止についての提言（A・B）が、太史丞の定→太常の（蘇）昌→丞相の（魏）相→御史大夫の（丙）吉と上げられ、皇帝の裁可（C）を経て、詔書として全国に頒布される。まず元康五年（前六一）二月癸亥（十一日）御史大夫から丞相に下達され（D）、二月丁卯（十五日）に丞相から中央の官署および地方の郡太守・諸侯相に通達される（E）。その郡太守の一つが張掖太守である。張掖郡太守府からは三月丙午（二十四日）にその下部機関に詔書が下達される（F）。張掖郡太守府からの下達先は、属国都尉、農都尉、部都尉、隷下の県および小府が列挙されているが、[3] 張掖郡には部都尉として居延都尉と肩水都尉の二都尉が置かれており、この復元された冊書は肩水都尉を経て下達されたものである。太守府からの詔書を受け取った肩水都尉府は閏月丁巳（六日）にこれを配下の候官に下達する（G）。候官は、長城のラインに沿って建置された多数の烽燧（のろし台・見張り台）を束ねる前線司令部で、一つの都尉府に複数の候官が置かれ、都尉府の管轄地域を分担しており、肩水都尉府には、肩水候官、橐他候官、廣地候官の三つの候官があって、候官の長を候と呼ぶ。その一つである肩水候官から閏月庚申（九日）に配下の部に詔書が下達される（H）。部は複数の烽燧によって構成されるグループで、その責任者は部候長と呼ばれる。部候長は、独立した官署を持つのではなく、通常の烽燧の一つに駐在しており、所轄する烽燧群の管理にあたっていた。以上、まとめればこの冊書は、皇帝→御史大夫→丞相→張掖郡太守→肩水都尉→肩水候→部候長というルートで伝達されてきたことになる。

　この冊書は、A三三（地湾）と呼ばれる遺跡から出土したものである。A三三が肩水候官の遺址であることは、他の出土木簡からみて間違いない。したがって、この冊書の末尾は候官から部への下達が記されているけれども、部に送られた冊書そのものではなく、肩水候官において下達した詔書の控えとして保管されたものということになる。

　以上、この冊書から読み取れる肩水都尉府管下の軍事機構、すなわち都尉府―候官―部―烽燧という組織は、他の都尉府においても同様である。ここに本稿の中心となる甲渠候官に関わる「図1　エチナ川下流漢代遺址」と「図2　甲渠候官組織概略図」を示しておこう。甲渠候官は居延都尉府隷下の候官の一つで、ほかに候官としては卅井候官と殄北候官があった。[4] 甲渠候官は図1では前述のようにA八（破城子）、卅井候官はP九（博羅松治）、殄北候官はA一（宗間阿瑪）に置かれていた。甲渠候官にはおよそ八十ほどの烽燧が所属し、それらは十のグループすなわち部に分けられていた。そのうち甲渠候官に最も近い第四部には図2のごとく七つの烽燧が所属していたことが分かっている。[5]

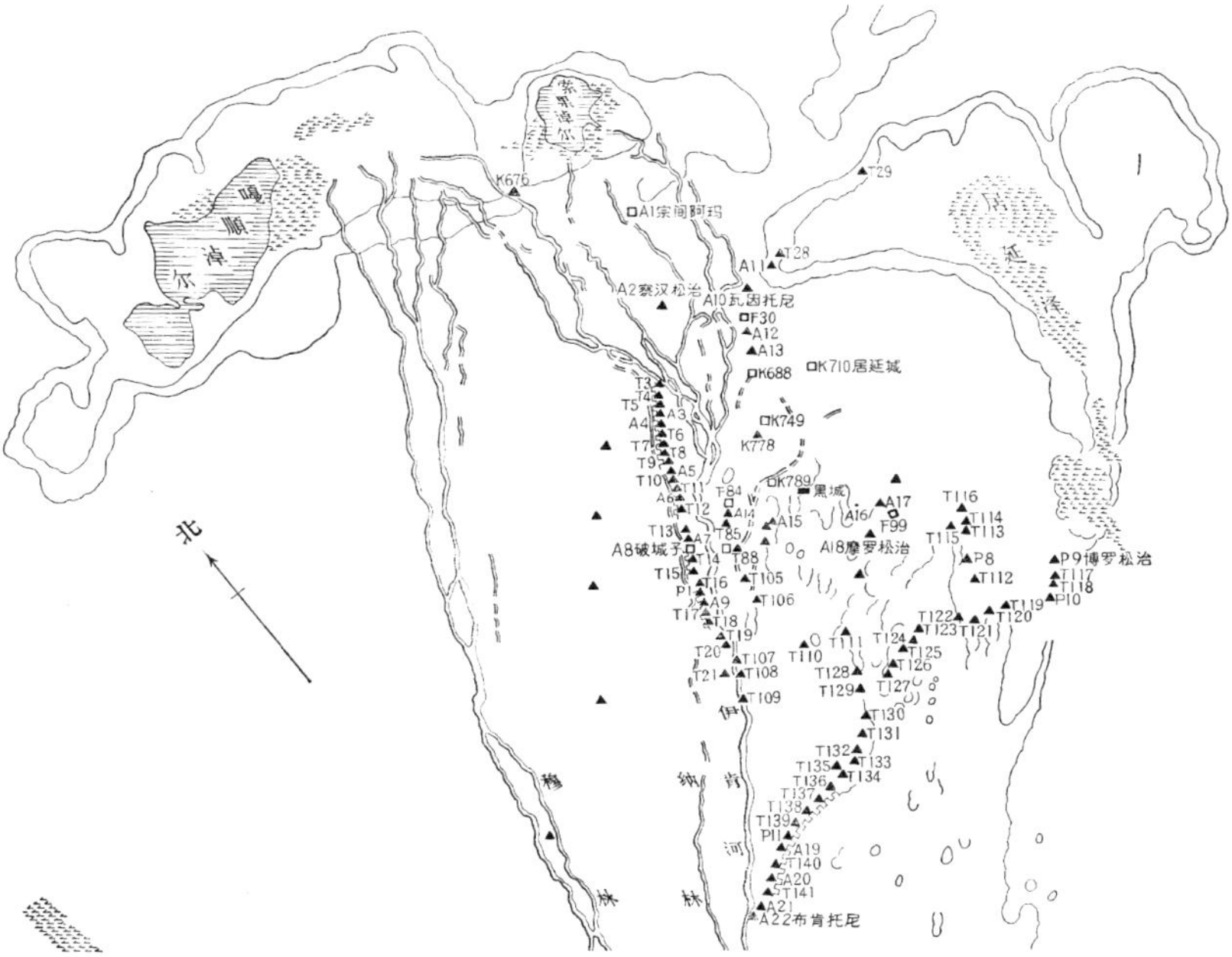

図1　エチナ川下流漢代遺址

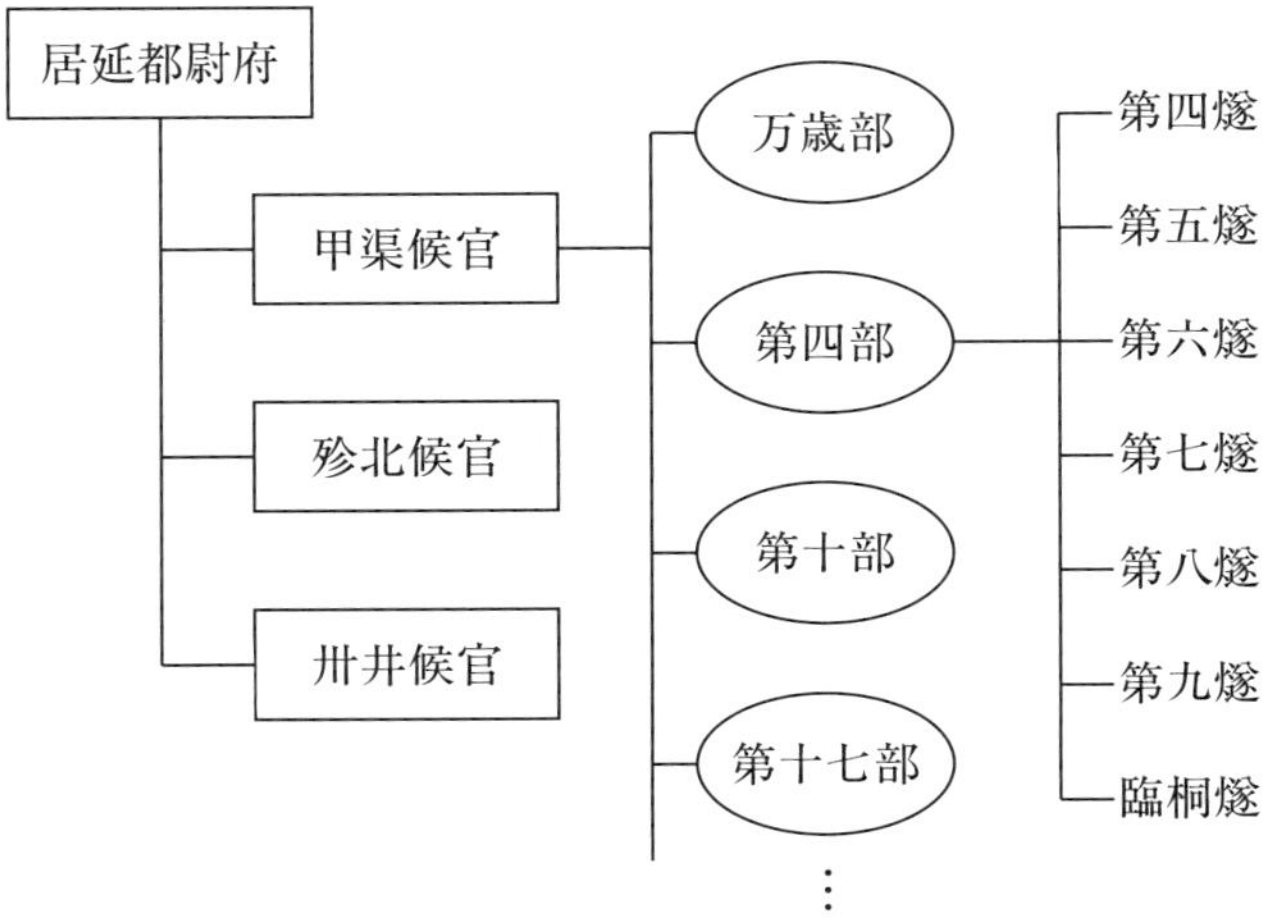

図2　甲渠候官組織概略図

二　甲渠候官における文書伝達とその管理

居延漢簡では、張掖郡太守府と居延都尉府あるいは居延県との間の文書伝達について考察する材料が豊富に残されている。まず次の二例を見てみよう。

北書三封合檄板檄各一
其三封板檄張掖大守章詣府
合檄牛駿印詣張掖大守府牛掾在所
九月庚午下餔七分臨木卒副受卅井卒弘鶏後鳴当曲
卒昌付收降卒福界中九十五里定行八時三分疾行一時二分
一五七・一四

北向けの書三封、合檄・板檄が各一。そのうち書三封と板檄は「張掖太守章」の封泥が押してあり、府（居延都尉府）宛。合檄は「牛駿印」の封泥が押してあり、張掖太守府の牛掾の出張先宛。九月庚午の下餔七分の時刻に臨木の卒の副が卅井の卒の弘から受け取り、鶏後鳴の時刻に当曲の卒の昌が收降の卒の福に手渡した。伝達区間は九十五里あり、実際に要した逓送時間は八時三分で、規定より一時二分早い。

南書一封居延都尉章　詣張掖大守府
十一月甲子夜大半当曲卒昌受収降卒輔辛丑蚤食一分臨木
卒□付卅井卒弘界中八十里定行……程二時二分
三一七・二七

南向けの書一封、「居延都尉章」の封泥。張掖太守府宛。十一月甲子の夜大半の時刻に当曲の卒の昌が収降の卒の輔から受け取り、（翌日の）辛丑の蚤食一分の時刻に臨木の卒の□が卅井の卒の弘に手渡した。伝達区間は八十里あり、実際に要した逓送時間は……で、規定より二時二分……。

右の二例は、人名の重複から、ほぼ同時期の記録であると考えられる。張掖郡太守府は觻得県（現在の甘粛省張掖市）にあったことが分かっている。一方、甲渠候官を含めたエチナ川下流を管轄した居延都尉府の所在地は、烽燧ラインの配置からK六八八遺跡とする説が有力であるが、なお決め手に欠ける。ただ、エチナ川流域の北方に居延都尉府・居延県が置かれ、南方に張掖太守府が置かれたことは間違いない。したがって張掖太守府→居延都尉府は「北書」、居延都尉府→張掖太守府は「南書」と呼ばれた。

この逓送記録は、甲渠候官の管轄区域内での逓送時間をチェックするためのものである。木簡中に現れる卅井―臨木―当曲―収降の四つの燧名のうち、甲渠候官所属の燧は臨木と当曲の二つであり、卅井―臨木、当曲―収降のそれぞれにおける文書付受の時刻のみが記されているのは、文書が甲渠候官の管轄に入ってから出ていくまでの所用時間がここでは問題だったことを示している。

「北書」と「南書」の逓送は同一のルートを使ったと考えられるが、「北書」が「界中九十五里」、「南書」が「界中八十里」と里程が異なるのは一見すると奇妙である。しかし「北書」の場合だと、卅井の卒が臨木に到着して文書を手渡した時点から文書逓送が甲渠候官の管轄となり、當曲の卒が収降まで出向いて文書を渡したところで管轄を離れると考えれば、実際の逓送距離は「臨木→当曲→収降」の里程となり、同様に「南書」については「当曲→臨木→卅井」の里程となるはずで、この違いが「九十五里」と「八十里」の違いとして現れることになる。(6)

甲渠候官の管轄内、すなわち臨木―当曲間では、さらに多数の燧を経由して文書の伝達が行われている。いくつか例をあげよう。

［収降→当曲→不侵→呑遠］

□三月丁未人定当曲卒樂受収降卒敵夜大半付不侵卒賀鶏

□鳴五分付呑遠卒蓋　一〇四・四四

［不侵→執胡→誠北］[7]

六月戊申夜大半三分執胡卒常受不侵卒樂築

南書二封皆都尉章●詣張掖大守府●甲校

己酉平旦一分付誠北卒良　四九・二二、一八五・三

［不侵→呑遠→誠北］

三月庚午日出三分呑遠卒賜受不侵卒

南書一封居延都尉章　詣張掖大守府

受王食時五分誠北卒朐　EPT五一：一四

このような簡を集積していくと、甲渠候官における逓送ルートをある程度復元することができる。時期によるルート変更の可能性も排除できないが[8]、逓送ルートの主要部分は次のように想定できよう[9]。

居延收降 — 當曲 — 不侵 ＜ 万年 …／執胡／呑遠 ＞ 誠北 — 武賢 — 臨木 ＜ 誠勢北／卅井

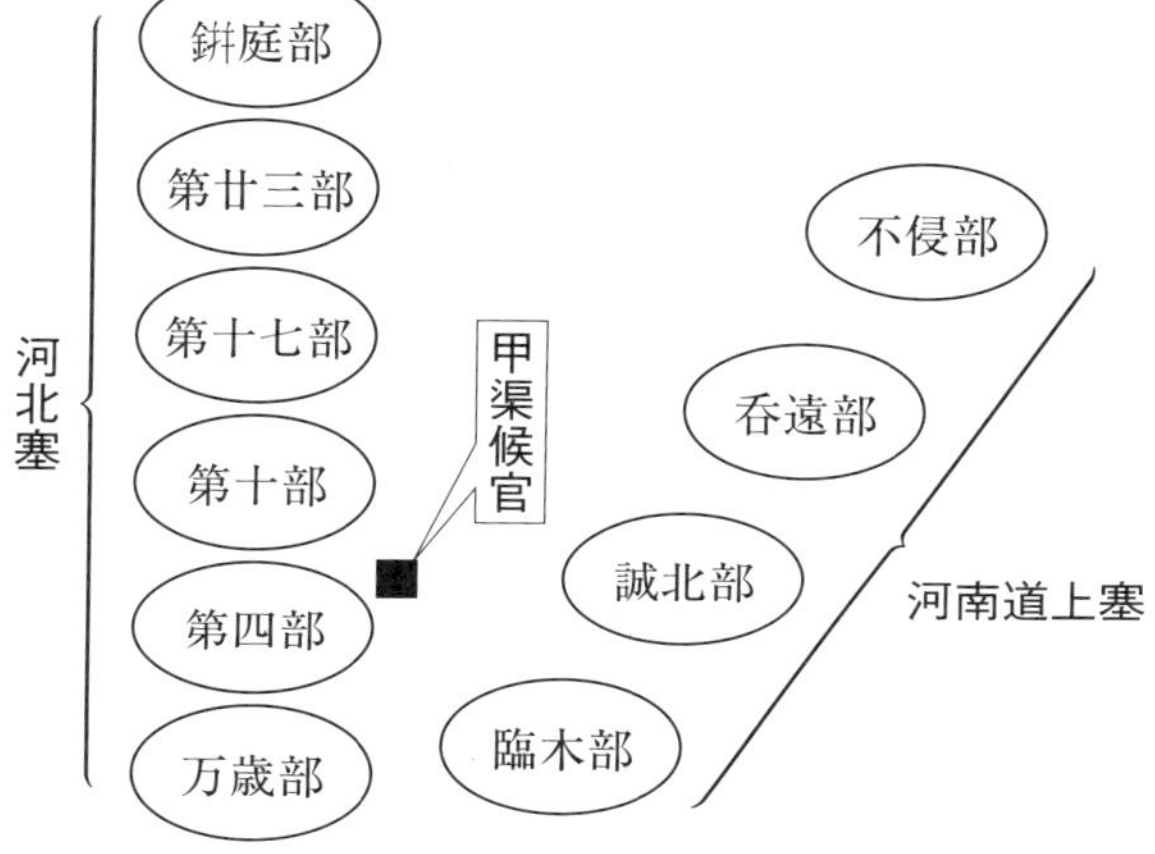

図3　部燧配置概念図

ここで注意せねばならないのは、右の居延都尉府—張掖太守府における文書伝達ルート上に、甲渠候官自身は含まれていないことである。甲渠候官所轄の烽燧は、イヘン＝ゴル（伊肯河）を挟んで「甲渠河北塞」と「甲渠河南道上塞」の二つに大別されることが「塞上烽火品約」の記載から判明している。[10]「河北塞」は「図3　部燧配置概念図」のごとく六つの部からなる烽燧群で、その西を長城が走っていたと考えられる。一方「河南道上塞」は四つの部からなり、「道上塞」の名称からして北の居延都尉府と南の肩水都尉府さらには張掖太守府を結ぶルート上に位置していたと考えられる。右に想定したルートは、この「河南道上塞」の四つの部に属する烽燧を順次リレーしていくものである。ルート上に位置しない甲渠候官では、管轄区域内での逓送所要時間を把握するために、「河南道上塞」の四部それぞれに所要時間の報告を求めたはずである。たとえば一〇四・四四簡は、不侵部からの報告であり、不侵部最北端の当曲燧が収降から文書を受け取り、最南端の不侵燧が次の呑遠部に手渡すまでの時間が記されていると考えられる。甲渠候官ではこうした各部からの報告をもとに候官管轄地域全体での所要時間を算出し、規定に照らして留遅（逓送の遅れ）の有無をチェックしたのであり、それが一五七・一四簡、および三一七・二七簡だったわけである。

留遅が判明した場合、候官は各部の責任者である部候長に事情説明を求める。

臨木卒戎付誠勢北㸐卒則界中八十里書定行九時留遅一時解何　一三三・二三

……臨木の卒の戎が誠勢北㸐の卒の則に手渡した。伝達区間は八十里であるが所要時間は九時で、一時の遅れがある。どのように説明するか。[11]

では、甲渠候官宛の文書、あるいは甲渠候官発信の文書はどのようなルートで伝達されたのであろうか。これについては、なお定説を見ないが、いくつかの「検」（宛名書き）から推測可能である。

甲渠候官
印曰居延都尉印
四月丙子臨桐卒禹以來　EPT五三・五五

甲渠候官宛。印には「居延都尉印」とある。四月丙子に臨桐㸐の卒の禹が持参してきた。

居延丞印
甲渠候官
十月壬子臨桐卒延以來
EPT五一：一六九

「検」には発信者の押した封泥印の印文と受領月日、文書の持参者の名が別筆で（つまり候官で）追記される。右の二つの簡は、それぞれ居延都尉府・居延県発信の文書に付された「検」である。この文書は、都尉府・県廷を発してさきほどの「河南道上塞」のルートに入ったのち、途中から枝分かれして、臨桐燧を経由して候官に至っている。この枝分れは呑遠部のあたりで生じるとする説があるが、「河南道上塞」の個々の烽燧をどの遺跡に比定するかは未だ確定しておらず、地図上にルートを再現することは現時点ではできない。

また甲渠候官出土の「検」には、第七燧・第八燧・第十燧といった、甲渠候官近隣の烽燧の卒が文書を届けている事例が多く見られるが、残念ながら発信者の印文を欠くもの、あるいは「私印」によるものが多く、ルート確定の材料とはできない。こうした「検」には、「河北塞」を構成する部から甲渠候官に宛てた文書に付されていたものが多数含まれているはずであり、ほぼ南北に一直線に並んだ「河北塞」の烽燧を逓伝して甲渠候官に送付した場合、候官近隣の烽燧の卒が最終的に甲渠候官に持参することになるのは当然だからである。

ところで、こうした文書逓送は具体的にどのくらいの速度を求められていたのであろうか。従来この問題は、漢代の時制、すなわち一日はいくつの「時段」から構成されていたのかという問題と関連して、定量的に議論することが難しかったが、『居延新簡』その他の新出資料の増加によって、ようやく共通の理解が形成されてきているように思う。

官去府七十里書一日一夜当行百六十里書積二日少半日乃到解何書到各推辟界中

必得事案到如律令言会月廿六日会月廿四日　EPS四T二：八A　P一（甲渠第四燧）

……候官は都尉府から七十里である。書であれば一昼夜で百六十里を運ばねばならないのに、この書は二日と三分の一日でようやく到着した。なぜこのようなことが起こったか。それぞれ担当地域を調査して、必ず事実を把握せよ。この案が到着したなら律令のごとく執り行え。今月の二十六日まで報告せよ。」（という命令が都尉府から通達された。候官には）今月の二十四日まで報告せよ。

この簡には文書の伝達速度が一昼夜で百六十里であることが明記されている。(12) また次の「北書」に関する簡では

五月壬戌下餔臨木卒護受卅井誠勢北隊卒則
▨　詣居延都尉府　癸亥蚤食五分當曲卒湯付□□卒□□□
□□收降卒……定行九時五分中程　二三九・四

とあり、「界中九十五里」の北書を所用時間九時五分で逓送して「中程」とされていることから、「一時」の規定逓送距離は「十里」であったことが推算される。したがって、一昼夜は「十六時」からなり、「一時」の長さは現在の時間で一時間半に相当することになる。漢代の一里を約四二〇メートルとすれば、「一時十里」は時速約二・八キロメートルとなり、徒歩による移送速度としてはきわめて妥当な数値となる。

では、一人の卒はどのくらいの距離をこの速度で歩くことを求められていたのであろうか。文書の逓送が「河南道上塞」の烽燧を一つ一つ経由する形で行われていたのならば、烽燧間距離を求めればよいことになる。しかし、烽燧

の配置の粗密は場所によって大きな差があるのに加え、「河南道上塞」は個々の烽燧を地図上にプロットできないという問題がある。かりに三〜四キロメートルという烽燧ラインとしては広めの間隔を想定すると、隣の燧までの往復に現在の時間で約三時間程度の時間が必要となる。これは、烽燧に勤務する卒の一日の仕事としては、決して無理な数字ではないだろう。ただし、文書逓送は日中にのみ行われるのではない。文書の付受時刻をみると「夜大半」「夜昏時」など明らかに夜中の時刻名称が現れる。[13] そうすると、「一時十里」は夜中の移送も想定した速度規定なのであり、さほど容易に遵守できる速度ではなかったのかもしれない。[14]

それはともかくも、甲渠候官では所轄の「河南道上塞」を通過する文書逓送を、各部からの報告をもとに厳密に管理していた。引用した簡文から気づくように、ここで採りあげてきた逓送記録には、受け渡しの時刻と当事者を記したものと、それに加えて逓送距離（「界中」）・規定時間（「当行」）・実際の所要時間（「定行」）を記した上で規定に合致したかどうかを確認する文言を含むものの二種類がある。前者を「郵書刺」（あるいは「過書刺」）、後者を「郵書課」と呼ぶ。[15]「郵書刺」も「郵書課」もともに文書逓送の現場である部で作成され、それぞれ候官に送られたようである。[16] ただし部作成のこれらの記録は、当然のことながら各部の管轄内における伝達記録であり、「河南道上塞」の四部の管轄地域全体をとおして、換言すれば甲渠候官の管轄地域全体をとおしての記録およびチェックは、甲渠候官でなければできない。冒頭に掲げた一五七・一四簡および三一七・二七簡はまさしくその事例である。このように文書伝達業務を候官が厳密に管理しているのは、公文書が想定の時間内に到着することが文書行政の円滑な遂行にとって決定的に重要だからに他ならない。だからこそ「留遅」が直ちに処罰に結びつくのである。ところで、冒頭の一五七・一四簡では、「定行八時三分疾行一時二分」という検閲結果が記されている。規定では九時五分のところ、実際には八時三分で逓送が終わり、一時二分早かったという意味である。この「疾行」同様の例は、上半が失われているが、

五月己丑餔時当曲卒騂受

□夜半臨木卒周付卅井卒元

定行六時不及行二時　EPT五一：三五一

とあり、ここでは八時で逓送すべき「南書」（付受経路からしてそう判断できる）の逓送が六時で終了したことを「不及行二時」と記している。遅れではなく早く逓送した場合でも規定との差がチェックされるのはなぜだろうか。早く到着することによる実害は想定しがたいし、遅延に対する罰則に対応して早着に対する顕彰があるかというと、そのような事例は見いだせない。憶測であるが、以下のように考えれば説明がつくのではあるまいか。すなわち、この「南書」がたとえば居延都尉府から張掖太守府宛てのものであったとして、逓送ルート上のどこかで「二時」の留遅が発生したとしても、別の場所で「二時」の「疾行（あるいは不及行）」があった場合、遅れは相殺されて発信から到着までの時間は規定通りとなる。このような表面には出てこない留遅を顕在化させるための仕掛けが、規定よりどれだけ早く着いたかという記載ではなかろうか。もしそうだとすると、文書送達の時間管理は、二重三重のチェック体制のもとに置かれていたということになろう。居延漢簡に見る煩瑣なまでの時間管理を合わせ考えると、十分にありうる話ではあるまいか。

三　文書伝達方法の種類

居延漢簡中には、文書の送達方法を示したと考えられる検がいくつか存在する。

［A］

　　楊褒私印

甲渠官

　三月乙酉卒建以來　　EPT五一：三三三

甲渠官燧次行　　一六・六 A七

　　居延都尉章

甲渠鄣候以亭行

　七月乙巳卒以來　　EPF二二：四六六

　　周幷私印

甲渠官亭次行

　九月癸丑卒以來●一事　　EPT二六：七

居延甲渠候官以郵行　　EPT五三：八六

［B］

東門輔
甲渠官行者走
十月辛□卒□以來　　EPT五二：一五四

甲渠候官馬馳行　　EPT五六：一

……印
甲溝官吏馬馳行⑰　〼
……以來　　EPF二二：七四六

［A］の最初の検は、最も頻繁に見られる甲渠候官宛の検で、これには単に「甲渠候官」あるいは「甲渠官」と宛名が書かれるだけである。しかし他の検には「燧次行」「以亭行」（あるいは「亭次行」）「以郵行」と送達ルートに関わる具体的指示が記されている。

「燧次行」が烽燧づたい、「以亭行」が亭づたい、「以郵行」が郵づたいに順次リレーしていく方式であることは間違いないのだが、具体的にはどのような違いがあるのだろうか。そもそも前節で採りあげた「河南道上塞」を通過していく文書は、これらのどの送達方法に当たるのだろうか。

従来の一般的理解として、「以亭行」「以郵行」は通常の文書伝達ではなく、何らかの点で特別な文書伝達であるとされてきた。『二年律令』行書律（二七二簡）には「書不急、擅以郵行、罰金二両（文書の急の扱いでないものを、勝手に郵によって移送したならば、罰金二両）」とあり、「不急」の文書は郵を使って送達してはいけないことが記されている。「急」とは送達に要求される速度を示すのか、送達される文書の重要性を示すのかは判然としないが、[18]郵で送達できる文書には一定の規定があったようで、同じく行書律（二七六簡）には「諸獄辟書五百里以上、及郡県官相付受財物当校計者書、皆以郵行（およそ裁判文書で五百里以上のもの、および郡縣の官が財物を互いに授受して照合すべき場合の文書は、いずれも郵により移送する）」とするのがその例であろう。

しかし、「急」であるがゆえに「以郵行」が選択される、つまり「以郵行」が速度にかかわるならば、［B］に現れる「行者走」「吏馬馳行」などの明らかに「至急便」を意味する指示とどのような関係になるのであろうか。さらに前節で検討した「一時十里」という速度規定（これを徒歩による移送と想定した）は、「燧次行」「以郵行」「以亭行」のどれに該当する速度なのだろうか、あるいは送達ルートの違いは移送速度とは無関係なのであろうか。居延漢簡中の文書逓送速度について「一時十里」以外の規定は見いだすことができない。

漢簡研究者を悩ませてきたこの問題に、一定の解決を示そうとしたのが冨谷至氏である。[19]氏の論点は多岐にわたるが、「以郵行」「以亭行」と書かれた検に限れば、両者は「郵を伝達するか亭を伝達するかの区別を記す」もので、「郵と亭を区別するのは、郵書を分配処理する機関が異なるとともに、配送する郵書も郵と亭で内容を異にしていたから」であるとする。前節の「河南道上塞」について言えば、

……

正月辛巳鶏後鳴九分不侵郵卒建受呑遠郵

卒福壬午禺中当曲卒光付収降卒馬印　　EPT五一：六

に見える「不侵郵卒」「呑遠郵卒」から不侵部と呑遠部には「郵」の機能があったこと、収降は「居延収降亭」と称

される場合もあることから収降燧が「亭」として機能したこと、当曲は不明であるが、同じく「河南道上塞」の烽燧である万年燧・武彊燧の卒が「万年駅卒」「武彊駅卒」と記される事例からこれらが「駅」という呼称を持っていたことを指摘する。「駅」では単に郵書の引き渡しと配送だけが行われ、逓伝の点検・検閲は「以郵行」ならば郵で、「以亭行」ならば亭（そこには郵亭だけでなく、田亭・水亭・倉亭など他の亭も含まれる）で行い、ここに両者の実質的相違があるとされる。

現在の私には冨谷氏の見解を積極的に支持する材料も否定する材料もない。「以郵行」「以亭行」が逓送の速度や送られる文書の重要性には本来的には無関係であるとする見解は、［B］のような「至急便」文言の必要性を説明することになろう。また「河南道上塞」の多くの烽燧のうち、特定の烽燧だけが郵書逓送に関わって名前が挙がってくる現象もうまく説明できるだろう。しかし「以郵行」も「以亭行」も実質的にはほとんど同じルートを、少なくとも甲渠候官管轄区域内ではたどることになるが、「郵」の機能をもつ臨木・呑遠で「郵書刺」「郵書課」が作成されることはよいとしても、別に存在してもよいはずの「亭」での逓伝記録が見いだせないという事実は、不安材料として残る。ただ、「郵」「亭」の区別は、逓送ルートが辺境の軍事機構を抜けて一般の民政区に入ったときにこそ意味を持ってくると想定するならば、妥当な見解なのかもしれない。

また「燧次行」については、一つ一つの烽燧を順にたどって行くわけだから、当然時間はかかるが、末端の烽燧に確実に情報を伝達する必要がある場合には、この方法を採らざるを得なかっただろう。殄北候官所属のA一〇（瓦因托尼）出土の長大な觚には、警備の厳重さを増すことなどの指示が記されているが、その上端に

広田以次伝行至望遠止　　二七六・七

とあり、広田燧から望遠燧まで順次伝えていくことが指示されている。速度だけが問題だったわけではないのである。

四　甲渠候官での文書発信・受信

甲渠候官では、候官から発信した文書および到着した文書の記録が取られていた。

［発信］

十月尽十二月吏奉用銭致●一事一封　十月戊午尉史彊封　ＥＰＴ五一：三四〇

●候長王彊王覇坐毋辨護不勝任免移名府●一事集封　八月丙申掾彊封　三一七・二一

移居延第五燧長輔遷補居延令史即日遣之官　●一事一封　十月癸未令史敞封入　四〇・二一

発信記録には、文書のタイトル、あるいはその内容が分かるような要約、発信の日付と発信者が記される。発信者は多くが掾・令史・尉史など候官の書記官である。「封」とはもちろん封泥を付して封印したことを示す。日付の前にある「一事一封」は一つの案件を一つの封書として発送したという意味で、二番目の簡に見える「一事集封」は任務不適格者の免官という一案件につき、王彊・王覇二名分の文書をまとめて封をしたという意味であると考えられる。これ以外にも「一事二封」「二事一封」「二事二封」などのバリエーションがある。

［受信］

書二封檄三　　其一封居延卅井候　　十月丁巳尉史蒲発
　　　　　　一封王憲　　　　　　　　　　　　　二一四・五一

書五封檄三　二封王憲印　二封呂憲印
　　　　　　一封孫猛印　一封王彊印　　二月癸亥令史唐奏発
　　　　　　一封成宣印
　　　　　　一封王充印　　　　　　　　　　　　二一四・二四

受信記録では、到着した文書の種類と数、それぞれの封泥の印文すなわち発信者、開封した日付と書記の名が記される。「発」は「封」の反対で、発信ではなく開封の意味であるが、二簡目の「奏発」との違いは不明。発信記録・受信記録の甲渠候官での出土数は必ずしも多くはないが、甲渠候官宛ての検の出土数からすれば、日常的に作成されていたはずである。

以上見てきたように、辺境の軍事機構である甲渠候官では、文書伝達に関する細々とした日常業務が倦むことなく行われていた。一般の戍卒を除く甲渠候官内の吏員の数は、一〇八ないし一〇六名と考えられるが[20]、このうち八十名ほどが各烽燧の燧長であり、さらに十部それぞれに候長と候史各一名がいたはずだから、甲渠候官そのもので執務していた吏は六〜八名となる。そのうちの一名は長官である甲渠候で一名は副官である尉（塞尉）なので、書記官として勤務していた者は、五～六名しかいなかった計算になる。彼らが日常の文書作成を担い、文書伝達の管理を行っていたのであり、このごく少数の下級書記官たちが、漢帝国の文書行政を底辺で支えていたのである。

むすびにかえて

本稿で述べてきたことには、漢簡研究の専門家にはある意味で常識的な内容に属する部分が多々ある。それをあえて記してきたのは、本書のもととなった愛媛大学におけるシンポジウムに参加して、深く思うところがあったからである。中国辺境出土の行政木簡を扱ってきた私にとって、シンポジウムでの議論や毎年刊行される報告書の内容に接するたびに、他の時代や地域、とりわけ日本史研究者の方たちと情報を共有する必要性と有効性を何度も痛感させられた。日本史における非文献史料研究の緻密さは、中国木簡研究にも是非取り入れるべきものであろうし、紙木併用時代の日本木簡との比較研究も、中国木簡学者に課せられた課題の一つであろう。ただ、それ以上に、木簡にせよ文書行政システムにせよ、日本史研究者と中国史研究者が共通の土俵に立って議論できる未開拓の問題が多々あることに気づかされた。本稿は、そのための準備の一つとして、中国辺境出土木簡を素材としてどこまでミクロな議論ができるかを確かめるために執筆したものである。

注

（1）二件だけ紹介する。籾山明『漢帝国と辺境社会――長城の風景』（中公新書一四七三、一九九九年）、冨谷至『木簡・竹簡の語る中国古代　書記の文化史』（世界歴史叢書、岩波書店、二〇〇三年）。

（2）大庭脩『秦漢法制史の研究』第三篇第二章「居延出土の詔書冊」（創文社、一九八二年）。

（3）辺境出土漢簡中に見える「小府」について、これが官署の財務関係を扱う部局、つまり「少府」であるとする見解と、文書は他官署だけではなく自らの官署にも下達する必要があり、その際の謙称であるとする見解とがある。

（4）従来、このほかに「居延候官」の存在を想定していた。肩水都尉府の場合、都尉府がA三五（大湾）に置かれ、肩水候官がA三三（地湾）に置かれていたように、都尉府と同名の候官が建置されることはありうるが、「居延候官」は、漢簡上にその存在を明証するものがない。後に触れる「居延収降」という烽燧・郵亭名は、居延候官所属なのか居延都尉府所属なのか、これだけは確定しがたいからである。ここでは「居延候官」は一応存疑として、居延都尉府には三候官が置かれていたとしておく。

（5）宋会群・李振宏「漢代居延甲渠候官部燧考」『史学月刊』一九九四―三による。

（6）李均明「漢簡所見〝行書〞文書述略」『秦漢簡牘論文集』甘粛人民出版社、一九八九年。

（7）居延漢簡では「誠北」と「城北」の交替が頻繁に見られる。「誠」と「城」は草書体ではほとんど区別できない。

（8）「南書」についてはEPW・一に「界中九十八里」とする例がある

（9）宋会群・李振宏「漢代居延地区郵駅方位考」『河南大学学報』（社会科学版）一九九三年一期。

（10）EPF一六・一～一七が代表的。

（11）引用簡は、鶏飼昌男氏が復元した、臨木部における留遅を問責する冊書の一部である（「郵書課挙」と呼ばれる文書）。鶏飼昌男「居延漢簡にみえる文書の逓伝について」『史泉』六〇、一九八四年。

（12）張家山漢墓出土『二年律令』の行書律（二七三簡）には「郵人行書、一日一夜行二百里。不中程半日、笞五十、過半日至盈一日、笞百、過一日、罰金二両」（郵人が文書を伝達するとき、一昼夜で二百里の距離を運ぶ。規定からはずれること半日ならば、笞五十、半日を過ぎて一日までは、笞百、一日を過ぎれば、罰金二両）と見えており、居延漢簡の記載とは異なっている。ただ、エノ・ギーレ「「郵」制攷――秦漢時代を中心に――」『東洋史研究』六三―二、二〇〇四年が指摘するように、二年律令の時代の一里を三三四メートル、そこから百～二百年後の居延漢簡の時代の一里を四一七・五メートルとする時代偏差を考慮に入れると、さほど大きな差異ではなくなる。

(13) 居延漢簡に見られる「時称」については、宋会群・李振宏「秦漢時制研究」『歴史研究』一九九三―六を参照。
(14) 郵書逓送の記録に「時」のみならず「分」も記載される事実は、逓送ルートの烽燧に「分」まで把握できる計測器が存在したことを示唆している。そうすると、烽燧には「日時計」のような簡便な時刻計測器ではなく、より精密な「漏刻」のごとき計測器の存在した可能性が出てこよう。馬怡「漢代的計時器及相関問題」『中国史研究』二〇〇六―三を参照。
(15) 李均明「簡牘文書『刺』考述」『文物』一九九二―九。
(16) 冨谷至「亭制に関する一考察――漢簡に見える亭の分析――」、冨谷至編『辺境出土木簡の研究』朋友書店、二〇〇三年。
(17) 王莽時代、「甲渠」は「甲溝」と改名されていた。したがってこの簡は王莽簡である。
(18) 冨谷至編『江陵張家山二四七号墓出土漢律令の研究　譯注篇』（朋友書店、二〇〇六年）の【解説】では「書不急」を「速達扱いでない文書」として、速度の問題と解しているようである。
(19) 前注（16）冨谷論文。
(20) ＥＰＴ五二・三七六に「最凡候以下吏百八人」、ＥＰＴ五三・一二〇に「□給候以下吏百六人〻一月□」の記述がある。

高昌郡時代の上行文書とその行方

關尾史郎

一　はじめに

先に私は、トゥルファン盆地を支配した麴氏高昌国（五〇一～六四〇年。以下、「高昌国」と略記）の上奏文書について、話ことばや音声に置換することができない事案に限定して作成され、それ以外の事案については口頭による上申ですまされたのではないかと推定したことがあった【關尾二〇〇二】。「正史」高昌伝が記す、この国における文書行政システムの未発達（同時代の中国王朝と比較してだが）、あるいは官文書自体に対する軽視といった事情なども、これを傍証しているように思われる。(1) また高昌国成立以前、「五胡十六国」時代（以下、「「五胡」時代」と略記）の高昌郡（三二七～四三九年）で行われていた條呈文書が、このような上奏文書の先駆的な形態であることも推測した【關尾二〇〇七】。

しかし條呈文書が上奏文書の先駆的な形態であるとしたのは、あくまでも両者が、話ことばや音声に置換することのできない事案を内容としているという点、その結果として簿籍それ自体を文書の本文としているように見える点、そして事後承諾を求めるために作成されたという点、この三点において特徴を共有しているからであって、それ以上ではない。條呈文書は高昌郡という地方の郡県の文書であるという点を考慮しても、上行文書としてはあまりにも簡略なのである。むしろ文書行政システムという視点からみた場合、同じ高昌郡時代に属する兵曹文書のような上行文書のほうが、條呈文書以上に高昌国の上奏文書に影響を与えたと考えることができるのではないだろうか。

柳洪亮氏の包括的な成果【柳一九九七A（柳一九九七B）】をはじめとする高昌郡時代の官文書研究の成果に学びながら、[2] 高昌郡時代の上行文書とそれを含む文書行政システムが、高昌国の上奏文書とそれを中心とした文書行政システムにどのように継承されたのか、という問題について私見を述べてみたい。これが本稿の目的である。もとより本稿で対象とするのは上行文書に限定されているので、高昌郡にせよ高昌国にせよ、その文書行政システムの全体像を提示することはできない。そのことは前もってお断りしておかねばなるまい。

二　條呈文書

最初にあらためて、旧稿【闞尾二〇〇一】により、條呈文書について概観しておきたい。「五胡」時代、高昌郡で作成された條呈文書は、以下の六点である。いずれも五世紀の前期から中期にかけて、政権でいうと、西涼・北涼時期のものである。

①「西涼年次未詳（五世紀前期）某人條呈爲取床及買毯事」（63TAM1:24〈写・録〉【唐（主編）一九九二：六】）
②「西涼年次未詳（五世紀前期）劉普條呈爲得麦事」（63TAM1:15〈写・録〉【同右：七】）
③「西涼年次未詳（五世紀前期）劉普條呈爲綿絲事」（63TAM1:17〈写・録〉【同右：七】）
④「北涼玄始十一（四二二）年十一月酒□馬受條呈爲酒出事」（75TKM91:18(a)〈写・録〉【同右：六一】）
⑤「北涼年次未詳（五世紀前期）祠吏翟某呈爲食麦事」（75TKM91:16(a)〈写・録〉【同右：七七】）
⑥「北涼年次未詳（五世紀前期）某人呈爲奴婢等月廩麦事[3]」（75TKM91:17〈写・録〉【同右：七七】）

このうち、④を例示しておく。

「北涼玄始十一（四二二）年十一月酒□馬受條呈爲酒出事」（75TKM91:18(a)〈写・録〉【唐（主編）一九九二：六一】）

十一月四日、□酒三斗、賜屠兒□
使。次出酒□斛附孫善、供帳内□
隤騎・箱□等。次出酒五斗、附□
五斗、供淩□。□合用酒柒斛□
玄始十一年十一月五日酒□馬受條呈
「□」
［後　缺］

題解【唐（主編）一九九二：六二】には、本文書が「五胡」時代によくある藍書であること、勾勒があること、さらに朱筆の残画（朱批残字）があることなどが述べられている。このうち勾勒の残画も、朱筆も、現存の最終行上に確認できる。⑤と⑥にも署名とおぼしき朱筆の「璋」字（？）が本文直後に挿入されているので、本文書の朱筆も官員の自署と考えてよいだろう。また馬受なる人物は、別面の「北涼建平五（四四一）年七月祠□馬受屬」（75TKM91:18(b)〈写・録〉【唐（主編）一九九二：六六】）にも見えている[3]。いずれも「酒□」、「祠□」と職名の二字目部分が欠損していて詳細は不明だが、表裏の時間的な間隔が一九年にも及ぶこと、郡県に「酒」字や「祠」字を冠する部署があったとは思えないことなどを考慮すれば、この間一貫して吏であった可能性が高い。このことは、⑤の作成主体がやはり「祠吏」の翟某であったことからも類推できる。おそらく馬受は、倉曹などの部署の中で酒の出納や祠の管理などを担当していたのであろう。

内容について確認しておくと、條呈が行われた十一月五日の前日にあたる十一月四日一日の酒（葡萄酒）の支出事例を列挙して最後に「（都）合」字で合計を導く書式になっている。下部が欠損しているので、確定はできないが、支出事例は全部で四件、支出された酒の総量は七斛＋aである（表一）。

［表一　④の内訳］

No.	出酒	賜・付者	供与対象
1	三斗	屠児（賜）	?使
2	□斛	孫善（付）	帳内・隤騎・箱□等
3	五斗	某人（付）	不明
4	五斗?	不明	淩□

それぞれ「賜」字や「付」字の後には人名が記され、その後に供与された対象が「供」字で導かれているようだが、1の場合は使者（?）、2の場合は各種の兵士たちだったようである（出酒量がこれだけ斛単位なのも、そうした事情であろう）[6]。各事例とそれらの合計の支出量を記して、その翌日に馬受が報告するために作成されたのが本文書だったのである。本文書では、本文の末尾に相当する総量の下部が欠損しているが、他の條呈文書の書式から、「請紀識」で結ばれていたと考えられる。また全体の末尾に見える「條呈」の「條」字は、「列挙する」というような意味であろうから、「呈」字こそが本文書が上行文書であることを示しているということになる。本文書は、前日の酒の支出について一括して記録し、事後報告を行うために作成・伝達されたわけである。書風から判断して全てを馬受自身が書写したと考えてよいだろう。

なお「呈」字の左横に墨跡が写真でもはっきりと確認できる。大ぶりの文字の残画のように見えるので、官員の自署の可能性がきわめて高い。吏である馬受が所属する部署（倉曹）の責任者である掾や史などが自署していたのであろう。

さてそれでは、馬受はいかなる官府に所属していて、本文書はいかなる官職に條呈されたのであろうか。すなわち上申の宛先はどこだったのであろうか。この問題について旧稿では、條呈文書はいずれも高昌県衙の内部で作成され、県令かそれに相当する官員に上申されたものと考えた【關尾二〇〇一：九】。しかし六点のうち、⑤と⑥を除く四点に勾勒が確認できること、[5]④以下の三点が出土したカラホージャ九一号墓からは後述するように多くの高昌郡の文書とりわけ兵曹関係の文書が出土しており、そのほとんど全てに勾勒が入っていること、これらの諸点を考えると、高昌郡府の内部で作成され、太守かそれに相当する官員に上申され、彼らが決済したことを示す勾勒が入れられたと判断したほうが妥当なように思われる。

さてこのような條呈文書を、高昌国時代の上奏文書の先駆的な形態であるとした根拠は、條呈文書も、話ことばや音声に置換するのが困難な数字（本文書では支出事例ごとの出酒量とその総量）を列挙したこと、事後に上申して承諾（決済）を得たことなどに由来している。しかし高昌郡時代の上行文書は、このような條呈文書にとどまらない。倉曹などの部署に属する吏が、掾や史の自署を得ながらも、太守など長官に上申する條呈文書は、上行文書の中ではむしろ例外に属するものと評したほうが良かろう。「五胡」時代を含む魏晋南北朝時代の郡府は、多くの部署（諸曹）を擁していたからである。このような諸曹の責任者である掾や史が太守に上申するようなケースのほうが、はるかに一般的だったのではあるまいか。次には、このような上行文書について見てみよう。

三　兵曹文書

「五胡」時代、高昌郡で作成された官文書のなかで最多を誇るのは、兵曹から太守に宛てられた上行文書である。いまこれを「兵曹文書」と総称するが、以下の一七点がこれに該当する。[6]いずれも、四二〇年代から四三〇年代、政権でいうと、北涼時期のものである。

① 「北涼玄始十二（四二三）年正月兵曹牒爲補代差佃守代事」（75TKM96:18,23〈写・録〉【唐（主編）一九九二：三〇】）
② 「北涼玄始十二（四二三）年三月殘文書（一）」（75TKM96:30(a)〈写・録〉【同右：三二】）
③ 「北涼年次未詳（五世紀前期）兵曹屬爲補代馬子郭氏生事」（75TKM96:44(b)〈写・録〉【同右：三八】）
④ 「北涼義和三（四三三）年兵曹條知治幢墼文書」（75TKM91:31〈写・録〉【同右：六三】）
⑤ 「北涼義和某年兵曹行罰部隤五人文書」（75TKM91:29(a)〈写・録〉【同右：六五】）
⑥ 「北涼建□某年九月兵曹下高昌・横截・田地三縣符爲發騎守海事」（75TKM91:26〈写・録〉【同右：六七】）
⑦ 「北涼年次未詳（五世紀前期）兵曹行罰兵士張宗受等文書」（75TKM91:28(a)〈写・録〉【同右：六九】）
⑧ 「北涼年次未詳（五世紀前期）兵曹下八幢符爲屯兵値夜守水事」（75TKM91:33(a),34(a)〈写・録〉【同右：七〇】）
⑨ 「北涼年次未詳（五世紀前期）兵曹掾張預殘文書」（75TKM91:36(b)〈写・録〉【同右：七〇】）
⑩ 「北涼年次未詳（五世紀前期）行罰幢校文書」（75TKM91:20(a)〈写・録〉【同右：七一】）
⑪ 「北涼年次未詳（五世紀前期）兵曹條往守白芀人名文書（一）」（75TKM91:25〈写・録〉【同右：七二】）
⑫ 「北涼年次未詳（五世紀前期）兵曹條往守白芀人名文書（二）」（75TKM91:42(a)〈写・録〉【同右：七二】）
⑬ 「北涼年次未詳（五世紀前期）兵曹條次往守海人名文書」（75TKM91:40〈写・録〉【同右：七三】）
⑭ 「北涼年次未詳（五世紀前期）殘文書（二）」（75TKM91:38(a)〈写・録〉【同右：七九】）
⑮ 「北涼年次未詳（五世紀前期）殘文書（三）」（75TKM91:37(b)〈写・録〉【同右：八〇】）
⑯ 「北涼眞興七（四二五）年正月高昌郡兵曹白請差直步許奴至京牒」（79TAM382:5/4(a)〈写・録〉【柳一九九七B：七、三九〇】）
⑰ 「北涼年次未詳（五世紀前期）馬受子等往守十日文書」（B. L. OR. 8212-548=Ast. VI. 2. 010d〈写・録〉【沙・呉（編）二〇〇五：I-八八】〈録〉【陳一九九四：二九八】）

これらはいずれも、兵曹掾が単独もしくは兵曹史とともに「白」すという形式の官文書である（②・④・⑭・⑮の四点だけは、当該部分が欠損）。したがって、高昌郡の兵曹から太守に上げられた文書と考えることができる。なかには、文中に「符」とか「班示」とあり、⑥や⑧のように、それが文書の表題にされているものもあるが、それ自体が「符」や「班示」であるわけではない。いずれも大小の欠損箇所を有しているが、ここでは本文部分について、⑪を例示しておく。

「北涼年次未詳（五世紀前期）兵曹條往守白芳人名文書（一）」（75TKM91:25〈写・録〉【唐（主編）一九九二：七二】）

嚴興・張皈・□□・王阿連・
韓阿福・張賓□・嚴乘・
左狗萬・毛相・張□明・道人道□・
□文達・馬埜。
輸租、各讁白芳十日。高寧
横截二人、合卅人。次□芳守十日。
□次往領攝。
兵曹掾張預白：謹條往白芳守人名
在右、事諸班示、催遣奉行。
　　校曹主簿

［後　缺］

題解【唐（主編）一九九二：七二】には、勾勒があることが述べられており、じじつ写真から末尾部分に勾勒の墨跡が確認できる。唐長孺氏は本文について、嚴興以下、馬瑩に至る人々を、田租の納入に際して何らかの脱法・非法行為を犯したために、その罰として白芀の守備に徴発することと、高寧（員数不明）・横截（二人）の両県などから合計三〇人をやはり白芀（□芀）の守備に徴発することからなっているとする【唐一九八二：一五五～一五六（唐一九八九：三六七～三六八）】。白芀とは、トゥルファン盆地東端のPichanであり【荒川一九八六：四〇表（一）】、防衛拠点として重視されていたものと思われる。そしてこのような白芀の守備要員の氏名と員数をまとめて記録し、太守の裁可を仰ぐべく上行したのが、兵曹掾の張預だったのである[7]。彼は氏名と員数を列記した上で裁可を仰ぎ、裁可を得たならば（事諾）、その氏名と員数を掲示して（班示）告知し、該当者を白芀まで派遣することを任務としていたのであろう[8]。そして最後には、校曹主簿の名が記されている。名の部分は欠損しているが、⑩や⑫などから、名だけが自署されたことは疑いない。

ところで、ここでは後半部分が欠損しており、上行の具体的な手続きがわからないが、この部分については、⑤、⑦、および⑪などから以下のように復元できる。

「北涼年次未詳（五世紀前期）兵曹條往守白芀人名文書（一）」（推補）

［前　略］

校曹主簿「□」
長史「□」　元號×年〇月△日白
主簿「□」
司馬「□」　功曹史「□」
典軍主簿「□」
錄事參軍「□」　五官「□」

典軍　「□」
參軍　「□」　錄事　「□」

すなわち上行が行われた年月日をはさんで、右側には校曹主簿が、左側には主簿以下録事までが自署している。また上行の年月日の上部には、長史の自署があり、やや間隔をあけて司馬から参軍の自署が並んでいる。このうち下段の主簿以下は、郡府の属僚であり、上段の長史以下は軍府の属僚である。これについては、高昌太守が将軍号を帯びており、かつ事案が兵曹の職務範囲であり、軍事に関係するために、郡府と軍府の両方の属僚が自署したと解されている【唐一九七八：一八（唐一九八九：三五二～三五三）】[9]。

ところで既に多くの先行研究が指摘しているように、文書末尾に列記されたこのような官員の自署は、高昌国時代の上奏文書に類似している。一点だけ例示しておこう（［ ］内は推補）。

「高昌延昌廿七（五八七）年六月兵部條列買馬用錢頭數奏行文書」（66TAM48:28(a),32(a)〈写・録〉【唐（主編）一九九二：三三九】）

［前　略］
通事令史和「樂」
□［侍］郎　史「養生」
日兵部　奏。
□軍將軍□□□麹［中］（「高昌令尹」）「伯雅」
右衞□軍綰□郎中麹［將］［曹］「紹徽」

平遠將軍領兵部事麴「歡」
嚴「佛圖」
翟「奇乃」
鄭「僧道」

［後　缺］

高昌国時代の上奏文書では、上奏年月日の直前に、通事令史や侍郎、さらには門下校郎など門下系の官員が自署し、年月日の後方には、高昌令尹や綰曹郎中以下、事案の執行責任者と担当者が自署することになっていた[10]。たしかに上奏文書の場合は、事案に直接関与し、かつ上奏の主体となった諸部（ここでは兵部）の官員が長史（ここでは領兵部事がこれに相当する）以下、司馬、參軍、主簿、そして吏に至るまで自署する形式になっていたので、兵曹文書とは若干異なるが、執行責任者や担当者が年月日の後方に自署するという様式に則っている点は共通している。とすれば、年月日の直前に自署している官員の役割も、兵曹文書と上奏文書では共通していたと考えるのが自然であろう【陳一九八三】。

このように考えれば、早くに唐長孺氏が明言しているように【唐一九七八：一六～一七（唐一九八九：三四九～三五〇）】、編纂史料にはほとんど見られない校曹主簿は、上行年月日の直前というその自署の位置から判断して、高昌国時代の門下校郎や通事令史などと同じように、門下系の職掌を有していたと考えて大過ないだろう。すなわち、兵曹で起案された文書を上行の前に審査し、太守の裁可を得た文書を執行責任者と担当者に下達する役割を演じたものということである。ただこれには少しく修正が必要なようである。というのは、以下の理由からである。

先の兵曹文書のうち⑫、すなわち「北涼年次未詳（五世紀前期）兵曹條往守白芀人名文書（二）」は二紙が貼り接がれて作成されている。現存わずか三行だけの断片だが、かろうじて末尾の「校曹主簿「彭」」が釈読できる。そして題解【唐（主編）一九九二：七二】にもあるように、別面（75TKM91:42(b)）の貼り接ぎ部分の上にこれと同じ書風で書かれた「彭」という自署が確認できるのである。[11] このことは、上行以前、より厳密に言えば、兵曹文書の作成時点から校曹主簿が関与したことを示しており、案文の審査以上の関与であったということになる。あるいは作成すなわち書写を監督するような立場だったのであろうか。もちろん、審査や下達という独自の職掌を校曹主簿が有していたことを一概に否定することはできないが、実際の役割分担はそれほど明確ではなかったということなのであろう。

四　おわりに

高昌国時代の上奏文書が、兵曹文書のように、諸曹から太守に上せられる高昌郡時代の上行文書を先駆形態としていること、そればかりか高昌国の中央官制自体が、高昌郡の官衙の構造を前提としていることなどについては、既に多くの先行研究によって言及されてきたことである。したがって本稿で述べてきたことには、校曹主簿の関与形態以外に特段新しい指摘が含まれているわけではない。ただ確認しておきたかったのは、上奏文書が、兵曹文書のような上行文書を先駆形態としているとしても、それは文書末尾の官員の自署部分に限定されるのであって、上奏された事案と上行された事案の内容や性格にまで及ぶわけではない、ということである。[12] 高昌国時代、文書による上奏の対象となった事案は前稿【關尾二〇〇二】で述べたように、話ことばや音声に置換することができない事案に限定されていたのであって、それこそ簿籍それ自体を本文とするようなものばかりであった。すなわち高昌郡時代の上行文書に比べれば、ひじょうにその範囲が狭められていたのである。それに対して、兵曹文書を例示したように、高昌郡で作成された上行文書は、人名が列挙されていたり、数字が頻出することはあっても、必ずしも話ことばや音声に置換することができないような事案ばかりではなかったのであり、[13] ましてや簿籍自体がそのまま本文を構成するようなことはなかったのである。

そしてむしろ、内容や性格の面で高昌国の上奏文書の先駆形態といえるのは、これも前稿【關尾二〇〇一】で明らかにしたように、高昌郡の條呈文書であった。高昌国時代の上奏文書は、すなわち高昌郡時代の條呈文書と兵曹文書のような上行文書という二種の文書を先駆形態としていた、あるいはこの二種の文書が結合したところに成立したということであり、これが本稿のささやかな主張なのである。

高昌郡時代には兵曹文書が作成された事案のごときも、高昌国にあっては、王の裁可を必要としていた場合でさえ等しく口頭で処理されたとしたならば、あらためて高昌国における王権の特質が問われることになる。少なくとも、中国王朝との政治的な関係が杜絶しがちで、書写材料である紙の供給が不足気味であったという説明だけでは、この問題に答えたことにはならないであろう。

注

（1）以上のような私見については、藤田高夫氏から批判をいただいた【藤田二〇〇七】。

（2）もっとも柳洪亮氏は、條呈文書については全く言及されていない。

（3）図録本【唐（主編）一九九二：七七】は、これを帳簿と判断して「奴婢月稟帳」と定名するが、これも條呈文書であることは、旧稿【關尾二〇〇一：四〜五】で延べたとおりである。

（3）「北涼年次未詳（五世紀前期）馬受子等往守十日文書」（B.L.OR.8212-548=Ast.VI.2.010d〈写・録〉【沙・呉（編）二〇〇五：I-八八】〈録〉【陳一九九四：二九八】）に見えている馬受子についても、陳國燦氏は同一人物とする【陳一九九四：二九七】が、沙知・呉芳思両氏は上記の録文で「馬」字を「馮」と釈読している。

（4）箱□が箱直であれば、帳内や隤騎とともに、全て兵種の名称となる。詳しくは唐長孺氏による専論【唐一九八二（唐一九八九）】を参照されたい。

(5) ⑤と⑥に勾勒が確認できないのは、両文書とも本文後方が欠損しているためだろう。勾勒は通常、本文直後の年月日の行よりも後方に入れられるからである。

(6) 本文に掲げる一七点以外に、図録本【唐(主編)一九九二】が「文書殘片」とする極小断片のなかにも、兵曹文書とおぼしきものがあるが、本稿では検討の範囲外とする。

また以下、兵曹文書に関する考察は、別稿「「五胡」時代、高昌郡府文書の基礎的考察」と一部重複するところがある。

(7) 七行目の「次往領攝」の四字の意味は捕捉しがたいが、あるいは白芳に派遣されるべき守備要員の監督者の氏名が記されていたのであろうか。

(8) 「北涼年次未詳（五世紀前期）兵曹張預班示爲讁所部隤事」(75TKM91:37(a)〈写・録〉【唐(主編)一九九二：七三】)は、本文末尾に「班示」とあり、最後に「五月廿六日兵曹張預班」とあるので、このように掲示された文書の一部であろう。

(9) ただし兵曹関係文書の全てに軍府の属僚が自署しているわけではなく、④、⑥、および⑩などは、明らかに軍府の属僚の自署を欠いている。

(10) この問題も含め、高昌国時代の上奏文書に対する理解は、白須淨眞氏の成果【白須一九八四】に多くを負っている。

(11) 高昌国の上奏文書の場合、諸部の責任者の自署が別面の貼り接ぎ部分に認められるが【白須一九八四：四五～四七】、⑫の場合、天地がほぼ完存（約二四・三㎝）であるにもかかわらず、これ以外の自署は認められない。したがって郡府の執行責任者である司馬が自署した可能性はないと判断してよかろう。

(12) 補足しておくと、文書末尾の官員の自署部分の類似性は、高昌郡衙と高昌国の官員配置とその運用の類似性を示しているということでもある。またもう一点、類似点を指摘しておくと、兵曹文書の文末に見える「事諾班示、催遣奉行」(⑪)のうち、「事諾……奉行」は、上奏文書の文末の「記識奏諾奉行」という文言に継承されている。ただこのうちの「記識」の二字は、條呈文書の文末に見られる「請紀識」を継承したものであろう。

(13) 柳洪亮氏が指摘しているように【柳一九九七B：二七三～二七四】、兵曹文書のなかには①のように、複数の、おそらくは全く異なった事案を一括して上言したような例もあった。

【引用文献一覧】

［日文（五十音順）］

荒川正晴

一九八六「麴氏高昌国における郡県制の性格をめぐって——主としてトゥルファン出土資料による——」、『史学雑誌』第九五編第三号：三七～七四。

白須淨眞

一九八四「麴氏高昌国における上奏文書試釈——民部・兵部・都官・屯田等諸官司上奏文書の検討——」、『東洋史苑』第二三号：一三～六六。

關尾史郎

二〇〇一「條呈——トゥルファン出土五胡文書分類試論（Ⅰ）——」、『東アジア——歴史と文化——』第一〇号：横一～一三。

二〇〇二「高昌国上奏文書管窺」、池田　温（編）『日中律令制の諸相』：四〇七～四二八、東京：東方書店。

二〇〇七「トゥルファン出土文書よりみた麴氏高昌国の行政システムと上奏文書」、『資料学の方法を探る——情報発信と受容の視点から——』第六集：三九～四六。

藤田高夫

二〇〇七「公開シンポジウム「古代東アジアの社会と情報伝達」へのコメント」、『資料学の方法を探る——情報発信と受容の視点から——』第六集：九六～九七。

［中文（画数順）］

沙　知・呉芳思

二〇〇五 （編）『斯坦因第三次中亜考古所獲漢文文献（非仏経部分）』全二冊、上海：上海辞書出版社。
柳洪亮
一九九七Ａ「吐魯番文書中所見高昌郡官僚機構的運行機制――高昌郡府公文研究」、『文史』第四三輯（未見）。
一九九七Ｂ『新出吐魯番文書及其研究』、烏魯木斉：新疆人民出版社。
唐長孺
一九七八「従吐魯番出土文書中所見的高昌郡県行政制度」、『文物』一九七八年第六期：一五～二一。
一九八二「吐魯番出土文書中所見的高昌郡軍事制度」、『社会科学戦線』一九八二年第三期：一五四～一六三。
一九八九『山居存稿』、北京：中華書局。
一九九二（主編）『吐魯番出土文書』第壱、北京：文物出版社。
陳仲安
一九八三「麴氏高昌時期門下諸部考源」、唐長孺（主編）『敦煌吐魯番文書初探』：一～三一、武漢：武漢大学出版社。
陳國燦
一九九四『斯坦因所獲吐魯番文書研究』、武漢：武漢大学出版社・武漢大学学術叢書。

【付記】
本稿は、平成一九年度科学研究費補助金（基盤研究Ｂ）「英仏所蔵敦煌・吐魯番出土漢文文献の古文書学的比較研究」（代表：關尾）による研究成果の一部である。

碑の誕生以前

角谷　常子

一　はじめに

後漢末、墓碑や徳政碑など、碑を立てることが流行した。それは、中央・地方における権力争い・選挙の乱れ・名を残すことへの欲望などを背景とし、過礼現象をその直接的原因とすると考えられている[1]。そもそも墓や廟に顕彰のための石を立てるということは、礼の規定には見えない行為であるが、礼の実践をアピールすべく碑が立てられ、ひとたびそれが新たな儀礼として認められると、今度は礼であるがゆえにやらずにはおれなくなり、かくして儀礼はエスカレートし広まってゆく、と。こうした説明は一応納得のいくものではあるが、立碑流行の意味はこれで十分に理解できるというわけにはいかない。顕彰を目的としない石や、自らの政治的立場を明らかにするための立碑など、単なる過礼現象では説明がつかないものがあるし、後に立碑が禁じられた時も、礼にはずれることは理由になっていない[2]。新たな礼がなぜ立碑なのか、そしてなぜそれが禁じられるのか、ということが問われなければならない。それは後漢末の社会を理解することになるはずである。

そうした問題意識のもと、立碑流行の意義や背景を十全に理解するために、石に文字を刻すること自体の意味に立ち返り、どのように刻石が用いられてきたかを考えてみようと思う。刻石は文字を刻む以上、情報伝達あるいは表現の手段である。ならばそれまでの伝達・表現手段とはどこが違うのか。そうした書写材料としての石の特性とその用法を明確にすることによって、それを広く受け入れ、また欲求した社会がいかなる社会であったかが、浮かび上がってくるのではないだろうか。

二　甲骨・青銅器・玉

①甲骨

碑が誕生する以前において、文字が記されたものとして簡牘、帛、甲骨、青銅器、玉があげられる。ここでは碑の登場以前における書写の材料と内容の関係をみるために、甲骨と青銅器そして玉を取り上げたい。

殷代後期、甲骨、即ち獣骨や亀の甲に吉凶占いの記録が刻された。占いがしやすいように整えられた亀甲の内側を熱するとひび割れが生じる。甲骨上にはいつ誰が何について占い、王がどのように判断し（占辞）、実際はどうなったか（験辞）が刻された。ただこれら全ての要素がきちんと刻されたものは少ないようで、特に占辞と験辞のある卜辞は少数だという。ではなぜ占いの記録は甲骨上に刻されたのだろうか。もちろん紙や簡牘がないから仕方なく甲骨に刻した、のではない。

そもそも占いとは神と人との交信とも言うべき行為である。従って交信の媒体である甲骨に、その交信記録を記すのは自然な発想であろう。いやむしろ示された神意とともに記録しておく方が、神聖なる権威も得られ、証拠能力も高いはずである。このように卜辞は、それによって神と交信する媒体に記すことに意味があったと考えられるのである。

②青銅器

次に青銅器を取り上げる。(3) 青銅器は言うまでもなく、殷周時代にさかんに作られた祭祀用具である。神霊に飲食物を捧げ、あるいは音楽を奏でると神霊が降りてきてそれを受ける。祭祀が終わると同じ器を用いて祭祀の参加者に饗される(神人共食)。こうした青銅器に鋳込まれた銘文は、時期によって字数や内容に変化がみられる。それは祖先神に対する観念・天の思想あるいは各時期の王権のあり方や政治的状況などの違いによって生じたものである。例えば殷末〜西周早期においては族長個人の功績や、恩賞を得たことを記録するものが主流であったが、中期になるといわゆる冊命金文が数多くみられるようになり、周王室との関係を歴史的に述べた長文の銘が現れる。さらには裁判に勝ったことや土地を購入したことに関わる事柄を記したものもあり、内容はバラエティーに富む。しかしいずれも祭器に鋳込むという点は同じである。出土例はないものの、当時はすでに簡牘が使われていたことは間違いない。にもかかわらず祭器に鋳込むのは、言うまでもなく祭器そのものが神聖な力をもつためである。ここでは小南一郎氏の見解に従ってもう少しその具体相をみておこう。(4)

小南氏によると、祭器は領地をもってはじめて作ることが許されたり、また領地から持ち出すことができないことからわかるように、青銅器は土地と強い結びつきを持っている。そして殷代の青銅器に鋳込まれた図象記号といわれるものは、そうした土地の精霊をさす一方で、氏部族の祖先神を表す符号でもあるところの〝物〟というものであろうと推測される。士葬礼の記述において、〝物〟が死者を象徴する旗幟としてみえるが、これは位牌が正式の依代《よりしろ》となるまでの期間、〝物〟が死者の霊魂の依代としての機能を果たしていたことによると考えられる。つまり、部族のマークがついた旗に霊が依るのであるから、図象符号が〝物〟であるならば、青銅器に祖霊が依ることにもなろう。かくて小南氏は『儀礼』や『周礼』などの文献史料から、鼎に祖先神の依代としての機能があったことを指摘している。こうした解釈によるならば、青銅器に鋳込まれた銘文は、そこに依る祖霊によってその内容が承認されている、換言すれば祖霊による絶対的な保証と権威を得ていることとなろう。こうした祖霊による保証と権威ゆえに、裁判結果や土地購入といった内容が鋳込まれると考えられる。

③玉

最後に玉についてみておきたい。取り上げるのは、侯馬出土の載書である。[5] 周知の如く、盟誓とは春秋時代に盛行した契約行為である。それは従来の血縁秩序が崩れ行く不安定な社会にあって人的結合を強化するための新たな方途であった。人々が集まって取り決めごとをし、それを神に誓う儀式を行うものであるが、その決定事項は載書に記される。載書の実物は侯馬及び温県から出土しているが、その内侯馬からは石だけでなく玉に書かれた載書が出ている。侯馬出土の載書は、無文字のものを含めて約五千点、その三分の二は石製で、完成品が多く、圭形・璋形・簡形の三種類がある。一方、玉製載書は不規則形で、廃品が利用されている。こうした違いは、玉が玉そのものの性質が重視され、形が問題とされなかったのに対して、石は玉の代用品であるがゆえに形が重視されたため、と考えられている。[6] いうまでもなく圭も璋も玉が本来の素材である。つまり、誓いの言葉は玉に記すべきものと考えられていたということである。戦国末、後に始皇帝の祖父となる安国君が華陽夫人から、趙で人質になっている子楚を後継ぎにしてほしいと頼まれた時、「安國君許之、乃與夫人刻玉符、約以爲適嗣」（『史記』巻八五　呂不韋列伝）と、玉の符に刻して約束しているのも、同様の例であろう。ではなぜ玉なのだろうか。林巳奈夫氏によると、玉は神が憑依するものである。[7] ならばそこに記された誓いの辞は、神によって承認され、その有効性が保証される。と同時に違反があれば神の災いが降るという恐れによって強制力が生じることになろう。盟辞を記す素材として玉が重視されたのは、神が依るという性質のゆえに、そこに記された内容に神の保証と権威が得られるからであった。

以上、碑の誕生以前の書写材料をみてきた。それらは神との交信媒体であったり、神が憑依するものであった。そのため、そこに記された内容が保証され、また神の権威が得られた。甲骨も青銅器もまた玉板もいずれも移動はしない、いや移動させることなど想定していない。多くの人々に知らせようという意図もない。内容は、それらが作成され、あるいは儀式を行う場に集まった人々だけが知っている。それで充分である。大切なのは、神の後ろ盾を得ること、そして青銅器の場合は堅牢な素材であることから、それを後世に伝えることだったのである。殷代ですら簡牘の存在は否定できないが、そうした手軽な書写材料を用いなかったのは、以上のような理由があったからである。

三　石

①漢以前の刻石

後漢後半に碑を立てることが流行するが、それ以前において、書写材料として石はどの程度用いられていたのだろうか。殷の精巧な玉製品の数々から考えれば、中国古代において、石に文字を刻むことは技術的にそれほど困難ではないと思われるのだが、殷周時代の石刻は今のところ残っていないし、『史記』や『漢書』には碑という文字すら検出できない。こうしたことからみると、刻石が盛んだったとは言えそうにない。その理由について趙超氏は、中国の建築が木を中心としたものであったことが影響しているのではないかと推測しているが、よくはわからない(8)。

文献史料及び現在残っている遺物からみると、ある程度まとまった文章が石に刻まれるようになるのは戦国時代である。例えば現存最古の刻石である石鼓がそれである。陝西省西部の原野に露出していたというこの十個の石の年代をめぐっては、唐代初年にその存在が知られて以来諸説紛々であったが、今日では戦国中期というのが大方の見方である(9)。つまり戦国秦の刻石ということになる。形は、高さが約九十センチ、直径が約六十センチで、その名の通り鼓のようなずんぐりとした形であるが、もちろん楽器の鼓ではない。石鼓とはあくまでも通称である。ではなぜこんな形をしているのかが知りたくなるが、形の意味についてはほとんど研究もなく、不明とせざるを得ない。石鼓は十個それぞれの胴体部分に、籀文という秦系文字で四字句を基本とする韻文の詩が刻まれている。もともとは七百字ほどあったともいうが、正確な数字はわからない。今残っているのは二八〇字に満たない。詩の内容は、天子（の使者）臨席のもとで行われた狩猟・漁労とその獲物を捧げる一連の祭祀儀礼を歌ったものである。これらの詩は『詩経』に類似するところが多いと指摘されているが、それだけでなく、十個という数字もまた『詩』が十編ひとまとまりであることに由来するといわれている。

もうひとつが有名な始皇帝刻石である。[10] 周知の如く、始皇帝は即位の翌年から五回にわたって主に東方諸国を巡行し、各地に合計七つの刻石を立てた。それらは、嶧山・泰山・之罘山・琅邪山・会稽山など各地の名山、そして碣石・之罘東観（之罘山の東の高殿）といった渤海湾を臨む高台に立てられた。始皇帝の巡行の目的は、多くの研究者が指摘するように、一言で言えば支配の正当性を主張することであり、その手段として名山大川の祭祀や聖人の墓での祭祀が行われ、石が立てられたのである。原石はほとんどが失われ、わずかな断片と後世の模刻が存するのみであるため、形状や大きさはわからない。以下に例として之罘刻石を示しておく。

維二十九年、時在中春、陽和方起、
皇帝東游、巡登之罘、臨照于海、
從臣嘉觀、原念休烈、追誦本始、
大聖作治、建定法度、顯箸綱紀、
外教諸侯、光施文惠、明以義理、
六國回辟、貪戾無厭、虐殺不已、
皇帝哀衆、遂發討師、奮揚武德、
義誅信行、威燀旁達、莫不賓服、

亨滅彊暴、振救黔首、周定四極、
普施明法、經緯天下、永爲儀則、
大矣哉、　宇縣之中、承順聖意、
羣臣誦功、請刻于石、表垂于常式

この之罘刻石を含め、七つの刻石はみな、最後にある、石に刻まんという群臣の請願に至るまで、全て韻文を以て表現されている。おそらく祭祀の場において、群臣が声をそろえて誦したのであろう。また内容は、統一と安定をもたらした始皇帝の功績と、天下が安定して民がその恩恵を受けている様子を述べ、それを群臣が讃えるというもので、つまりは頌徳石である。

この始皇帝刻石と石鼓を比べてみると、ともに祭祀の場で、韻文を、石に刻む、という点が共通している。一方、石鼓が、刻石に至る経緯などには一切ふれず、単に祭祀の詩を刻むだけなのに対して、始皇帝刻石が極めて政治的であるのは明らかで、新たに支配下に入った地に向けられた、明確かつ強力な意図が感じられる。いわばメッセージ性の強さとでもいうものが違う。ではなぜ単なる祭祀の詩と政治的メッセージという、一見性質の異なる内容がともに石に刻まれたのだろうか。

確かに祭祀を行った事実や正当性を主張したいだけならば、もっと他の手段があるかもしれないし、もっと多くの人が集まるところに立てた方が効果的であろう。しかしそうでないということは、これらの刻石は、刻んだ内容を「周知させる」とか「宣伝する」という、いわば告知板的役割を担っていたわけではないということになる。つまりその目的は、そこでその詩が詠われたという事実を、そこに新たな支配者がやって来たという事実を、しっかりと留めておくことなのであろう。要するにこれらの石は、その「場」（＝祭祀の場）に関わる事柄を示す印、とでも言うべきものではないだろうか。祭祀が行われたこと、始皇帝が新しい支配者として山を祀りにやって来たこと、の証拠となればよいのである。[11]

もちろん、このように印をつけておかねばならない「祭祀」とは通常の祭祀ではないはずである。始皇帝が巡行の途上で東方各地の名山を祀ったのは、それまで各地の諸侯たちが行ってきた祭祀に対して公認を与える、あるいは皇帝という新たな支配者が祭祀の権利をもつことを示すためのいわば「特別な祭祀」であったように、石鼓が刻された祭祀も、おそらく何らかの特別な意味をもった祭祀であったと考えられる。詩と支配の正当性という、一見異質な内容が刻まれたのは、表現を異にするものの、そうした「特別な祭祀」のゆえと考える。

そもそも石は、印あるいは標識として用いられることが多いのではないかと思う。例えば、村はずれの境界にぽつんと置かれた石や、町石のような使い方である。文献史料でこうした事例を見出すことは難しいが、出土資料では、河北省平山県の中山王陵付近で発見された、いわゆる「守丘刻石」がこの例であろう。[12]これは、石鼓とほど近い時期の刻石で、長さ90㎝、幅50㎝、厚さ40㎝の河光石に、二行十九字が刻まれている。そこには「監罟尤（囿）臣」「守丘」「敢謂後俶賢者」と釈される文字がみえ、王陵を守る役人が墓域であることを警告しているような内容である。おそらく、王陵区の入り口付近に立てられた立て札ならぬ立て石であろう。

また印ということでいえば、『呂氏春秋』孟冬紀に、

今有人於此、爲石銘置之壟上曰、此其中之物、具珠玉玩好財物寶器甚多、不可不抇、抇之必大富、世世乘車食肉。人必相與笑之、以爲大惑。

（今、人の此に於ける有り、石銘を為りて之を壟上に置きて曰く、これその中の物、珠玉玩好財物宝器を具えること甚だ多し。抇（発）かざるべからず。これを抇けば必ず大いに富み、世世車に乗り肉を食わん、と。人必ず相いともにこれを笑い、以て大いに惑えりと為す。）

とあるが、これによると秦代には墓に石銘を置いていたことがわかる。これはもちろん後の墓碑などとは違う、墓標

といった程度のものであろう。このように、石の堅牢さと耐久性を利用して、屋外における標識や印として用いられたものと思われる。しかしそうした単純な印に、しだいに功績を讃える文章が刻まれるようになってゆく。

先に、ある程度まとまった文章が刻まれるようになるのは戦国時代であるといったが、功績を刻むようになるのもまた戦国時代のようである。始皇帝刻石以前に、功績を刻んだ石は知られていないが、戦国期の文献史料には、功績・事跡や訓戒などを石に刻むという表現が出てくる。例えば、『墨子』貴義には、古代の聖王のこととして、

子墨子曰、古之聖王、欲傳其道於後世。是故書之竹帛、鏤之金石、傳遺後世子孫、欲後世子孫法之也。

（子墨子曰く、古の聖王、その道を後世に伝えんと欲す。この故に、これを竹帛に書き、これを金石に鏤みて、後世の子孫に伝遺し、後世の子孫のこれに法るを欲す。）

とみえるが、『墨子』にはこの他にも子孫に伝遺するために、「書之竹帛」や「琢於槃盂」と並んで「鏤於金石」が出てくる（兼愛下・明鬼下・非命中など）。また『呂氏春秋』慎行論　求人には、禹を補佐した五人について、

故功績銘乎金石、著於盤盂。

（故に功績を金石に銘し、盤盂に著す。）

と、功績を金石に刻むという。これらに見える「金石」の石は、形状も立てられた場所もわからないが、「祭祀の場」のように、何か特別な場所に立てられた顕彰刻石であろうと推測する。ちなみに戦国以前の文献における金石及び石の用例を見ると、玉に対する石、「金石絲竹」「金石之楽」の如く楽器としての石の例がほとんどで、功績を刻む例は見当たらない。

戦国期の史料にみえるこうした表現と、戦国中期の秦の石鼓や始皇帝刻石などをみると、戦国期に石は、無字あるいは簡単で事務的な文が刻まれた単なる目印から、政治的意図のもとにまとまった文章を刻んだ証拠の印へと発展していったと思われる。

功績を刻む、あるいは証拠という点でいえば、青銅器にも同じ機能があった。すでにみたように、青銅器は神聖な祭祀道具であり、神霊が降るものでもあった。従ってそこに文章を刻むことによって、祖霊に報告した内容が祖霊に承認・保証され、神聖性と権威を得ると考えられた。自らの功績や、後には裁判記録をも刻むようになっても、それはあくまでも祖霊に向けて報告されたものであり、祖霊の権威と保障を得た確かな証拠として、後世に伝えんとしたものであった。このように青銅器が、祖先による神聖な承認・保証あるいは権威を得るための道具であったのに対して、石そのものは祭祀の道具ではない。その意味で刻石文には神霊の後ろ盾はない。その場に印をつけること、そこに意味があったのだと考える。

石は自分で移動しないし運ばれることもない。あくまでも人がその前に行かない限り、刻まれた内容を知ることはできない。従って刻石の目的は、不特定多数の人に知らせることよりも、その場に座り続け、証拠の印となることだった。戦国時代はこうしたマーキングが必要とされた時代だったのである。それは不安定な社会にあって、自己主張が必要となったことを意味するであろう。このように石は設置場所もその精神も外を向き他者を意識したものだったのである。

②漢代の刻石

碑という語は、文献史料では後漢和帝期、石刻資料では順帝期のものが初見である。(13) ここでは碑の出現以前の漢代刻石について述べておきたい。この時期は、建造物や画像石に刻された題字・題記の類が最も多く、それ以外では紀功や記録の類のものも見られる。また刻字のために用意された石としては約束に関するものが最も早い。以下、これらについてみておこう。

1、紀功

一般に紀功碑といわれるのは、道路の開通などの土木事業や軍事的功績などを刻んだものをいい、時期の早いものでは蜀郡太守何君閣道碑（五七年）や開通褒斜道摩崖（六六年）などがある。比較的長文の後者でも、その内容は、詔書によって道を開いたこと、太守らが郵亭等を作ったこと、そして工事に要した人数や費用を淡々と記録するだけの内容である。後漢中期になると銘文は長くなり、功績を讃えるという性格が明確になってくる。これら紀功石（いわゆる碑の形のものは少ないのでこのように称しておく）は、摩崖が多いことに示されるように、功績のあった場所に刻されている。しかも初期は、記録風の簡単なものであったことから、やはりこれらの石も、当初は単にある事業がなされたという事実を証明する印であり、特にその人物を顕彰する意図は希薄であったのかもしれない。

2、約束石

文字通り約束の内容を刻んだ石をここでは仮に約束石と呼んでおく。漢代になって初めて現われる石であるので、少し詳しく見ておきたい。

まずはじめに、増淵龍夫氏に従って約の特質を確認しておこう。[14]春秋時代の「盟」は、異姓と異姓を外側から結びつける重要な結合方式であったが、約の拘束力を保証するのは神に対する信であった。こうした結合方式は、分裂抗争が激化する春秋中期以降、しだいに効力を失い、神明の制裁力よりも確実な保証、即ちパーソナルな人間関係に基づく心情的結合が生まれてくる。戦国・秦漢時代にみられる約は、そうした結合に支えられたものであった。即ち、神によって拘束力が保証されていた春秋の「盟」に相当するのが戦国以降の「約」であり、それは現実には、軍約の如く、一方的かつ強い拘束力をもつものであっても、本質的には心情的結合に基づくものである。

さて、こうした知見をふまえた上で、石刻を検討してみよう。増淵氏もいうように、約は明文化されるものであるので、はじめに明文化された約の例をあげておく。ただし、集団の約だけに限っていない。

1　戦国期

秦昭襄王時有一白虎……時有巴郡閬中夷人……乃殺白虎、昭王……乃刻石盟要、復夷人頃田不租……

（『後漢書』列伝七六　南蛮西南夷伝）

2　（華陽夫人）曰、……願得子楚立以爲適嗣……。安國君許之、乃與夫人刻玉符、約以爲適嗣。

（『史記』巻八五　呂不韋列伝）

3　高帝期

與功臣剖符作誓、丹書鐵契、金匱石室、藏之宗廟。

（『漢書』高帝紀下）

4　景帝期（湖北省江陵鳳凰山十号墓出土・木牘[15]）

中舨共侍約（表）

□□三月辛卯中舨舨長張伯□兄秦仲陳伯等七人

相與爲舨約入舨錢二百約二會錢備不備勿與同

舨即舨直行共侍非前謁病不行者罰日卅毋人者以庸賈

器物不具物責十錢∠共事已器物毀傷之及亡舨共負之

非其器物擅取之罰百錢●舨吏令會不會會日罰五十

會而計不具者罰比不會爲舨吏□器物及人●舨吏李仲（背）

5　前漢中期以降[16]

衣財物賣買契約書（居延漢簡より、時期の早いものを一例あげる）

元康二年十一月丙申朔壬寅居延臨仁里耐長卿貰買上黨潞縣直里常壽字長孫靑復絝一兩直五百五十約至春錢畢已

姚子方▨ （簡左側上部右有刻歯） EPT57:72

6 （参考） 前一世紀中頃

「僮約」（全文略）

7 元帝期

召信臣……遷南陽太守、……爲民作均水約束、刻石立於田畔、以防分爭。 （『漢書』巻八九 循吏伝）

8 前漢末～後漢初 （「塞上蓬火品約」居延甲渠候官址出土。一部のみ示す）

●匈人奴畫入殄北塞擧二蓬□煩蓬一燔一積薪夜入燔一秩薪擧塢上離合苣火毋絶至明甲渠三十井塞上和如品 EPF16:1

●匈人奴晝甲渠河北塞擧二蓬燔一積薪夜入燔一積薪擧堠上二苣火毋絶至明殄北三十井塞和如品 EPF16:2

（EPF16:3～EPF16:16まで略）

●右塞上蓬火品約 EPF16:17

9 地皇二年

唯翼平連率田況……發民年十八以上……授以庫兵、與刻石爲約。 （『漢書』王莽伝下）

10 章帝建初二年 （「父老僤約束石券」河南省偃師県出土。一部のみ示す）

建初二年正月十五日侍廷里父老僤祭尊

于季主疏左巨等廿五人共爲約束石券里治中

迺以永平十五年六月中造起僤斂錢共有六萬

（中 略）

田它如約束（以下人名）

11　章帝建初八年

遷廬江太守、先是百姓不知牛耕、……景乃驅率吏民修起蕪廢、教用犂耕、……遂銘石刻誓令民知常禁。又訓令蠶織、爲作法制、皆著于鄉亭。（『後漢書』列伝六六　循吏　王景）

12　桓・霊時代が中心（買地券[17]）

建寧二年八月庚午朔廿五日甲午、河南懷男子王未卿、從河南河南街郵部男子袁叔威、買睪門亭部什三　西袁田三畝、畝賈錢三千一百、幷直九千三百、錢卽日畢、時約者袁叔威、沽酒各半、卽日丹書鐵券爲約（鉛・洛陽出土）

このうち、約束に際して刻石を「立てた」ことが確認できるのは7と10のみだが、1、9、11も同様であろう。いずれも集団の約である。ただ、1は、他と比べて時代がやや離れていることと、「盟要」という表現をとる点が異なる。しかし、これが神に誓う「盟」がすっかり衰えた戦国期のものであること、仮にこの「石」を載書（盟において決定内容を書き、土中に埋めたもの）となる石版であると考えたとしても、現在知られている載書は筆で書かれたものであり、「刻」ではないこと、さらに、増淵氏によると、要と約は通用していたこと等から、これも約束の「刻石」を立てたと解しておく。また3と11には「約」ではなく「誓」なる語が使われているが、これも約と誓は相類する性格をもつものとする増淵説に従い、約の例として扱った。次に、立石以外の例をみてみよう。2は玉符に刻している。玉を用いるのは買地券にも見られるが、先述のように、これらは玉のもつ霊力の故であろう。12の買地券は、副葬品という性質からか、鉛を用いているが、本来の土地売買文書は5と同様、木簡が用いられたと思われる。副葬品の買地券は鉛が多いのだが、鉛という素材に何か特別な意味があるのではなく、12の券文に「鉄券」というように、鉄のつもりなのではないだろうか。「丹書鉄契」の語が3にみえるが、おそらく誓や約の固きことを、鉄を以て表したものと思われる。ただ、鉄は腐りやすいので、買地券のような副葬品には、錆が内部にまで到達しにくく、かつ軟らかくて加工の容易な鉛が選ばれたのではないかと想像する。4は、商売上の約束を記したものである。これも副葬されたものではあるが、買地券のように明らかに副葬品用に作ったものであると断定できるほどの材料はない。8は冊書である。烽火伝達に関する約であるが、こうした内容は関係機関及び兵士一人一人に周知徹底させておかねばならないので、例えば敦煌漢簡[18]に、

扁書亭隧顯處令盡諷　誦知之精候望卽有蓬火　亭隧回度擧毋必　（T.Ⅳ.b.iii.1.D1557）

（意訳：亭隧のよく見える所に掲げ、これを周知暗誦させ、見張りを厳密にし蓬火があれば亭隧は回度挙？して必ず……してはいけない）

とあるように、候官はもちろん各亭燧に掲げて兵士には暗記させたのではないかと考えている。ただし、8の冊書が都尉府から送付された品約のオリジナルか、掲示用か、あるいは保管用か等、その性質はわからない。なお、申し添えると、この冊書を構成する木簡の長さ（完形のみ）がいずれも約38㎝であることは注目される。なぜなら、買地券の文中に「鉛券尺六」（洛陽出土、光和二年王当等買田券。『文物』一九八〇年六期。一尺は約23㎝、尺六は約37㎝。）というものがあり、実際に買地券には40㎝程度のものが多いこと。籾山氏が、いわゆる「通沢第二亭食簿」の中で刻歯をもった券であるとしたものの中にも38㎝の長い簡があること[19]。また里耶秦簡にも「祠先農簡」として紹介されている簡が、37㎝で刻歯をもつ券であること[20]。さらに文献史料にも『商君書』定分に、

諸官吏及民有問法令之所謂也、於主法令之吏、皆各以其故所欲問之法令明告之、各爲尺六寸之符、明書年月日時所問法令之名以告吏民。卽以左券予吏之問法令者、主法令之吏謹藏其右券木柙以室藏之、封以法令之長印。

と、「尺六之符」がみえることなど、38㎝という長さには意味があるからである。

これまで符の長さとしては『説文』にいう六寸がよく知られており、実際辺境出土の符をみても六寸のものが多い。

大庭脩氏は『六韜』を引いて、符には目的によっていろいろな長さのあったことを示しているが、残念ながらそこにみえる一尺、九寸、八寸……三寸といった長さの符を、出土物に見出すことは今のところできない[21]。しかし、買地券や穀物出入券を得た今、尺六を符（分かちもって、合わせて証拠とするもの）のヴァリュエーションに加えてよいと思う。

このように尺六が符として意味をもつならば、尺六の長さをもつ8の冊書にも符としての意味が込められていると は考えられないだろうか。この冊書には、匈奴が攻めて来た時の信号の挙げ方に関する規定が書かれているのだが、こうした規定は上から一方的に下される性質のものであろう。にもかかわらず、あたかも吏卒とのとり決めであるかのように、「約」と自称しているのである。約であるならば、売買契約の当事者が契約内容を記した券を分かち持つように、券が必要となろう。尺六の簡はこの冊書が券であることを象徴するものなのではないだろうか。

ただこの解釈には違和感があるかもしれない。それは信号規定が約と称することからくるのであろう。確かにそれは売買のような契約書でもないし、増淵氏のいう「心情的結合」も感じられない。しかし「約」と自称する以上、ここではなぜ約なのかはひとまず棚上げにして、契約及び券と尺六の関係に注意しておきたい。

さて、これまで約を明文化する際の書写材料をみてきた。それには石、木簡、玉及び鉄があった。しかし、その用い方は違う。木簡以下は個人が保有するのに対して、石は屋外に立てるのである。すぐ気づかれるように、この違いは個人間の約か集団の約かによるのであろう。集団の場合、参加者全てと券を別つことや、全員の文書を作成するのは非現実的でもあろうし、かといって約の内容は周知させなければならない。そこで石に刻して誰もがみえるところに立てておいた、と考えられよう。しかし集団の約における立石がもつ意味は、単にこうした告知板的なものだけではなさそうである。それは11から伺うことができる。

ここには、農地開発をし、民に牛耕を教えた太守の王景が石を立てたとある。刻した内容は当然農作業に関する決まり事であろう。これとよく似た内容をもつのが7である。これも勧農政策の一環で特に治水事業に力を入れた太守が、農民たちが水争いをすることのないようにと、取り決め事を刻して立てたのである。これらはいずれもその内容を広く農民に周知させるための、いわば告知石であると考えられよう（現実には三老などが読み聞かせたのであろうが）。ところが、11の「刻石」記事のあとを読むと、そうともいいきれないのである。農業を奨励して石に刻した王景は、さらに蚕織も奨励したのだが、これについては「法制」を作ってそれらを郷亭に「著」しているのである。郷亭に著わすとは、『敦煌懸泉漢簡釈粋』[22]二一一簡の注にいうように、具体的には木板あるいは簡冊上に書いて、または直接壁に書いて掲示したのであろう。ただ王景の場合注意すべきは、農耕に関する誓は石に刻するのに対して、蚕織に関する法制は刻石以外の方法を用いていることである。仮にこれらが、告知するためだけのものであるならば、殊更石だの木だのと区別する必要はないだろう。従って特に、告知の方法としては大掛かりで手間のかかる石には、単なる告知以外の要素を考えるべきだと思うのである。この、石と木の区別について、陳槃氏は「太守の教令には郷亭に刻著するという方法もあった」とした上で、「永久性のあるものは石に刻し、時間性のあるものは扁（＝簡）に書くだけなのだろうか」と、その内容がもつ時間的有効性による別である可能性を示している。[23]木と石の性質からみた一般的な使い分けとしては確かにそうであろうが、農耕と蚕織奨励についての「誓」と「法制」の有効性にさほどの時間差があったとは思えない。ここはやはり「約」であるか否か、即ち「法制」ではなく、「契約」だから石に刻したものと思われる。

では約、特に集団の約の場合、石に刻すのはなぜだろうか。ここで春秋の「盟」を振り返ってみたい。高木智見氏の整理に従って、儀式のおよその次第を以下に示す。[24]

1、集会の期日・場所を通告。
2、会所に壇を築き、幕を張る。
3、参加者が議論。

4、決定事項を盟辞（ちかいのことば）として書いた載書を作成。
5、坎を堀り犠牲を殺す。
6、主盟者が歃血し、載書を読み神に告げる。
7、参盟者も歃血して書を読む。
8、書を坎中におく。載書は埋められるほか、各参盟者も持ち帰る。
9、会のはじめと盟の終わりに共食儀礼を行う。

こうした次第をふまえたうえで、衣財物の売買契約をみてみよう。売買契約書の例として、先の買地券（12）以外にいわゆる居延旧簡[25]からもう一例をあげておく。

〼置長樂里樂奴田卌五仮賈錢九百錢畢已丈田卽不足計仮數環錢旁人淳千次孺王充鄭少卿古酒旁二斗皆飲之

557・4　A10（瓦因托尼）

その順序はおよそ以下のようである。

1、両者の合意。
2、合意事項を木簡に書く。
3、立会人（資料では旁人、時旁人としてみえる）や保証人（知券、時証知者としてみえる）のもとで券を別つ。
4、契約が成立すると酒をくみかわす。

ここには神の姿は全く感じられず、全ては人間によっている。霊的力をもつ玉は不要となった。木簡に書かれた合意内容は神への誓いではなく、当人同士の誓いとなった。載書を読んで神に誓っていたところは、おそらく当事者たちで読み上げて内容を確認し、誓い合ったのではないだろうか。神の威力や保証に代わって、立会人や保証人が現れ、木簡には証拠能力をもたせるための刻みがつけられた。また最後の共食は、契約成立の表示とされる飲酒となっている。意味するところは変化したとしても、こうした飲食は当事者間の結合を強める作用を果たしたと思われる。

では集団の約はどうだろうか。具体的次第を知る史料はないが、おそらく約の参加者以外の立合人や保証人は特になく、当事者たちが全てを行なったと思われる。10の石券の最後には約束に参加した父老たち二五人の名が刻まれている。衣財物の契約書でも最後に立会人らの名が書かれているように、彼等二五人は、約の当事者であると同時に互いが立会人であり、保証人なのではないだろうか。集団の約といっても少人数ならば、一人一人と券を別つこともできようが、それができない場合、例えば7の、地域の民との約のような場合、約の内容を明示し、確認、周知し、遵守を誓い合うという手続きが必要であったろう。そしてその方法は、あくまでも合意の上での取り決めである以上、一方的な告知ではなく「券」、即ち取り交わした契約書として提示されるのが本来であろうと思う。10の如く石「券」と自称していなくても、集団において約束を結ぶ際に立てられる石は契約書としての性格をもっていたのではないだろうか。そしてそうした契約書に石を使うのは、多数の人に示す必要と、約を支える固さと約の継続希求からではないか、と考えている。それは言うまでもなく、石のもつ公開性（屋外で用いる）、堅牢性、永続性という性質と合致する。多数の人に示す必要といったが、これは単に「告知する必要」という意味ではない。屋外に立てて当事者はもちろん、それ以外の人の目にすらふれさせることによって、その証拠能力あるいは保証能力を増す、換言すれば神のかわりに多数の人間が保証人として想定されたということであろうと考える。

以上のように約束石は、顕彰という意味を持たず、また場に印をつけるという意味合いも希薄である点で、これまでみた刻石とは異なる。神のいない集団の契約において、石のもつ堅牢性と公開性が利用されたものといえよう。

四　結びにかえて

これまで碑が流行する後漢後期以前に、石が書写材料としてどのように用いられていたのかをみてきた。それらをまとめ、あわせて碑の特徴を考えておきたい。

そもそも石はただ置いておくだけで、境界や墓地などの特別な地点・場所を示す印・標識の如き役目を果したものと思われる。従って文字が刻される場合も、そこがどのような場所かを示したり、注意書きの如き簡単なものであった。それがやがて始皇帝の山岳祭祀の刻石に象徴されるように、そこに某人が来た・そこで某事が行われた、といったことを示す、動かぬ証拠の「印」となる。これはもはや境界石のような単なる場の標識ではない。従ってそこにはでき事のみならず、それを行った人物の顕彰文が刻されることにもなる。いわば政治的・社会的役割を果たすようになったともいえよう。戦国時代の文献には、石に功を銘すという表現がみえるようになるが、それは各国の競争が激しさを増す不安定な社会にあって、確かな証拠を残すこと、あるいは自己主張が必要とされたからであろう。始皇帝刻石もこうした系譜の上に位置づけられる。

さて漢代の刻石としては、建造物に刻まれた題字・題記の類の外に、紀功石と約束石が現われる。紀功石は摩崖に示されるように、具体的な「功」の場に刻まれる。早い時期のものは、単なる記録風で美辞麗句を並べたものではないが、功績の結果（道路など）に、その経緯や内容を刻むことによって、動かぬ証拠とし、また顕彰の意を込めたものと思われる。

一方約束石は、特に集団の約において見られるもので、春秋期の盟約の如き、神による保証の時代から人による保証の時代になったことから現れたものといえる。契約内容を、約の構成員の前（具体的には約が結ばれた場であろう）に石に刻んで公開しておくことで、契約内容を相互に保証しあい、かつ石のように堅く守らんことを示したものと思われる。これは、特に立てられた場そのものに大きな意味はないし、顕彰や自己主張のための印でもない点で、新たな石の使い方といえよう。

このように、社会の変化に応じて刻石に込められた意味も変化してきたといえるが、基本的な機能は、立石「地」の性格を表示すること、その地（場）で某事があったという事実及びその内容の証拠・保証、であると考えられる。

以上の結果を踏まえて、墓碑の特徴を考えておきたい。墓碑はいうまでもなく墓側に立つことから、まずはその場を表示する印であるといえる。これは墓碑をしばしば「表」と称することからもわかる[26]。この意味で、墓碑は石本来の機能を果たしているようにみえる。しかし周知の如く、墓碑は単なる墓地の標識ではない。父祖の事績から始まり、生前の善行や功績、そして顕彰と哀悼の意が述べられ、最後に韻文が添えられる。当然のことながら、顕彰されている事柄と、墓という場との関係は何もない。たとえ死者が道路開通のような具体的な功績をあげていたとしても、墓碑は道路際に立てられるわけではない。このように、墓碑は顕彰されている事柄と場との関係がないという特徴をもつ。ではなぜ功績と関係のない場所に立てるのか。それは墓碑が、個別具体的な「功績」に対してではなく、あくまでも「人」に対してつけられた印だからである。いうまでもなく墓碑の内容は、形ある功績のみならず学識・性格をも含めて一生にわたって人を総合的に評価・顕彰するものであるため、特定の場と結びつくものではない。あくまでも墓碑は墓「地」に対してではなく、そこに眠る「人」に対するものなのである。始皇帝刻石や、現存する漢代以降の紀功石が、具体的な功績に注目し、それを通して顕彰するがゆえに、祭祀や道路といった功績の場に立つのとは明らかに異なるであろう。

『史記』や『漢書』にはみえない碑という語は、こうした新たな性格をもつ石のために、古典の中から復活した名だったのである。ではなぜそうした石が出現したのだろうか。これは、なぜ具体的功績ではなく、人間そのものを評価・顕彰するようになったのか、なぜ刻石という方法がとられたのか、を問うことである。墓碑を通した後漢末社会の分析は、別稿に譲ることにしたい。

注

（1）立碑流行の原因についての、中国における諸説は、徐玉立「漢碑略説」（『漢碑全集』河南美術出版社、二〇〇六）にまとめられている。過礼現象については、宮崎市定「漢末風俗」（『宮崎市定全集』第七巻所収）。

（2）立碑を禁ずる理由として「厚葬」「私褒美、興長虚偽、傷財害人」（『宋書』礼二）があげられるが、礼の規定外だからというのは見えない。

（3）以下の青銅器についての概観は伊藤道治「中国青銅器とその背景」（同氏『中国古代国家の支配構造』附編、一九八七、中央公論社）を参照した。

（4）小南一郎『天命と青銅器』（京都大学学術出版会、二〇〇六）。

（5）侯馬盟書の発掘報告は『侯馬盟書』（山西省文物工作委員会編、文物出版社、一九七六）。

（6）江村治樹「侯馬盟書考」（『内田吟風博士頌寿記念東洋史論集』同朋舎、一九七八、後、同氏『春秋戦国秦漢時代出土文字資料の研究』汲古書院、二〇〇〇に所収）。

（7）林巳奈夫『中国古玉の研究』（吉川弘文館、一九九一）及び同氏『中国古玉器総説』吉川弘文館、一九九九）。

（8、趙超『中国古代石刻概論』（文物出版社、一九九七）。

（9）石鼓の年代を戦国中期とするものとして、唐蘭「石鼓年代考」（『故宮博物院院刊』、一九五八年一期）がある。小南一郎氏も違う角度からであるが、戦国中期説をとる。小南一郎「石鼓文製作の時代背景」（『東洋史研究』五六巻一号、一九九七）。

（10）始皇帝の立てた刻石の意味については、稲葉一郎「秦始皇帝巡狩と刻石」（『書論』第二五号、一九八九）がある。

（11）清水茂氏は『中国目録学』（筑摩書房、一九九一）において、石に刻まれた文字は、甲骨や青銅器とは違って、石という材料からは解放されているが、石のもつ耐久性と重さゆえに、特定の土地と結びつく結果となったという。

(12) 「河北省平山県戦国時期中山国墓葬発掘簡報」(『文物』一九七九年第一期)。
(13) 文献史料では「和帝時、稍遷桂陽太守。……桂陽人爲立廟樹碑。」(『後漢書』列伝六六循吏　許荊)が初見。石刻史料で碑と自称するのは順帝の永建三年(一二八)に立てられた王孝淵墓碑(四川省)が初見である。
(14) 増淵龍夫「戦国秦漢時代における集団の「約」について」(同氏『中国古代の社会と国家』弘文堂、一九六〇、一九九六新版)。
(15) 李均明・何双全編『散見簡牘合輯』(文物出版社、一九九〇)。
(16) 以下に引用する居延新簡の釈文は甘粛省文物考古研究所・甘粛省博物館・文化部古文献研究室・中国社会科学院歴史研究所編『居延新簡』(文物出版社、一九九〇)による。
(17) 釈文は池田温「中国歴代墓券略考」(『東洋文化研究所紀要』六六、一九八一)による。
(18) 敦煌簡の釈文は呉礽驤・李永良・馬建華釈校　甘粛省文物考古研究所編『敦煌漢簡釈文』(甘粛人民出版社、一九九一)による。
(19) 籾山明「刻歯簡牘初探——漢簡形態論のために」(『木簡研究』一七、一九九五)。
(20) 「祀先農簡」の釈文は湖南省文物考古研究所編『里耶発掘報告』(岳麓書社　二〇〇七)。「祀先農簡」の券も、注(19)で取り上げられた「通澤第二亭食簿」中の尺六の券も、いずれも穀物などの物品出入を記録したもので、簡側には券面記載の数量に対応した刻みがつけられている(張春龍「里耶秦簡校券和戸籍簡」『中国簡帛学国際論壇二〇〇六論文集』武漢大学簡帛研究中心・台湾大学中文系・シカゴ大学クリール中国古文字学中心　二〇〇六)。
(21) 大庭脩「漢代の符と致」(同氏『漢簡研究』第二章　同朋舎、一九九二)。
(22) 胡平生・張徳芳編撰。上海古籍出版社、二〇〇一。
(23) 「扁書」(同氏『漢晉遺簡識小七種』中央研究院歴史語言研究所専刊三六、一九七五)。
(24) 高木智見「春秋時代の結盟習俗について」(『史林』六八巻六号、一九八五)。
(25) 居延旧簡の釈文は謝桂華・李均明・朱国炤『居延漢簡釈文合校』(文物出版社　一九八七)による。

（26）　表は標。『隷釋』巻六に載せる「謁者景君墓表」は、額に「故謁者景君墓表」とあったという。また張遷碑にも「刊石豎表」とある。

北魏墓誌の作製に関わる二人の人物像

東　賢司

はじめに

魏晋南北朝時代には、前の漢時代に引き続き「石刻」が多く作製された。その中で文字資料として注目すべきものは、「墓誌」である。私の整理では、後漢王朝が崩壊してから、隋王朝が中国を再統一するまでの四百年弱の間に一千五百件ほどの資料があり、資料数としては、造像記の次に多い。また、内容的には、墓主の氏名や歴任した官職名を刻むだけではなく、親兄弟や子供の名前を刻むなど、まさに民族的資料ということができる。長文資料も多く、歴史的事実を摑むには造像記よりも有利と思われる面もある。

ところが、墓誌銘などの石刻資料の弱点は、文書を作製した撰文者や書道的には非常に重要と思われる墓誌銘の筆者や刻者の記録がほとんど残っていないということである。その実際は既に調査して公表している(1)が、全体的な数量と比較して、ほとんど実体が把握できていないというのが実際である。この研究では、墓誌銘に記述される文書内容から撰文者や書者を追った。本考察では、視点を変えて、墓誌銘の書そのものから書者を推定できないかという試みをしようと考える。

資料学的な視点としては、資料を「いつ、どこで、誰が、何の目的で」作製したのかを把握し、さらには「誰に伝えよう（見せよう）としたのか」を考察することは、最も基本的な作業であるが、魏晋南北朝の石刻資料でも、他の時代の出土文字資料でも深く追求した研究はあまり見ることができない。(2) 墓誌資料に絞ってみると、「いつ」作製されたのかはほとんどの資料でわかるが、他の内容については明らかにできない。特に、誰が作製したのかは興味のある内容である。本稿では、最も数量が多い北魏墓誌銘中、当時の支配者である「元氏」資料と被支配者であった「漢族」の墓誌から数例を引き出し、その筆者について考察してゆきたい。

一　墓誌の作製期間と墓誌銘の作製者

具体的に墓誌銘をみてゆく前に、二つの点を確認しておきたい。第一は、墓誌が作製されるのにどのくらいの時間がかかったのかという点、第二は、墓誌銘は誰が作ったのかという点である。資料（ここでは墓誌と墓誌銘）を誰に見せようとしたのかということの解明は、資料学的な視点としては非常に重要である。しかし、従来この視点での研究は不十分であった。

では、第一の墓誌作製が完成するまでの必要な時間から検討したい。墓誌および墓誌銘の作製を考えると、多くの人間の関与が考えられる。構成材となる磚を作る職人から始まり、墓の場所を整地する人、墓の形を決め磚を積み上げる人、棺や副葬品を作製する人等、延べ人数に直すと相当の労力が必要であったことが容易に想像できる。また、墓を作製する作業や死者を追悼する儀式と並行して、墓誌銘の撰文・書丹・彫刻が行われたことも予想できる。墓主が死亡した後から埋葬される迄の約一年間というのは、葬礼の儀式に相当の手間を必要としたと考えてよかろう。しかしながら、墓誌が墓葬に埋葬される具体的な方法やその期間などは明確にされていない。

墓誌や墓誌銘が作製される手がかりは、墓誌銘中に求めることができる。それは、卒年月日と葬年月日の記録である。よほどの権力者でない限り、生前から墳墓を作るということは考えにくく、墓主の死語から埋葬されるまでに作られたということが考えられる。墓誌銘が正方形型になるまでの過程を考えると、以下の工程が考えられる。

①　石を一m弱の大きさに切り、平らにし、縦横罫線を引いて刻す（石の準備）。蓋には彫刻などを施すこともある。
②　撰文者を決定し、墓主の略歴を伝える（撰文）。

③　誌文をもとに、書者に揮毫を依頼して書丹してもらう。

④　刻者を決定し、文字を刻す。

⑤　表面に漆などを塗り完成。

問題は、その作製過程で関わる種々の人間である。その中で特に注意を払う必要があるのが、撰文者・揮毫者・彫刻者であろう。前者二人についての情報は、墓誌銘から探すことができるが、彫刻者に関してはつかむことができない。墓誌銘の作製者に関して検討する前に、墓誌がどのくらいの期間をかけて作製されたのか、確認をしておきたい。

魏晋南北朝の墓誌銘は約一五〇〇件あるが、その中で卒年と葬年が月日まで記録されている資料は四六二件ある。この墓誌資料を一件ごとに確認し整理すると、卒日から葬日まで最も短いもので二日（北周・梁嗣鼎墓誌）、三・五・六日が各二件、八日が四件、九日が二件となっている。逆に長いものは、一八二二八日（北魏・司馬遠龍墓誌）ついで一八二二二日・一六三二〇日の順となっている。卒葬日の確定できる資料をまとめてみると上記のようになる（表一）。この表より三〇〇日以内の資料が全体の七割となり、比較的早期に埋葬が行われていることが確認できる。

表一　卒年月日と葬年月日の差

日数	件数
1-100	157
101-200	98
201-300	63
301-400	26
401-500	10
501-600	8
601-700	12
701-800	11
801-900	7
901-1000	7
1001-2000	3
2001-3000	17
3001-4000	4
4001以上	29

次に、第二の墓誌銘の作製者についてである。ここでの作製者とは、墓誌銘の文書を作る者（撰文者）、その文書を紙か石に書き付ける者（書者）、石に書かれた文字を刻す

者（刻者）の三者を想定している。

① 墓誌銘の撰文者について

墓誌銘中に撰文者が記録されている資料は約二十件ある。作製に関わる人物が具体的に残されていることは極めて稀であり、貴重な資料といえる。これらの人物を墓主との関連性という観点で見ると、兄弟や子孫が撰文する場合、家臣や友人が撰文する場合、直接のつながりはないが当時の有名文士に依頼する場合の三通りがあると思われる。

一方、一族にせよ家臣にせよ、能力の高い人物を選んで撰文させたことが予想できる。四言詩の格調の高さに関して、銘文中に「詩曰」等の経典からの引用をしばしば見かける事があり、教養の高さを知る手がかりとなる。(3)

② 墓誌銘の書者について

書者に関して確認できる資料は、三件のみである。(4) 元淑墓誌（北魏・永平一年）には「書者相州主簿魏洽」と書かれるが、その墓誌銘中に「乃ち史臣に命じて銘を作り之を誌す」とあることから、墓主の下にいる官吏が書いた可能性は否定できない。(5)

③ 墓誌銘の刻者について

墓誌銘中に刻者の具体的記述が見られることはない。ただ、「刊・銘記・鐫記・誌」という文字があることから、墓誌石に文字を書く行為と文字を刻す行為は明確に区別されていないとも考えられる。(6)

二　司馬悦墓誌銘等漢人の墓誌銘

本章では、墓誌銘の作製者を探るために、墓誌銘の筆跡から書者を追ってみたい。その一番目は司馬悦墓誌銘である。北魏の墓誌銘に興味がある者であれば「司馬悦墓誌銘」を知らぬものはいない。新出土資料の代表と言っても過言ではなく、現在、河南省鄭州市の河南博物院でも展示され、そこに複数ある墓誌のなかでも一際異彩を放っている。注意をひくのがその大きさである。長方形型の墓誌銘であるが、縦の長さが百八センチあり、普通五十センチほどの大きさの墓誌を見慣れている識者にはその大きさに圧倒される。また、文字の大きさである。一文字が三・三センチほどあり、平均的な墓誌銘の文字の大きさ（約二センチ）を大きく上回る。そして何よりも注意を惹くのが、その書風である。北魏墓誌銘には珍しい癖のない文字でありながら、かつ、鋭さを失っていない。原石をみても、拓本をみても、完成度は北魏墓誌銘中五指にはいるものである。[7] この墓誌銘をみると、珍しい字体構造をみることができる。[8]「魏」「将」「永」「墓」「莫」などの「艹」（草冠）、「哀」「彦」などの「亠」（なべぶた）である。北魏墓誌銘中で、これらの字体や書風の共通するものを探すと、二件の同一筆跡と断定できる資料と二件の共通性のある筆跡を持つ資料が発見できた。表二に作製年等をまとめてみた。

表二　司馬悦墓誌銘と共通する書法の墓誌の様子

墓主	大きさ	卒年月日	西暦	葬年月日	西暦	出土地
趙謐	四五×三五			景明二年十月二十四日	五〇一	河北省趙県
元継妻石婉	五七×五一			永平一年十一月二十三日	五〇八	河南省洛陽市
司馬悦	一〇八×七八	永平一年十月七日	五〇八	永平四年二月十五日	五一一	河南省孟県
寇臻	六九×五七	正始二年二月二十七日	五〇五	正始三年三月二十六日	五〇六	河南省洛陽市
寇猛	四六×四六	正始三年四月十一日	五〇六	正始三年十一月二十九日	五〇六	河南省洛陽市

このように、墓誌が作製された時期は西暦五百年以降の十年以内ということになる。北魏墓誌銘中では比較的早期の作例ばかりである。これらの墓誌銘の書風を把握してみると、表三のようになる。先の三件は、いずれも長方形型

をしている。

表三　特徴的な文字の比較

かつて私は、長方形型の墓誌が壁などに立てかけられた資料を見ることができることを論考したが[9]、長方形型のものが墓誌作製の比較的早期に見られるということが、ここでは重要と思われる。また、文書の字割についても、墓誌銘の揮毫者と一致するかどうかははっきりしないが、この墓誌の作製者は、長方形型のものを墓誌の基準と考えていたのではないか、あるいは、作製しやすいと思われる理由があったのではないか[10]。これらに特徴的なのは、墓誌銘の後部あるいは最後部に墓誌の作製年月日を刻んでいることである。北魏の墓誌は通常、「死亡年月日とその場所＋埋葬年月日とその場所＋四言の銘」の組み合わせで記入されているが、これらの墓誌銘はその形式を践んでおらず四言

詩のあとに記述されている。当時の流行とでも言うべきものであろうが、書風の共通性や形式の共通性からみても、一人あるいはその影響を受けた極めて近いグループの者が揮毫したのだと予想できる。[11]ただし、この資料だけでは誰が書いたのかはっきりしない。

司馬悦・寇猛等は『魏書』に登場する名門漢族である。また、石婉は太武帝の子孫である元継の妻である。これらの人物の直接的なつながりは見られないが、初期の漢族の墓誌から筆跡の共通性が見られることは、注目に値する。なお、余扶危・張剣主編の『洛陽出土墓誌卒葬地資料彙編』では、寇臻墓誌と石育墓誌の葬地が「洛城」であるとして同じグループに分類している（二頁、北京図書館出版社、二〇〇二年十二月）。

三　景穆帝子孫南安王系の元氏墓誌銘

続いて、景穆帝子孫南安王系の墓誌銘についてみてゆきたい。北魏の景穆皇帝には十二人の王子がおり、『魏書』等では「景穆十二王」と称されている。景穆帝子孫は人数が多く、元氏一族の子孫中でも最も多くの数量が残されていることが特徴である。この子孫中、八番目の王子が「南安王　楨」であるが、この系列には二十七名の子孫を確認することができ、十一件の墓誌が残されている。**表四**は景穆帝子孫南安王系の系図である（太枠が同筆の墓誌、点線は墓誌が残される墓主）。

この表を見ると元英の子が多いことに気づく。[12]これらの資料は旧資料であり、芒山からのおそらく盗掘による出土であったので、まとまった地点から出土している可能性が高い。後述するように、非常に近い年代に作製されているので、まとめて作製した可能性も否定できない。

これらの墓誌銘の書を観察すると、ある特徴的な書きぶりを発見できる。十一件の資料中、五件の資料に見られる

表四　北魏景穆帝子孫南安王系の系図

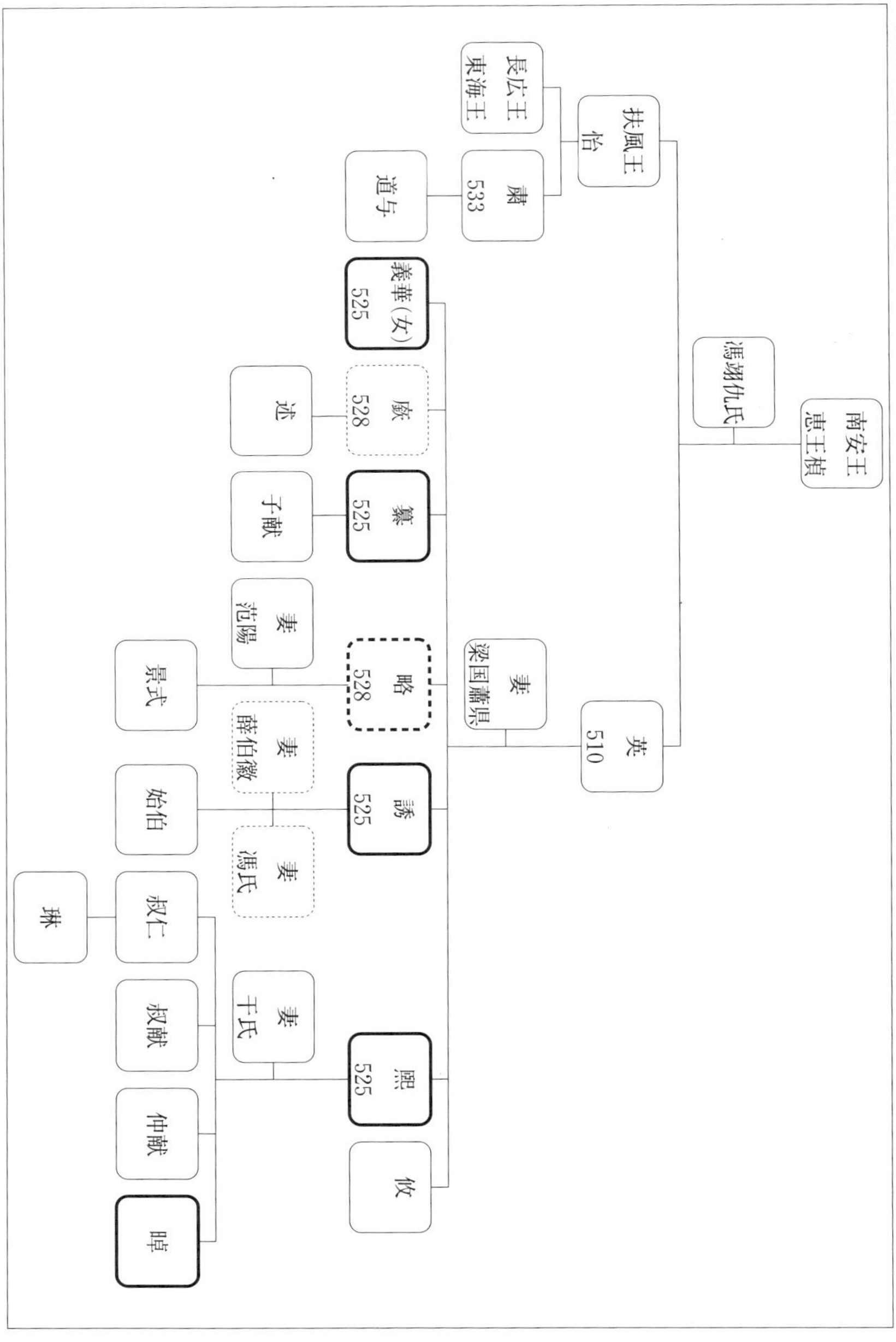

「門構」の書法等は、他の北魏墓誌にはほとんど見ることができない（表五）。さらに、これらの墓誌銘の作製された年代が西暦五二五年のみであることに注意せねばならない(13)。

ただし、この前後に作られた墓誌銘を見てみると、この書きぶりは、五二五年に突然に見られるようになったのではない。数点であるが、関連があると思われる資料を見ることができる。問題は、五二五年以降の墓誌に、この特徴的な書きぶりが見られなくなることである。例外的に見ることができるのは、元々景穆帝の子であったが、他系列（章武王系）の王に子供がないためにその養子となった、元彬の子の元融墓誌銘（五二七年）と献文帝子孫の元端（五二八年）だけである。書者に関する情報としてしばらく記憶に留めておきたい(14)。

表五　南安王系の墓誌銘門構の文字

四　南安王系墓誌中五件の墓誌銘の筆者の推定

次に、南安王の五件の墓誌を誰が書いたのか検討を行いたい。同筆の墓誌銘が一系列の限られた年に作製され、それ以後見られないということが何を意味するかということを想像した時に、これらの墓誌の筆者がこの系列の人間であり、墓誌の完成以後何らかの事情で揮毫することができなくなってしまったのではないかということが考えられる。具体的な理由の一つについては、「河陰の変」との関連性を考えている。河陰の変は、五二八年四月十一日に発生している。爾朱栄がその当時の権力者である霊太后をはじめ二千人を殺害するという大事件であるが、元氏一族にも多くの被害者が発生し、南安王子孫でも二名の犠牲者が出ている⑮。

これら五件の墓誌銘の筆者に関して、筆者が身近な人物である可能性を加味すると、五二六～五二八年に死亡した景穆帝に関連する数名の可能性が見えてくる。

私は、この特定に関して、以下の二つの仮説を持っている。第一は、孝昌二年（五二六年）から建義元年（五二八年）に死亡した人物ではないかという点、第二は、具体的には「元融」または「元略」の可能性が高いのではないかという点である。その理由としては五点を考えているが、順番をおって説明してゆきたい。

① 墓誌銘の書的品格が高く、経験・年齢を積んだ人物が書いた。

これらの書は書的品格が高く、資料的価値は非常に高い。おそらく経験を積んだ者が書いたのであろうと予想できる。これは書作経験者ではないと理解が難しいかもしれないが、何百字もある銘文を統一的に書くこと自体非常に難しいことである。刻法によっても印象が変化してくるのであるが、これら五件の墓誌銘は書者も刻者もレベルの高いものの作であろう。

当時の筆記用具は当然のことながら筆であるが、文字を書くことは文化人の一つの教養であった。被葬者が支配者階級にあることから、これらを揮毫した人物も、元氏のような身分の高い者であった可能性がある。

② 「門構」などの特徴的な書きぶりは、つながりのある墓主のみに見ることができる。

人はどのようにして文字を覚えるのか、これは書き手の選択する字体にも関わる重要な事柄である。例えば、後漢時代には「急就篇」があり、六朝時代には「千字文」があった。[16]これらはいずれも識字教科書として利用されてきた。文字の覚え方については、今も昔も大きく変化はなかろう。与えられた教材を読んだり書いたりの繰り返しを行うだけである。それを行うのが、親か教育係か教師かという違いだけである。当然のことながら、師匠の書き文字の癖や字体の選択等、いわゆる書き癖に共通性が見られることが予想できる。

	師匠					
	筆者A	B	C	D	E	F
522	劉恵芳					
523		元仙				
524			元子直			
525				薛伯徽	元煕/元誘/元纂/元義華/元暐	
526						
527						元融
528						元端

表六　門構に特徴のある墓誌銘と筆者の推定

墓主達は、元氏の代表的な人物であっただけに、当然教育係があった、あるいは高い身分のものだけが集まる学校のような機関があったかもしれない。重要なことは、表六のように、一人の師匠から教えを受けた何名かの筆者が、既に説明してきた墓主の墓誌銘を揮毫したのではないかと考えられることである。表六では、AからFまでの六名の可能性を指摘しているが、実際にはもっと少ない可能性も高い。更にこれらの墓誌が六年の間に集中していることも注目しておく必要がある。

③ 孝昌元年（五二五年）十一月以降の墓誌銘に、同一筆者と思われる作例を見ることができない。

次に、表六で筆者Eとしているグループの書風に注目しておきたい。これらの墓主の埋葬は、孝昌元年十一月二十日となっている。それ以降の数年間に作製された北魏の墓誌銘の書風を観察してみた。表七がその一覧である。

表七　五二五年十二月から五二八年三月までに埋葬された墓主

	墓主	出土地	卒年月日（西暦）	葬年月日（西暦）
1	呉高黎	河南省洛陽市	正始一年十月十五日（五一四）	孝昌二年一月十三日（五二六）
2	李頤	河南省南陽市	正光一年五月十九日（五二〇）	孝昌二年三月八日（五二六）
3	元瑛	河南省洛陽市	孝昌一年十二月二十日（五二五）	孝昌二年三月二十日（五二六）
4	韋彧	陝西省長安県	孝昌一年八月二十六日（五二五）	孝昌二年三月二十日（五二六）
5	元過仁	河南省洛陽市	孝昌二年三月二十二日（五二六）	孝昌二年三月二十七日（五二六）
6	于仙姫	河南省洛陽市	孝昌二年二月二十七日（五二六）	孝昌二年四月四日（五二六）
7	尹祥	河南省偃師県	正光五年七月十八日（五二四）	孝昌二年七月二十四日（五二六）
8	元乂	河南省洛陽市	孝昌二年三月二十日（五二六）	孝昌二年七月二十四日（五二六）
9	双仁	河南省洛陽市	孝昌二年五月二十六日（五二六）	孝昌二年七月二十九日（五二六）
10	宣武帝嬪李氏	河南省洛陽市	未詳	孝昌二年八月六日（五二六）
11	鮮于仲兒	河南省洛陽市	孝昌二年五月二十八日（五二六）	孝昌二年八月十八日（五二六）
12	楊乾	河南省洛陽市	未詳	孝昌二年十月十九日（五二六）
13	秦洪	河南省洛陽市	未詳	孝昌二年十月十八日（五二六）
14	元寿安	河南省洛陽市	未詳	孝昌二年十月十九日（五二六）
15	侯剛	河南省洛陽市	孝昌二年三月十一日（五二六）	孝昌二年十月十八日（五二六）
16	元珽	河南省洛陽市	孝昌二年七月二十八日（五二六）	孝昌二年十月十九日（五二六）
17	元憙	河南省洛陽市	正光六年二月七日（五二五）	孝昌二年十月二十六日（五二六）
18	高広	河南省洛陽市	孝昌二年七月（五二六）	孝昌二年十月（五二六）

19	元則	河南省洛陽市	孝昌一年十一月二十九日（五二五）	孝昌二年十一月七日（五二六）
20	染華	河南省偃師県	正光五年十月三十日（五二四）	孝昌二年十一月十四日（五二六）
21	公孫猗	河南省洛陽市	孝昌二年三月九日（五二六）	孝昌二年十一月十四日（五二六）
22	于景	河南省洛陽市	孝昌二年十月八日（五二六）	孝昌二年十一月十四日（五二六）
23	寇治	河南省洛陽市	正光六年一月二十日（五二五）	孝昌二年十一月十七日（五二六）
24	于纂	河南省洛陽市	孝昌二年五月十八日（五二六）	孝昌二年閏十一月七日（五二六）
25	董偉	河南省洛陽市	正光四年四月二十五日（五二三）	孝昌三年二月十六日（五二七）
26	蘇屯	河南省洛陽市	孝昌二年二月十三日（五二六）	孝昌三年二月二十一日（五二七）
27	和邃	河南省洛陽市	孝昌二年九月十一日（五二六）	孝昌三年二月二十七日（（五二七）
28	元曄	河南省洛陽市	孝昌二年六月十八日（五二六）	孝昌三年二月二十七日（（五二七）
29	元融	河南省洛陽市	未詳	孝昌三年二月二十七日（五二七）
30	元恂	河南省洛陽市	孝昌三年二月六日（五二七）	孝昌三年三月七日（五二七）
31	李達妻張氏	河南省洛陽市	未詳	孝昌三年五月十日（五二七）
32	于纂	河南省洛陽市	孝昌三年二月四日（五二七）	孝昌三年五月十一日（五二七）
33	胡昭儀	河南省洛陽市	孝昌三年四月十九日（五二七）	孝昌三年五月二十三日（五二七）
34	□仁	河南省洛陽市	孝昌三年二月九日（五二七）	孝昌三年五月二十四日（五二七）
35	侯愔	未詳	孝昌三年九月三日（五二七）	孝昌三年十月十三日（五二七）
36	張斌	河南省洛陽市	未詳	孝昌三年十月二十六日（五二七）
37	元固	河南省洛陽市	孝昌三年九月二日（五二七）	孝昌三年十一月二日（五二七）
38	胡毛進	河南省洛陽市	未詳	孝昌三年十一月十三日（五二七）
39	于神恩	河南省洛陽市	孝昌三年六月二十九日（五二七）	孝昌三年十一月十四日（五二七）
40	寧懋	河南省洛陽市	景明二年（五〇一）	孝昌三年十二月十五日（五二七）
41	元挙	河南省洛陽市	孝昌三年三月二十七日（五二七）	武泰一年二月二十一日（五二八）
42	元暐	河南省洛陽市	孝昌三年十月二十日（五二七）	武泰一年三月十六日（五二八）
43	徐起	未詳	孝昌三年九月六日（五二七）	武泰一年一月十五日（五二八）
44	元挙	河南省洛陽市	孝昌三年十一月二十九日（五二七）	武泰一年三月十六日（五二八）

五二六年に埋葬された墓主は二十四人、五二七年が十六人、五二八年三月までが五人と合計四十五名の墓誌が存在するが、これらの中に共通する字形や字体をもつ墓誌銘、言い換えると同一の人物が書いたと思われる墓誌銘は見ることができない。五二五年までの資料に見ることができ、それ以後の資料に見ることができないという理由を考えたとき、すぐに思いつくのは、本人が五二五年に作製された墓誌銘を揮毫した後に死亡してしまったということである。

④　一族には文学的才能が高い人物が多い。能書に関する記述もある。

再び表四の系図中、元英の子孫の記録や、元々景穆帝の子で養子となった、元彬の子孫の記録を紐解くと、文才についての記述が見られる。表八の文芸的才能の欄にまとめたが、文章の才能や書的才能に秀でた人物が多いことが見いだせる。書的な才能を見ても、元暐「書を愛した」、元挙「六書八体に妙であった」、元略「書は子雲を茂している」、元湛「筆迹を善くした」というようなものである。

この事は特筆すべきである。五二五年に作製された墓誌銘は非常に達筆の者が書いたと想像され、その人物が一族内部あるいは近くに存在するということを想像させる重要な資料となるのである。

表八　北魏景穆帝子孫南安王系・章武王系の墓主

墓主	系列	卒年月日（西暦）	葬年月日（西暦）	文芸的才能	年齢（五二五年）
元熙	景穆帝	正光一年八月二十四日（五二〇）	孝昌一年十一月二十日（五二五）	「文芸之美」	
元誘	景穆帝	正光一年九月三日（五二〇）	孝昌一年十一月二十日（五二五）	「公文辞内美」	
元纂	景穆帝	正光之始（五二〇－五二五）	孝昌一年十一月二十日（五二五）		
元義華	景穆帝	未詳	孝昌一年十一月二十日（五二五）		
薛伯徽	景穆帝	正光二年四月二十四日（五二一）	孝昌一年十一月二十日（五二五）		
元暐	景穆帝	孝昌一年十月十七日（五二五）	孝昌一年十一月二十日（五二五）	「雅愛琴書」	
元融	章武帝	孝昌二年九月（五二六）	孝昌三年二月二十七日（五二七）		四十五歳

元挙	章武帝	孝昌三年三月二十七日（五二七）	武泰一年二月二十一日（五二八）	「六書八体画妙趣群」	二十五歳
元歆	章武帝	建義一年四月十三日（五二八）	建義一年七月十八日（五二八）		四十歳
元略	章武帝	建義一年四月十三日（五二八）	建義一年七月十八日（五二八）	「筆茂子雲」	四十歳
元湛	章武帝	建義一年四月十三日（五二八）	建義一年七月十八日（五二八）	「善筆迹偏長詩詠」	三十五歳

⑤ 墓誌銘が書かれたのは、孝昌元年（五二五年）十月頃。その時の年齢や活動状況を考えると「元融」または「元略」と考えることが可能である。

再び表八を注目したい。南安王系と章武王系の人物中、墓誌拓本が現存する者であるが、波線より右はすべて、埋葬年月日が「孝昌元年十一月二十日」である。これらは元英の子孫やその妻にあたる。その内の五件が同筆の墓誌銘である。また、同筆の人物の死亡年月日を見ると、元義華だけははっきりしないが、三名が正光年間に、一名が孝昌年間に死亡している。死亡年埋葬年共に固まった年代に集中し、かつ筆跡が共通するとなると、墓誌をまとめて作製したのではないか、あるいは、まとめて撰文や揮毫をしたのではないかと思われるのである。

文章を作るにしても、文字を書くにしても、支配階級として恥ずかしくない一流の物を作ろうとしたはずである。先に述べたように、一族あるいは血のつながりのある者に文芸的な才能がある人物が多いことは、撰文や揮毫を身内で能力が優れた人物に依頼したのではないかという可能性を想像させる。

次に具体的にその人物が誰であるのか考えて見たい。元暐の死亡年は、孝昌元年十月十七日、埋葬年は、孝昌元年十一月二十日である。わずか、一月の間に埋葬の準備を整えたことがわかる。同筆の他四件もおそらく同じ時期に揮毫し、彫刻されたことが予想できる。

五件の墓誌銘が五二五年十月頃揮毫され、その人物が南安王系・章武王系の誰かではないかと考え、この前後の活動を墓誌銘や史書の記録からおってみた。結果、元融か元略ではないかと予想した。表八を参照すると、五二五年当時、元融は四十五歳、元略は四十歳である。墓誌銘の書風の完成度から考えて、若年の揮毫ではないであろうと予想できる。もちろん、系図に書かれている人物でも、史書の記録などがないために、行動が明らかにできない者もいる。

表九は、元融と元略の行動を表にしたものである。

表九　孝昌一年（五二五）前後の元融・元略の行動

年	月	元融	元略
正光一（五二〇）			元熙が挙兵し、謀反の罪から逃れ南朝へ亡命。蕭衍の下で中山王・宣城太守となる。
正光五（五二四）	十二	大都督となり、汾州の正平と平陽の山胡を討つ。	
孝昌一（五二五）	一		元法僧が謀反し、略らが彭城に送られる。北朝の楽安王元鑒が略を打ち破る。予章王綜を送り、法僧を破る。（略、江南にあると雖も、自ら家禍を以て、晨夜哭泣し、身は喪に居すが若し。）衡州刺史に任ぜられるが、赴任せず。
		鮮于脩礼の反乱起こる。	粛宗（北魏・孝明皇帝）が、南朝に使者を派遣、略を徴し、蕭衍はそれに応じる。
孝昌二（五二六）	五	北伐して脩礼を打つ。	北に帰還。義陽王に封ぜられる。元融らと脩礼を打つ。
	六		東平王に改封される。
	九	博野の白牛邏を打つ。陣で死亡。	

元融は、五件の墓誌が作製された前年に大都督となって、遠征に出かけている。孝昌元年の記録はないが、翌年の孝昌二年には、鮮于脩礼の反乱が起こり、五月に鎮圧しているが、その九月には死亡している。墓誌の揮毫の可能性を考えると、記録のない孝昌元年に揮毫することは可能であった。

一方の元略であるが、正光元年にその父の元熙が挙兵したために、南朝へ亡命し蕭衍の庇護を受けることになる。

その後、孝昌元年には元法僧が謀反をおこしたために、元略も南朝方として戦争に参加するものの、北朝の元鑒に敗れている。その後の孝昌二年には、粛宗の孝明皇帝が南朝に使者を派遣して元略の北朝帰還を願い出、五月には、北朝に帰還している。

元略が墓誌銘を揮毫することが可能であったかどうかを考えると、南朝にいた距離的な不利は否定できない。しかし『魏書』景穆十二王下伝に「略、江南にあると雖も、自ら家禍を以て、晨夜哭泣し、身は喪に居すが若し」という記述がある。家禍とは自分の兄弟等が誅殺された河陰の変を指すのであり、これによって喪中として新たな任命（衡州刺史）にも従わなかったのである。亡命中であっても兄弟達の情報は耳に入れることができる両国の関係があったことがわかるのであるが、元略にしても、墓誌銘を揮毫する時間はあったことが確認できる。

本章であげた一点一点は確定的な決め手になるものではない。しかし、五点の観察視点をあわせて考えると、大きな矛盾なく元融や元略にたどり付くことができ、仮説が現実的なものとなるのである。南安王系の人物と章武王系の人物は近い関係にあり、ここで挙げた以外にも討伐などへの出兵など接点は多くある。墓誌の揮毫者について考えた時も、一族の中だけに使用される特殊な字体構造があることもあって、不幸にして早逝した兄弟や親類のために、墓誌銘を揮毫したのではないかと予想している。

おわりに――支配者と被支配者という視点から――

本論では、墓誌の埋葬過程に注目し、特に墓誌銘を揮毫した人物が特定できないかということを中心に資料を見てきた。まとめとして、支配者の元氏と被支配者の漢族という視点から墓誌の揮毫者について触れておきたい。

前半にふれた北魏初期の墓誌銘では、漢族の作例を見てきた。北魏墓誌は洛陽周辺のものが圧倒的に多数であるが、近年の新出土資料の増加から、旧資料と新資料の比較が可能になってきた。取り上げた資料は、新出資料は洛陽外の出土である。同じ漢族といっても接点があるかどうかは分からない。筆跡が一致あるいは何らかの影響を持っているということは、氏族間の接点があったのかもしれない。また、元氏景穆帝子孫南安王系の墓誌銘であるが、これも近い系列の人物が書いたのであろうという推察ができた。元氏という支配階層においてもこのような現象が見られる事は注目すべきである。

支配者でも被支配者でもこのような資料が見えたということは、墓誌を作ることに比較的時間をかけていない全体的な傾向ともつながってくる。墓誌は墓主となる人物か死亡してから作製を始め、埋葬前に完成する。表一のように墓誌銘の卒年と葬年の差をまとめると、一年以内のものが多い。一年というが、墓誌だけ作製すれば終了するというものではなく、磚を一つ一つ積み上げて作製する墓室も建設しなくてはならない。当然、専門の技術者もいたであろうが、墓誌の銘文を撰文し、揮毫・彫刻するだけでも大変な労力である。これらの作業を能率的に行うには、墓誌銘作製に少しでも時間をかけないよう工夫したとも思われる。身内の中に達筆の者がいたときは大変便利である。特に、南安王系の五名は同時期に死亡し、同じ日に埋葬している。埋葬すべき子孫からすれば、より効率的に埋葬の準備をしたいと考えるのは当然であろう。

埋葬の手間や習慣を考えると、支配者・被支配者を問わず、身近な能書家に依頼したことが予想できるのである。今度は、このような事例が他にもないか、詳細な検討を加え、氏族と氏族のつながりを考察してゆきたい。

注

（1）浦野俊則主編『望岳室古文字書法論集』（二〇〇六年二月）所収の拙稿「卒年・葬年から見る墓誌作成の過程――魏晋南北時代の墓誌銘の文末記録に注目して――」。

（2）趙超氏の「南北朝時期の喪葬礼儀制度の変化中、墓誌は喪葬礼儀の身分の重要表示となることを形成してきた」（『古代墓誌通論』七九頁、紫禁城出版社、二〇〇三年六月）とある部分が興味を引かれる。出土情況をみた限りでは、墓室の入り口や墓道に置かれているだけなので、葬送の儀礼にどのように使用されたのかは明らかにできない。その中で「身分を表す」重要標識と指摘したことは、重要であり、今後の検討を必要とするであろう。

（3）黄金明氏は「碑の銘文が詩経の頌の影響を受けていることは確かに大きい」としているが（『漢魏晋南北朝誄碑文研究』三三頁、人民文学出版社、二〇〇五年三月）、あくまで墓碑についての検討であり、墓誌に言及しているものではない。

（4）南北朝墓誌研究の代表である羅宗真氏も「著名な人物の墓誌も当時の名家の手筆である可能性がある」と指摘するが（『魏晋南北朝考古』一六〇頁、文物出版社、二〇〇一年六月）、逆に著名な者の筆であるならばなぜ揮毫者の名前を残さないのか疑問が残る。唐代の顔真卿が揮毫した「郭虚己墓誌」は、名前が残されている。

（5）先行の研究では、墓誌銘の書者に関するものは極めて少ない。華人徳氏は「北魏中期の永平・延昌・熙平・神亀年間の墓誌は典雅融和であり、風格も多様化している。しかし、多くの墓誌に同一の風格があり、一人の書いたものではないかと思われる資料が多く、可能性として墓誌の専業書手がいたのでは出現したのではないかと予想できる」と指摘している（『六朝書法』七五〜七六頁、上海書画出版社、二〇〇三年十二月）。興味深い指摘ではあるが、これの根拠資料は十分に指摘されておらず、なお検討を要する内容である。西暦五百年以降、墓誌は急激に作成数が増加している。冒頭で示したように、墓誌を能率よく作成するには、専門集団に任せる必要があったのではないかと想像される。

（6）この中には、磚で作製された刑徒磚は除外している。徐自強・呉夢麟の両氏は「墓誌の濫觴は東漢の初期に遡るが、その代表的実物が河南洛陽南郊刑徒墓出土の刑徒磚である」（『古代石刻通論』一一四頁、紫禁城出版、二〇〇三年八月）と指摘しているが、筆者は墓誌と刑徒磚はそもそも作製目的の異なる別に論じるべき資料ととらえている。このことは、別に論じる機会を設けたい。

（7）王元軍氏は、書の品格を「家学」と捉え、書法は士人の基本的修養であって、家学の基本的な構成部分だとする。そして、書法に優れた一族として、河東衛氏、琅耶王氏等十の名称を挙げている（『六朝書法与文化』一〇〇頁〜一一八頁、上海書画出版社、二〇〇二年十二月）。ここに挙げられる氏族は漢族ばかりであり、かつここに取り上げる資料には触れていない。これは採用した資料が、書論等の文献資料によったためと思われる。しかし、王氏のような見方をすることにより、更に族単位での書のレベルが確認できる可能性もある。

（8）欧昌俊『六朝唐五代石刻俗字研究』（巴蜀書社、二〇〇四年七月）、呉鋼『唐碑俗字録』（三秦出版社、二〇〇四年六月）等、いわゆる異体字に関する研究はたくさんあるが、研究成果そのものが異体字にそのような種類のものがあるのかという研究に限定され、地域性や筆者に関する言及は見られない。

（9）拙稿「六朝墓誌の形式についての試論――正方形の有蓋墓誌が完成する過程を追って――」『全国大学書道学会紀要』平成十三年度号、一〇〇―一〇九頁、平成十四年三月

（10）揮毫者や刻者が明らかにされない理由として、沃興華氏は後漢の墓碑などの資料から書者や刻者を抽出し検討を加え、「これらのどんな者も社会的地位もない」と結論づけている（『碑版書法』四頁、上海人民出版社、二〇〇五年五月）。この結論は墓誌から得られたものではない。被葬者の身分も漢代の墓碑と墓誌は異なるので一概には結論づけられないが、漢代から、書者・刻者の身分がそれほど高くないと考えられることは注目に値する。

（11）先にも触れてきたが、張同印氏は「撰文者・書者には上層には士大夫、下層は官吏文人である。墓誌の書法は民間書法の情況を反映している」とする（『隋唐墓誌書蹟研究』一〇頁、文物出版社、二〇〇三年八月）。墓誌が作成出来るのは当時の相当高い身分の者であることは間違いないのであるが、その墓誌銘の書法が民間の影響を受けているか、つまり一般的に流行していた書体・書風であるかどうかは、当時の書文化を検証する上で重要な指摘である。

（12）表四を作成するにあたっては、墓誌の銘文中の系図に関わる情報と『魏書』景穆十二王列伝下を参考にしている。

（13）前掲注（4）の羅宗真氏著作では、墓誌銘が反映する問題として、士族門閥の婚姻制度を解明する上で複数の墓誌をグループ化して観察することが指摘されているが（一五二頁～一五四頁）、墓誌銘の筆者をグループ化して観察することは行われていない。

（14）劉濤氏は「北魏境内で流行した洛陽体は、造像記のような楷書にも採用されている」（『中国書法史　魏晋南北朝巻』四三

四頁、江蘇教育出版社、二〇〇二年十二月）と指摘するが、当時の流行の書風を考察する上では、造像記群の書も無視はできない。

（15）河陰の変についての記述は、窪添慶文氏『魏晋南北朝官僚制研究』（汲古書院、二〇〇三年）の第三部第一章「河陰の変小考」に、墓誌資料と文献資料を用いて大変詳細な検討を加えている。

（16）急就篇や千字文などの識字書については、福田哲之氏『説文以前小学書の研究』（創文社、二〇〇四年）に詳しい。第四篇第三章「漢簡『急就篇』論考」では「梁代の作成された『千字文』がその後急速に流布し、識字課本や手本としての『急就篇』を駆逐したためと推測される。…中略…楷書や草書で書写された『急就篇』が『千字文』の出現によって伝存の基盤を失ったことを書体面から裏付けるものと言えよう」（二八二～二八九頁）と指摘する。

第二部　古代日本の情報伝達

日本古代の情報伝達と交通

松原弘宣

はじめに

石母田正氏[1]は、日本古代の交通（transportation）領域として、「経済的側面では、商品交換や流通や商業および生産技術の交流であり、政治的領域では戦争や外交をふくむ対外諸関係であり、精神的領域においては文字の使用から法の継受にいたる多様な交流である」という経済的・政治的・精神的な三領域をあげた。さらに、「交通形態が首長制を媒介とすること、首長が交通の機能を独占することから出発するという特徴が、国内の階級分化、支配形態、国家構造を特徴づけている」とし、「文字と文章の習得が知的労働の支配層による独占を強化・補強し、こうした肉体労働と知的労働の分離が社会的分業を決定的なものとし、律令国家が数世紀のあいだ支配しえた理由である」とも述べている。知的労働の独占が文字と文章の習得によるということは、交通領域のなかでも精神的領域の交通独占ということが律令国家支配の根源であることを示唆しているのであろうか。

日本の古代交通の特質は、①全ての交通は何れも人の移動によるものであって他者との交流を不可欠とすること、②最大の交通は律令国家によって強制された公民集団の都鄙間交通であること、③三領域の交通はそれぞれが単独でなされるのでなく重層的であるという三点に要約することが可能である[2]。すなわち、①の交流を不可避とすることは、一方的な情報の発信・受容ということが存在しえず相互交流が必然であることを示す。たしかに経済的領域における交通の一つである古代交易は、全てが対等な交易者による等価交換ということはできず、かつ、その流通は実物貢納という側面が色濃く税的な要素の強い交易ともみられる。しかしかかる理解は、交易を物と物（銭貨）との交換に限定しているからであり、その交換には物資と政治的・精神的なものの存在を認めるべきであろう。さらに、政治的領域の交通である戦争や外交は対等な関係ではないが、そこにおいても精神的領域の交通が存在することに注意すべきである。たとえば、最初の対外戦争である百済の役は、双方に経済的・人的損害を与えたが、半島に渡った我が国の人びとがもたらしたものは物資だけでなく、彼らの帰国にともないわが国に数多くの情報をもたらしたことは事実[3]である。外交という政治的交通においても、帝国にとっては周辺諸国の朝貢は情報収集とともに帝国支配の装置の一つであり、朝貢国にとっては文字や法律・仏教等の導入という精神的交通でもあった。また、②は律令国家の基本理念・原則として少なくとも八世紀第３四半期以前はその原則維持を図っていたことより[4]、地方豪族による都鄙間交通の独占は困難で、律令国家の管理下で公民の都鄙間交通が義務づけられていたといえる。さらに、③のように一領域だけの交通は存在せず、①のように交通は交流を不可欠とすることより、三領域の交通のなかで精神的領域の交通こそが全ての交通に関与していて基本的なものと考えられる。つまり、三領域の交通に普遍的に存在するのは相互の情報交換であり、全ての交通に精神的交通が存在したといえるのである。そして、精神的領域の交通を石母田氏のように「文字の使用から法の継受にいたる多様な交流」とした時、文字・法律などの独占が肉体労働と精神労働の社会的分業を決定的にするという指摘と、公民に都鄙間交通を強制したことを如何に考えるべきかという点が問題となる。

一　情報伝達形態と公私の情報

情報伝達の手段には文書と口頭があり、両者の関係について、口頭伝達から文書伝達への時系列変化を想定できるか否か、口頭伝達と宣命との関連についての研究が中心であったが、牓示・召喚木簡の出土にともない、地方官衙における口頭政務の存在とその重要性が主張されるに至った。何れにしても、口頭伝達と文書伝達を考えるに際して言及しておかなければならないのは両者の相違点である。文書伝達の特質は、発信者が受信者に直接手渡すのでなく他人を介在するため、伝達情報の迅速性・秘匿性・発信者の意思であることの担保が必要となる。そのため、公式令において文書の書式と作成手続を統一的に定めることで情報の正当性を担保し、伝達の迅速性は駅馬制度を利用することで、その秘匿性は封緘制度を定めることで確保したと考えられる。そのために文書伝達の研究は、書式・手続きの検討とともに、計会帳・正税帳を検討素材として地方で文書がどのように伝達されたのかを駅伝馬制を中心にしておこなわれてきたといえる。口頭伝達は、情報の迅速性・正確性・秘匿性という点で文書伝達に劣るが、不特定多数者への伝達が可能で、情報の空間的拡大という点で優位性を持っていた。史料的制約がありその研究は今後の課題であるが、上述の召喚木簡、告知札、禁制札、牓示木簡の出土により、現実の情報伝達においては二者択一でなく両者を併用していたことが確認される。[5][6][7][8]

文書伝達と口頭伝達の相違は文字と音声の本質的特質に起因するものであり、川田順造「声と文字と歴史と」によると、文字の特質には、①時間・空間における「遠隔伝達性」(あとまで残る、あるいは遠くまで届く)、②何度でも繰返して同じメッセージを参照できる「反復参照性」、③「個別参照性」があるのに対して、音声には、人の深い生理にじかに働きかけ人を従わせる情動喚起力が存在すると指摘している。②・③という点は文書伝達の正確性・秘匿性ということに対応するし、文字は①という特質を保持してはいるが、現代社会のような情報伝達システムが存在していない古代社会にあっては、情報の空間的拡大という点では口頭伝達に比して劣っているといえる。こうした特性の存在を確認したうえで、情報の種類とその伝達方法のあり方を、公的な情報と私的な情報に分けて検討する。[9]

公的情報の伝達

公的情報の頂点にあった詔書や太政官符の地方への発信・伝達は駅馬制度を利用しておこなわれ、駅制は国家意思を列島全域に緊急伝達するために設置されたといっても過言ではない[10]。そしてそれらの伝達方法には、文書を直接受容者まで伝える専使の派遣と、駅伝馬で文書を逓送する形態が存在するが[11]、専使や駅使だけでなく他の目的で都鄙間を交通した官人によっても情報が伝達されていたと想定される。また、公的な情報伝達は中央政府と地方官衙という都鄙間だけでなく、地方において国衙と郡衙などの出先機関との間でもおこなわれていたことは、地方官衙遺跡出土の国符・郡符木簡などの文書木簡で確認される。さらに、徳島市観音寺遺跡出土の勘籍木簡にみえる牒・移・解文書が阿波国司が発信する文書の下書きであったこと[12]より、地方官衙での情報伝達が紙文書によっておこなわれていたことが確認できた。そして、地方における紙文書の伝達を考えるとき注目されるのが、次に示す秋田市の秋田城跡出土の一〇号漆紙文書[13]である。

（表面）

在南大室者
勘収釜壹口
□□若有忘怠未収者乞可
令早勘収随恩得便付国□□
徳縁謹啓
五月六日卯時自蚶形駅家申
竹田継□

（裏面）

封
務所　竹継状
介御館

本漆紙文書は竹田継□から介御館宛てに伝達された後に漆のふた紙に使用されたもので、文書の宛所と出土地点との関係については種々の考え方がありえて断定できないが、宛所は出土場所の秋田城より遠く離れた場所を想定する必要はなかろう。介の御館より南大室へ派遣された竹田継□が、出張先より介の御館宛に出した文書で、南大室の釜一口を勘収したが未収の物があれば、早急に指示してほしいとの文書を五月六日卯時（午前六時）の便で蚶形（象潟）駅家より連絡したとの内容である。[14] この漆紙文書で注目されるのは、裏面の「封」の存在より実際に使用された出羽国内の行政文書で、それが蚶形駅家より発信されたことである。つまり、発信者は蚶形駅に滞在し返辞を待っていたとみられることと、文書中に「便付国□□」とみえることより、本文書の伝達は国の使者に便付したと考えられるのである。本漆紙文書の出土は、駅馬利用者に便宜的に文書伝達を依頼することが存したことを示し、こうしたことが一般的であったか否かが問題となる。駅使を発した官衙の文書以外を伝達してはならないという規定がない以上、少なくとも地方官衙の公文書は駅馬利用者に便送されたのではないかと憶測することが可能である。

以上のように、公文書が交通者に「便付」されたことは、天平八年の伊予国正税帳に「便付介外従五位下勲十二等紀朝臣必登進上以解」（『大日本古文書』五巻五頁、以後古五―五のように略記する）とみえ、伊予介に便付京進されていることで確認できる。本帳簿が伊予国正税出挙帳であることは早川庄八氏[15]によって論証され、その論拠の一つが正税帳ならば正税帳使という専使が伝達すべきであるところを、大計帳使（朝集使）として上京する伊予介外従五位下紀必登に「便付」されたことをあげている。朝集使の任務に国郡司考課の式部・兵部省への申上とともに諸帳簿の進上[16]があり、朝集使は情報伝達者としての役割をも果たしていたのである。宝亀三（七七二）年に朝集使雑掌である台此身が皇后宮職封戸に関する民部省符を紛失したため、所属国へその旨が連絡できないので再発行を願い出てた解文（古六―二九〇）によっても、朝集使が京と在地と情報伝達していたこと[17]が確認できる。さらに、天平勝宝二年正月八日の但馬国司解にも「仍便二付朝集使目従六位下賀茂直秋麻呂一」（古三―三五五）との例があり、天平勝宝元年十二月十九日の丹後国司解にみえる「遙ニ附朝集使目従八位上尾張連張人一」（古三―三四四）の「遙附」も注目される。丹後国からの解文が朝集使である目従八位上尾張連張人に遙附されたことを示すのであるが、朝集使尾張連張人の自署がないことより、この解文は他の使者によって平城京の尾張連張人の所まで伝達されたと早川氏は考えている。以上の諸例よりして、公的情報は駅使や専使だけではなく都鄙間交通をおこなう官人に便付して伝達されたことが確認できるのである。

都鄙間を交通する官人に文書を便付する形態は、京内においても採られていたことが造東大寺司の情報伝達より知られるので、天平宝字六（七六二）年時の造東大寺司の情報伝達実態より明らかにしたい。造東大寺司の経営の基本構造は、平城京の三綱所・政所を中枢機関とし、畿内各地の水陸交通の要衝に○○所・○○庄・○○宅、畿外の諸荘園には産業所と庄所（人名＋所）という種々の出先機関を設置し、それらを総合的に運営することによっていた。石山寺造営においても、造石山寺所を設置し、それと造東大寺司と既存の所・庄・宅を総合的に運営することで必要物資の調達や売買をおこなっており、その連絡の使者となったのが領・仕丁であったことは既に論じた。[18]ただ、「○○所」間を連絡したのは領・仕丁だけでなく、次に述べるように廻使・便使も存在していたのである。

〈廻使〉　天平宝字六年時の廻使には止利帯万呂・秦足人・額田部広浜・物部祢万呂・阿刀乙万呂の五人が確認できる。Ⓐ廻使止利（止理）帯万呂は、天平宝字六年正月十四日に造東大寺司牒を廻使として近江国滋賀郡の造石山寺所へ伝達する（古五―四）とともに、六人部荒角解文を平城京の造東大寺司へ伝達し（古五―四）、正月二十三日には造石山寺所の解文を造寺司へ伝達した（古五―一四二）。同年二月には「下銭七百廿五文　右、以正月廿五日、附止理帯万呂、上奈良寺」（古五―三五五）とみえ、造東大寺司と造石山寺所や造物所との間を廻使として廻っていた。Ⓑ天平宝字六年正月に造石山寺所領（古五―七三）であった秦足人は、正月二十九日に「以前四條事、付ニ廻使秦足人一」（古五―七七）と記されるように造寺司と造石山寺所の廻使となり、かつ、「造甲賀山作所解」（古一五―一五六）には塩を造石山寺所と造東大寺司へ返却する任務に当たった。二月から七月にかけては田上・甲賀山作所への下米使、上院務所から石山院務所への使者、近江国愛知郡封租米の徴米使として活動している。[19] Ⓒ播磨国美芸郡横川郷出身の造東大寺司仕丁額田部広浜は、六年三月から六月まで造東大寺司と造石山寺所と山作所との間の廻使として活動した。[20] Ⓓ物部祢万呂は、六年六月二十四日に造東大寺司より造石山寺所へ派遣された鉄工で、造石山寺所への廻使として牒を伝達している（古五―二四一）。Ⓔ阿刀乙万呂は、左京出身の造東大寺司仕丁、舎人、領であり、造東大寺司の廻使として難波交易使に符を伝達し（古五―三一三）、岡田鋳物師所運米使（古一六―一一一）、岡田入米検使（古一六―一三六）としても活動した。

〈便使〉天平宝字六年に便使であったのは品遅意思弓（品治君石弓）で、彼は正月七日の造東大寺司牒に「舎人品治君石弓　阿刀乙万呂　鉄工物部祢万呂　右三人、令㆑向如㆑件」（古五―三）とみえ、造石山寺所へ派遣され同所の領でもあった（古五―七三）。正月十五日に造東大寺司へ提出された造石山寺所解文（古五―三四）に「依㆓所大忙㆒、不㆑得㆓進上㆒、仍附㆓便使品遅意思弓等㆒、所㆑請如㆑件」とみえ、造石山寺所から造東大寺司へ便使として派遣された。また、二月三十日の造東大寺司請銭文案には「右、差㆓右大舎人少初位上品治君石弓㆒、充㆑使、所㆑請如㆑件」（古一五―一五六）とみえ、造寺司と造石山寺所の連絡の使者となっている。なお、人名不明の便使としては、作石山寺所から造東大寺司の政所への牒に「便使」（古五―三八）がみえ、また、七月二十五日の造石山寺所の解にも「附㆓便使㆒所㆑請如㆑件」（古一五―二二三）、年月日不詳の石山院牒（古一五―二五四）にも「付㆓便使㆒」とみえ、便使が派遣されていたことが知られる。

以上、造東大寺司における情報伝達には宅・所・庄の領・仕丁などが当たったが、廻使（止利帯万呂、秦足人、仕丁広浜、鉄工物部祢万呂）と便使（品遅意思弓）も派遣されていたことが確認でき、こうした使者によっても情報が伝えられていたことが知られるのである。

私信の伝達

京内における私信の伝達について、古瀬奈津子氏(21)は、あらかじめ提出する請暇（休暇）願は「解」の書式によるが、突然送付する欠勤届は丁寧な書状形式によったとし、「古代日本においては公私の場が分化しておらず、私用の書状というものが必要なかったと言えるかもしれない」と指摘している。あらかじめ提出する請暇解は本人が文書で提出するものであり、欠勤届である書状の多くは代理人が持参したと考えられる。その際に問題となるのは、差出人本人の意思を正確に表しているか否かの確認と内容の秘匿性であるが、この点については、文書の末尾の封や印の文字を書き記すことや、文書を入れるえぐりぬき木箱と文書を挟む封緘木簡などによって担保されていたのであろう。

つぎに、都鄙間という遠距離の伝達については、『万葉集』に大伴旅人と藤原房前、旅人と吉田宜の間での私信が残っているので、この私信について検討する。(22)

『万葉集』五巻八一〇～八一一番の詞書き

大伴淡等謹状

梧桐日本琴一面　対馬結石山孫枝

此琴夢化二娘子一曰、（中略）、即謌曰、（何時この琴は音楽を解する人の膝を枕にできるでしょうかとの八一〇番歌＝省略）、

僕報二詩詠一曰、（立派な人の手慣れた琴になることでしょうとの八一一番歌＝省略）、琴娘子答曰、敬奉二徳音一、幸甚〃〃、

片時覺、即感二於夢言一、慨然不レ得二止黙一、故附二公使一聊以進御耳　謹状不具

天平元年十月七日　附レ使進上

謹通、中衛高明閤下、謹空（謹んで手紙の末を白く残すとの意味）

跪承二芳音一、嘉懽交深、乃知三龍門之恩、復厚二蓬身之上一、戀望殊念、常心百倍、謹和二白雲之什一、以奏二野鄙之謌一、

房前謹状、（頂いた琴は、土に置いたりせずに大切にしますとの八一二番の歌＝省略）
謹通、尊門、記室
十一月八日、附二還使大監一

天平元年（七二九）九月に大宰帥であった大伴談等（大伴旅人）が桐琴とともに手紙を中衛高明（中衛府大将藤原房前）に差し出した手紙であるが[23]、その際に琴が大伴旅人の夢枕に現われ、琴の来歴を旅人に答えるという趣向で記され、僕（旅人）と琴（娘）との歌の遣り取りを記し、天平元年十月七日に「附二公使一」て平城京の藤原房前に出した。この旅人の手紙に対して、藤原房前は同年十一月八日に歌と手紙を大宰府へ戻る大監に付しておくったというものである。この書簡がやり取りされた時期は天平元年二月の長屋王の変の直後であることより、大伴氏における旅人の立場と藤原氏における房前の立場を考えるとき、大伴旅人の藤原房前に対する対応など、この書簡の持つ政治的な意味には興味深いものがあるが、ここでは書状の伝達の方法について述べるにとどめたい。何れにしても大伴旅人は書状と琴を「公使」に附して平城京へ送り、藤原房前はその返辞を「附二還使大監一」て伝達したことが知られる。

『万葉集』五巻八六四番の詞書き

宜啓、伏奉二四月六日賜書一、跪開二封函一、拝讀二芳藻一、（中略）、孟秋膺レ節、伏願萬祐日新、今因二相撲部領使一、謹付二片紙一、宜謹啓、不次（手紙の終わり、不具と同じ）

当時「方士」と称され[24]医師として著名であった吉田宜の天平二年四月六日に大宰帥大伴旅人から伝達された書状に対する返事であるが、それは「因二相撲部領使一」って大宰府長官の大伴旅人のもとへ伝えられている。この詞書きにより、旅人からの吉田宜への手紙が封函されていたことと、宜の旅人への返辞は相撲部領使に運んでもらったことが知られる。すなわち、都鄙間という遠距離の私的な情報伝達は「公使」「還使大監」「相撲部領使」に便付して運んでいたことが確認できるのである。

以上の検討より、文書伝達は専使・駅使・四度使だけでなく他の目的で都鄙間交通する人々によることが多く、都鄙間交通者が公私の文書伝達者であったことが知られ、あらゆる交通において精神的領域での交通が存在していたことを示すといえるのである。

二　人々の移動と情報伝達

古代の列島内部を移動した人々には、中央政府の官僚、郡領氏族、一般公民、僧侶などが存在するので、それらの移動と情報伝達との関係について検討することにしたい。

1　人々の移動

官人の移動　畿内豪族出身の中央官僚の交通には、都鄙間交通と、中央官人として京に集住したために発生する本拠地経営のための近距離交通が存在するが、彼らの遠距離交通には、地方官となることに伴う赴任・帰任、朝集使、駅使としての都鄙間交通があった。没落外蕃者の帰国、国司の欠員、誤って烽を放った場合、祥瑞等の発生、軍団兵士を発した時、謀反などの密告のあったとき、再審が必要な場合、その他の緊急事態を通報するための駅使としての交通である[25]。国司としての都鄙間交通には、任務である四度使と奉幣使、巡察使・問民苦使、特命使、さらに、官符逓送使、諸物の貢上使、部領使（調庸物・防人・相撲人・御馬など）などがあるが、以上のなかでも地方から上京する場合は、地方に伝符が配置されていないことよりして国・郡衙の交通機能を利用したと考えられる[26]。

畿外の郡領氏族を主とする地方豪族の都鄙間交通には、調庸物運京、舂米や律令官物の運京、兵衛・采女貢進にともなう交通と荘園経営に関する交通、伊勢出身の飯高生足・相模国造漆部直伊波・梄磐嶋などにみられる遠距離交易[27]

のための移動も存在していた。こうした交通の最大の特徴は単なる経済的・政治的交通だけでなく情報交換という精神的交通でもあったことで、その情報交換の場所としては、地方市と東西市、人と物の集積地（主要道路の交差点、温泉地、渡津、地方市場、宿泊場所）が想定され、そこで交換された情報には、職務に関連する情報とともに、直接でないが職務上の交流による情報、地誌や交通路情報、京内の情報や種々雑多な噂話が存在したと考えられる。(28)

一般公民の移動　一般公民の交通にも公的なものと私的なものがあり、私的交通としては、交易のための交通、行楽としての交通、婚姻にともなう交通、宗教活動としての交通、生業としての交通、移住のための交通などがあげられる。それに対して、公的な都鄙間交通としては、調庸物の運脚、官物の運京、仕丁・丁匠・防人・衛士・雇役民の交通があり、国内交通として国・郡衙での力役に赴く交通をあげることができ、何れも力役という要素を持つ強制された交通であるのが特徴である。公民の都鄙間交通が想像以上に膨大なものであったことは論じたところで(29)、その膨大な都鄙間交通は少なくとも八世紀代においては実態であり、公民に都鄙間交通を強制したことは、文書や口頭で伝えられた諸情報を公民自らが都鄙間を交通することによって、公民自身が表面的ではあるにせよ情報の信憑性を確認することができたということが重要である。

僧侶の移動　広範な交通をおこなった者に僧侶がいたことは、社会事業と布教活動がその活動目的であったことに起因し、以下の諸史料で確認することが可能である。八世紀代では、『続日本紀』文武四年三月己未条の道照和尚卒伝「周二遊天下一、路傍穿レ井、諸津済處、儲レ船造レ橋」、『行基年譜』天平十三年記の交通施設記事と四九院(30)の存在、東大寺布施屋(31)などで確認できる。九世紀代では、『類聚三代格』承和二年六月二十九日太政官符「応下造二浮橋布施屋一并置中渡船上事」の墨俣川両岸の布施屋修造が大安寺僧侶と両国講読師・国司によっておこなわれたこと、『類聚三代格』貞観九年三月二十七日太政官符「応レ令二播磨国聴レ造二魚住船瀬一事」の近江和迩船瀬と摂津魚住船瀬の維持管理が元興寺伝燈法師賢和の活動によったことで知られる。こうした事柄は、宇治橋断碑の「構二立此橋一、済二度人畜一」との記載にみえる彼岸への済度[32]という仏教のもつ特質と関連するであろう。さらに、『日本霊異記』にみえる僧侶の諸交通を抽出列記すると、①元興寺慈応法師の京から播磨国飾磨郡濃於寺への移動（上巻11話）、②薬師寺題恵法師の京から紀伊国伊都郡狭屋寺への移動（中巻11話）、③元興寺僧豊慶の京から紀伊国那賀郡弥気山室堂への移動（下巻17話）、④大安寺僧恵勝の京から近江国浅井郡陀我社の堂への移動（下巻24話）、⑤寂林法師の紀伊国名草郡能応里から加賀国畝田村への移動（下巻6話）、⑥名前不明者の豊前国宇佐郡矢羽田から肥後国八代郡豊服郷への移動（下巻19話）のように、広範な交通の存在が知られ、①～④は京の官大寺の僧侶が地方に行き布教活動したことを示すもので、⑤・⑥によって地方の僧侶の移動は数カ国にわたる広範なものであったことが知られるのである。

そして、天平十年の駿河国正税帳の「巡行部内國師明喩 上一口 童子一口 沙弥一口　六郡別一日食為　単壹拾捌日 上十二口 従六口」（古二―一〇九）と、『万葉集』四〇七〇番の題詞の「右、先國師従僧清見可レ入二京師一、因設二飲饌一饗宴、于レ時主人大伴宿祢家持作二此歌詞一送二酒清見一也」と『万葉集』四〇七一の題詞の「右、郡司已下子弟已上諸人多集二此會一、因守大伴宿祢家持作二此歌一也」より、国師が国内を巡行して諸郡司と交流したこと、国師の都鄙間交通に国司が郡領氏族とともに宴会を催していたことが確認でき、国師が国郡司とそれにつながる人々と交流していたことが知られる。今、そうした法会における交流の存在を示す史料を『日本霊異記』より抽出するとつぎのようである。

中巻二〇話には「女在二任縣国司館一、所レ生子、遊二館庭中一、母屋裏裏、二子、見下有二七僧一坐二乎居屋上一而読上経也、二子白レ母言、屋上在二七軀法師一、而読レ経矣」とみえ、かかる説話が成立するには国司館で法会がおこなわれていたことを前提とする。また、衣縫伴造義通の「飾レ堂、屈二請義禅師一、先潔二其身一、香水澡浴、依二方広経一」（上巻8話）、大和国添上郡山村中里の椋家長公が「依二方広経一欲レ懺二先罪一、告二使人一云、応レ請二一禅師一、其使人問曰、何等師、答曰、不レ擇二其寺一随レ遇而請、其使随レ願請二得路行一僧一帰レ家、家主信心供養」（上巻10話）、伊賀国山田郡噉代里の高橋連東人が母のために法華経を写経し、「請下於二我願一有縁之師上、欲レ所二済度一、厳二法会一訖」（中巻15話）などより、自宅の堂内に僧侶を喚び方広経を読んでもらい、読経後に施主宅に一泊した僧侶が翌朝に親族を集めておこなう法会には「法会之衆」も参加していたことが知られる。また、「漁夫悚慄詣二濃於寺一、於大衆中懺レ罪懇、施二衣服等一令レ誦レ経」(上巻11話)、「欲レ解二父縛一、便詣二僧房一、勧二請禅師一、禅師問二知其状一而不レ肯レ行、二子懃重拝敬、請レ救二父危一其師乃徐行、誦二観音品初段一」(上巻15話)、「一日一夜受二八斎戒一、参二行悔過一、居二於衆中一」(中巻11話)より、播磨国飾磨郡濃於寺での法会に「大衆」が参加していたことが確認でき、また、寺に赴いての法会もおこなわれ、そこには血縁関係のない人びとも参加していたことが知られる。以上の『日本霊異記』の記述より法会の特徴を要約すると、①法会の場所は国分寺・国分尼寺という公的寺院や氏寺だけでなく有力氏族の自宅内の仏堂や国司館でも開催されていた。②法会の僧侶には地元の僧侶だけでなく、遊行の僧侶や京の官寺の僧侶などが招請され、地元の寺院と人々という関係はそれほど強く存在していなかったと憶測できる。③法会に参加したのは法会を主催した檀越(法会の施主)とその家族と一族だけでなく、地元の一般の人々も参加し、基本的には一泊二日以上でおこなわれた。④方広経か法華経の誦経がおこなわれた後に説法がおこなわれたといえるであろう。

『東大寺諷誦文稿』[33]によると、僧侶の説法は最初に檀越の徳を讃え、ついで法会の場である仏堂と参加者への賛辞を述べ、法会の中心は仏教の教義でなく檀越と法会の場所と参加者について言及するものであった。『東大寺諷誦文稿』の三二六~三三三行では、東西の国々から租税を負って都へ向かいながら、生きて再び故郷に帰ることのできなかった民衆の惨状を描写し、そうした彼らの亡霊が甚だ多いにもかかわらずその救済をする人もいないという現状を述べ、「故垂二平等之諷誦一」れ供養しようと記し[34]、一四〇~一四三行では「各世界に正法を講説したまふ者は、詞に导解無し、謂はゆる大唐・新羅・日本・波斯・混崙・天竺の人集まれば、如来は一音に風俗の方言に随ひて聞かしめたまふ、仮令、此の当国の方言・毛人の方言・飛弾(騨)の方言・東国の方言、仮令、飛弾(騨)の国の人に対ひては、飛弾の国の詞にて説きたまふ云、訳語通事の如し云」と記している。鈴木景二「都鄙間交通と在地秩序[35]」の指摘によると、

『東大寺諷誦文稿』は中央の僧侶が説法する際の手引き書で、僧侶は説法する対象を考えて法話をおこない、法会は交通の要衝地の仏堂において調庸運脚夫を前にしておこなわれることもあったという。

以上よりして、古代の交通は、物資の運送、赴任、布教という特定の目的のためにおこなわれるのであるが、その際に人々との交流がおこなわれ、そこでは諸情報の交換がおこなわれたことが確認できるのである。

二　情報交換の場所と種類

情報交換の場所　情報が交換される場所は数多くの人々が交流する場所で交通の要衝の地であることは、不特定多数者に情報発信する告知・牓示などが「於二所在条坊及要路一明加二牓示一」・「牓二示街衢一」・「牓二示路頭一」・「要路牓示」・「牓二示山口（及津頭）一」・「牓二示路頭津辺一」と記され、牓示木簡が出土した石川県加茂遺跡が水陸交通の交点であったことで明かである。(36) さらに、文書伝達の存在は確認できないが、口頭で情報伝達された場所として津・温泉地・市・景勝地が存在していたことは以下の諸史料で確認できる。

すなわち、『常陸国風土記』茨城郡高浜条における霞ヶ浦湖上交通と下総・常陸の陸上交通の結節点でもある高浜津の記事、『出雲国風土記』意宇郡忌部神戸条と嶋根郡朝酌促戸渡条にみえる宍道湖の湖上交通と意宇郡忌部神戸や朝酌促戸渡の記事、『出雲国風土記』仁多郡条の記事などより、人々は津・温泉地・市・景勝地に多く集合し交流していた。(37) また、常陸国の筑波山と童子女松原、摂津国の歌垣山、肥前国の杵島岳、大和国の海石榴市、朱雀門前、河内国の由義宮などで開催された歌垣の場もその役割を果たしていたと考えられる。

さらに、法会の場である村落内寺院とともに、村落内神社もその役割を果たしたことは、『令集解』儀制令春時祭田条の古記説と一云の「古記云、春時祭田之日、謂国郡郷里毎レ村在社神、人夫集聚祭、若放二祈念祭一歟也、行二郷飲酒禮一、謂令下其郷家一備設上也、一云、毎レ村私置二社官一、名称二社首一、村内之人、縁二公私事一、往二来他国一、令レ輸二神幣一、或毎レ家量レ状取二斂稲一、出挙取レ利、預造二設酒一、祭田之日、設二備飲食一、并人別設レ食、男女悉集、告二国家法一令レ知訖、即以レ歯居レ坐、以二子弟等一充二膳部一、供二給飲食一、春秋二時祭也、此称二尊長養老之道一也」より知ることができる(38)。すなわち、春時祭田之日に村落内神社に集まって「郷飲酒禮」することがあり、その際に様々な日常の話を含む情報交換がおこなわれたのである。一云の「村内之人、縁二公私事一、往二来他国一、令レ輸二神幣一」との記載は、村人が公私の事により他国へ交通する際に「神幣」を出していたことを示し、他国への交通安全の祈願をおこなうために酒を用意するという。こうした他国への交通祈願が一般的であったことは、『万葉集』二〇巻四三九一番の下総国結城郡の忍海部五百麿の歌「国国の、社の神に、幣帛まつり、贖こいすなむ、妹がかなしさ」で知られる。岩波古典文学大系『万葉集』四の頭注によると、「国々の社の神に幣帛を奉って、贖物をして祈っている妻がいとしい」という大意で、神へ幣帛を奉る目的の一つに、旅の無事の祈念ということがあったことが知られる。そして、それが村内の人々とともにおこなわれることは、旅行における種々の情報（交通路・宿泊施設・水飲み場）を確保することにあったと考えられるのである。さらに、「祭田之日、設二備飲食一、人別設レ食、男女悉集、告二国家法一令レ知」は国家の法令についての口頭伝達が行われていたことを示唆するものである。

以上よりして、古代の人々は地方市場、津や街（交通路の交点）、村落内寺院と村落内神社、歌垣の場などで口頭により種々の情報を確保していたと考えられる。

情報の種類　情報の種類としては、公式令詔勅頒行条と石川県加茂遺跡出土の牓示木簡、儀制令春時祭田条古記一云がいう「国家法」と詔勅や太政官符の国家意思、公民に強制された都鄙間交通に関する種々の情報（交通路・宿泊場所・水の見場）、日常生活から婚姻・葬式の儀式や歌垣などでの種々雑多な情報、人物評価をも含む噂話、海外情報、産業情報などが存在した。海外情報の伝達は栃木県那須郡湯津上村の「那須国造碑」や則天文字の出土状況より想定でき、「難波津に、咲くや、この花、冬籠り、今は、春べと、咲くや、この花」との歌が宮・京だけでなく徳島県観音寺遺跡、滋賀県湯ノ部遺跡より出土し、「論語」木簡も都城と静岡県城山遺跡、徳島県観音寺遺跡、兵庫県袴狭遺跡と柴遺跡、長野県屋代遺跡群より出土し、広範に伝えられていたことが知られる。産業情報としては、用水施設・水車などの造営技術と種籾の知識、繊維生産を主とした産業技術情報が存したことは、熱心な勧農政策と多様な「種子札」の出土が全国各地より出土していること[39]で確認できる。

個人宅での情報交換　特定の人々が個人宅に集まり情報の交換がおこなわれたであろうことは、『懐風藻』の長屋王家で開催された詩宴に種々の分野より数多くの人々が参集していたことより知られる。また、『万葉集』によると、天平勝宝三年十二月十二日から同九歳六月二十三日の間に十九回開催された大伴家持を中心とする宴が、紀飯麻呂・大伴古慈斐・橘諸兄・石上宅嗣・大伴家持・山田御母・丹比国人・大伴池主・大原今城・三形王宅において開催され、それぞれに多様な人々が参加していたことが知られる。前者の詩宴の性格について、石母田正氏は「風流文雅の士の間に交わされる『清談』の場[40]」とし、寺崎氏は長屋王宅の「サロン[41]」であるとする。しかし、後者の宴に参加している人々の中に、橘奈良麻呂の変に反仲麻呂派として罰せられた人々がみられ、岸俊男氏は「家持をめぐって開かれた歌会に集う人びとがこのようであれば、家持の心情も十分に推知できる[42]」と述べている。こうしたことよりすると、特定の人が中心になって開催される詩宴・歌会への参加者にはある種の傾向がみられ、そこで情報のやり取りがおこなわれ、かつ、ある種の目的が存在した可能性を見ることは決して不可能ではなかろう。

三　世論形成と情報操作

情報は発信者が意図を持って発信され、それには世論形成を意図する場合があり、かかる世論形成の一つとして古代官人と氏族の評判の存在があげられる。古代社会における氏族の評判は意図的に形成される場合があったのではないかと考えられるので、以下において、世論形成と情報操作について考えたい。

正史にみえる代表的な氏族の特徴・評判としては、『続日本紀』天平勝宝元年四月甲午朔条の「又大伴佐伯宿祢波、常母云如久、天皇朝守仕奉、事顧奈伎人等尓阿礼波、汝多知乃祖止母乃云來久、海行波美豆久屍、山行波草牟須屍、王乃幣尓去曾死米、能杼尓波不死止、云來流人等止奈母聞召須」と『続日本紀』天平宝字元年七月戊申条での「又大伴・佐伯宿祢等波、自遠天皇御世、内乃兵止為而仕奉来」という大伴・佐伯氏の特徴・評判記載をあげることができ、大伴・佐伯氏は「天皇が朝守り仕えまつる」存在で、かつ、「内乃兵止為而仕奉来」と孝謙天皇の詔で述べられている。かかる大伴氏の評判の形成は、言うまでもなく氏族の歴史的伝統を背景とするのであるが、『万葉集』三巻四八〇番で「大伴の、名に負ふ靫負ひて」、同一八巻四〇九四番で「大伴と、佐伯の氏は、人の祖の、立てる言立、人の子は、祖の名断たず、大君に、奉仕ものと、言ひ継げる」と、大伴氏自らが「大伴の名に負ふ」と「言ひ継げる」と歌いあげていることが注目される。このように、氏族の特徴を歌いあげたのは大伴・佐伯氏だけでなく、多くの氏族がおこなっていたことは、記紀の歌謡にその一端をみることができる。久米氏が「みつみつし、来目の子らが」、「蝦夷を、一人、百な人、人は言へども、抵抗みせず」との歌いあげているのはそうした代表例で、「あたらしき、猪名部の工匠、繋けし墨縄」、「近江のや、毛野の若子い、笛吹き上る」、「真蘇我よ、蘇我の子らは、馬ならば、日向の駒、太刀ならば、呉の真鋤、諾しかも、蘇我の子らを、大君の、使はすらしき」、「太秦は、神とも神と、聞こえくる」というのも、自らの系譜とその特徴を畿内王権の形成と関連づけて歌いあげており、諸氏族はその特徴を様々な場所や形態で自己主張していたと考えられるのである。そして、こうした自己主張をも参考にして、個人・氏族の評判が形成されていったであろうことは『日本霊異記』や正史にみることができる。

『日本霊異記』上巻二五話にみえる中納言従三位大神高市麻呂の説話は、『日本書紀』持統六年二月丁未条の「中納言直大貳三輪朝臣高市麿上レ表敢直言、諫下争天皇欲レ幸二伊勢一、妨中於農時上」との関連が注目されるが、書紀にみえない記事もあり、「忠臣也」は『日本霊異記』の独自の評価であり、それは当時の人々に認知されていたからと考えられる。『日本霊異記』中巻四〇話の橘奈良麻呂の話は、『続日本紀』にはみえず一般の人々の間で形成されていた話であろう。『日本霊異記』下巻三六話の藤原永手の男家依に霊がとりついたという話も正史にはみえず、なんらかの記録を『日本霊異記』が集録したものと考えられ、かかる噂話が存在していたことが想定できるのである。[43] また、『続日本紀』天平宝字元年四月辛巳条の「立二道祖王一、而不レ順二勅教一、遂縦二淫志一、然則可レ擇二舎人親王子中一、然船王者閨房不レ修、池田王者孝行有レ闕、塩焼王者　太上天皇責以二無礼一、唯大炊王、雖レ未二長壮一、不レ聞二過悪一」は、為にする評価であるが、全くの絵空事ではなく一定の論拠が存在したのではないだろうか。また、『文徳天皇実録』仁寿二年二月乙巳条の「又聞、少貳従五位下小野朝臣恒柯、筑前守従五位下紀朝臣今守、有レ意二執論一、無レ力二矯枉一、未レ審二虚實一、唯得二耳剽一、臣不レ勝二血誠一、伏觸二逆鱗一、言詞切直、默止不レ省」との記事は、嘉祥二（八四九）年頃に、少貳小野朝臣恒柯と筑前守紀朝臣今守が事の虚実を調査することなく噂によって判断していたことを物語るもので、噂話が飛び交っていた可能性を示唆するのである。すなわち、古代の官人社会において個人に対する評価や噂話が存在し、一定程度の役割を果たしていたと考えられるのである。さらに、『日本書紀』にみえる数多くの童謡についての一般的見解は「事件と無関係の独立の歌謡を、事件後それに結びつけてその前兆と解し、潤色のため挿入したもの」と考えられている。[44] しかし、多田一臣氏が指摘[45]するように、一定の社会的背景を持ったものであったと考えられることは、『続日本紀』養老元年四月壬辰条が記す「方今小僧行基、幷弟子等、零二疊街衢一、妄説二罪福一」や同養老六年七月己卯条「乞二食於街衢之間一、或僞誦二邪説一」などより、社会的事件の発生に際し、種々の諷諫・童謡が発生したことは事実であったと考えられるのである。

以上のように評判・噂話、童謡が存在したことは事実であるが、問題はそれが何処で発信されどのようにして伝達されたのかという点にある。発信場所はすでに論じたように市場・津・宿泊施設と飲食場所や数多くの人々が集まる場所であった。『類聚三代格』天平神護二年正月十四日の太政官符「禁二断両京畿内踏歌一事」で「右被二大臣今月十四日宣一偁、奉レ勅、今聞、里中踏歌承前禁断、而不レ従二捉搦一猶有二濫行一、厳加二禁断一不レ得二更然一、若有二強犯一者追捕申上」と、平城京だけでなく畿内における踏歌の禁止を命じていることは、全国の歌垣や踏歌にさいして評判・噂話や童謡が飛び交っておりそのことを問題視したのではないか。そして、律令政府は人々が数多く集まる場所で情報を収集していたことは、『類聚三代格』貞観九年三月二十七日の太政官符「応下勤施二方略一早断中盗賊上事」の「亦其市津及要路、人衆猥雑之所、多施二方略一勤設二偵邏一、募以二捕獲之賞一、示以二容含之事一、使下奸濫之徒一無上レ所レ留レ跡、若不レ加二慎行一、重致二解體一者、必処二重責一、不二曾寛宥一」で確認できる。つまり、海賊情報を「市津及要路、人衆猥雑之所」に求めていて、情報の管理と収集をおこなっていたのである。

さらに、『今昔物語』巻一四「弘法大師、挑二修円僧都一語第四十」の弘法大師と山階寺の修円僧都の対立を記す説話は注目される。修円が法力で栗を煮るのをみた嵯峨天皇が修円を褒め称えたため、弘法大師は「己レ候ハム時ニ、彼ヲ召テ令煮メ可給シ、己レハ隠レテ試ミ候ハム」と言い、修円僧都が法力で栗を煮ようとしたのを法力で妨害したために煮ることができなかった。そのため、「互ニ『死〃ネ』ト呪咀シケリ、此ノ祈ハ互ニ止メテムトテナム延ベツツ行ヒケル」というように険悪な関係となった。その後、「弘法大師謀ヲ成テ、弟子共ヲ市ニ遣テ、『葬送ノ物具共ヲ買フ也』ト云セムトテ令買ム、『空海僧都ハ早ク失給ヘル、葬送ノ物ノ具共買フ也』ト教ヘテ令云ム、修円僧都ノ弟子此ヲ聞テ、喜テ走り行テ、師ノ僧都ニ此ノ由ヲ告グ、僧都此レヲ聞テ、喜テ、『慥ニ聞ツヤ』ト問ニ、弟子、『慥ニ承ハリテ告申ス也』ト答フ、僧都、『此レ他ニ非ズ、我ガ呪咀シツル祈ノ叶ヌル也』ト思テ、其ノ祈ノ法ヲ結願シソ。其ノ時ニ、弘法大師人ヲ以テ窃ニ修円僧都ノ許ニ、『其ノ祈ノ法ノ結願シツヤ』ト問ハス。使返来テ云ク、『僧都、「我ガ呪咀シツル験ノ叶ヒヌル也」トテ、修円ハ喜テ、今朝結願シ候ニケリ』ト、其ノ時ニ、大師切リニ切テ其ノ祈ノ法ヲ行ヒ給ヒケレバ、修円僧都俄ニ失ニケリ」と記されている。この説話は、東寺長者藤原経範が寛治三（一〇八九）年に集録した『大師御行状集記』（『続群書類従』巻二百六）の「守圓僧都参㆓内裏㆒、加㆓持生栗㆒、以㆓呪力㆒成㆓蒸茄栗㆒、調㆓甘味数々㆒為㆑貢㆑御、而大師参内之時勅言、守圓之法力乗如㆑是、和尚何如㆑彼不㆑貢㆑御哉、答奏言、侍㆓御前㆒之間、見㆓彼作法㆒、於㆑是被㆑召㆓居大師於御簾之内㆒、召㆓守圓㆒、如㆑例賜㆑栗令㆓加持㆒、只如㆑本先作㆑法、猶強維㆓祈念㆒无㆓変色㆒、懐㆑恥退出了、以知被㆑押㆓大師威徳失㆑法験㆒也」によるものであろう。何れにしても問題は、弘法大師と興福寺の修円僧都とのあいだの法力争いが事実か否かということでも、どうして空海のかかる話が伝えられたのかということではなく、空海が市において情報操作をおこなったと記していることである。無論、空海がこうした情報操作をおこなったか否かも本当のところは確認できないのであるが、それは問題ではなく、市場での情報操作がおこなわれうることを当時の人々が理解していたことは事実と考えられることである。

おわりに

古代における情報伝達の中心であった文書伝達は、迅速・正確・秘匿性という長所があったが、その空間的な拡大という点と個々の人格的結合という点では不充分であった。そのため、公的情報は太政官から郡衙までは文書伝達であるが、郡衙から一般公民への伝達には口頭伝達が併用された。つまり、情報の空間的拡大にとっては口頭伝達が不可避であったが、口頭伝達のみでは内容の妥当性とその正当性に問題があったため、公式令に規定された文書による伝達を基本としたのである。さらに、古代の情報伝達は人の移動と交流によることより、律令政府は公民に都鄙間交通を強制して公民自らが伝達された情報の追確認システム（調庸物の陸路・人担方式）を作り上げたのである。全ての情報伝達は人々の移動にともなう交流の結果であることよりして、古代交通における精神的領域における交通とはかかる情報伝達ということが基本にあったのではないか。少なくとも、律令国家の理念としては在地首長が交通を独占することを防止しようとし、国家が発信した情報を公民自に都鄙間交通を強制することで追確認させようとしたのではないかと考えられる。そして、かかる精神的領域における交通による情報伝達には世論形成といった側面も存在し、情報操作ということも存在していたのではないかと考えたところである。

論じてきた情報伝達の特質・実態は、律令規定の理念とそれによる公民の都鄙間交通が現実に強制されていた八世紀の第3四半期以前の姿であり、八世紀末以後になると徐々に公民に対する都鄙間交通の強制力が弱体化することで公民による都鄙間交通は少なくなり、さらに、九世紀後半になり国郡司による官物運京の請負制が進展すると、駅制の衰退と相俟って、権門勢家の資人や中央官司の下級官人化した富豪浪人や地方豪族、または、受領化していく国司などが都鄙間交通を独占するようになり、交通・情報より一般公民は疎外されていったのである。

注

（1）『日本の古代国家』岩波書店、一九七一年。

（2）坂本太郎『上代駅制の研究』（至文堂、一九二八年）や田名網宏『古代の交通』（吉川弘文館、一九六九年）が明らかにしたのは①・②の点であり、③についての指摘はない。しかし、③の点は古代交通を考えるに際して無視することはできないと考える。

（3）拙稿「百済の役と伊予国」『熟田津と古代伊予国』創風社出版、一九九二年。

（4）拙著『日本古代水上交通史の研究』（吉川弘文館、一九八五年）・『古代国家と瀬戸内海交通』（吉川弘文館、二〇〇四年）。

（5）早川庄八「前期難波宮と古代官僚制」（『日本古代官僚制の研究』岩波書店、一九八六年）は口頭伝達から文書伝達への移行を想定し、東野治之「大宝令前後の公文書制度」（『長屋王木簡の研究』塙書房、一九九六）は前後関係でみるべきでないとする。

（6）小林敏男「宣命と詔書式」（『鹿児島短期大学研究紀要』二七、一九八一年）、森田悌「詔書・勅旨と宣命」（『日本歴史』四

六二、一九八六年）、櫛木謙周「宣命に関する一考察——漢文詔勅との関係を中心に——」（『続日本紀研究』二一〇、一九八〇年）、大平聡「奈良時代の詔書と宣命」（『奈良平安時代史論集』上巻、吉川弘文館、一九八四年）などをあげることができる。

（7）鐘江宏之「口頭伝達の諸相」（『歴史評論』五七四、一九九八年）・「律令行政と民衆への情報下達」（『民衆史研究』六五、二〇〇三年）。大平聡「音声言語と文書行政」『歴史評論』六〇一、二〇〇一年。川尻秋生「口頭と文書伝達——朝集使を事例として——」『文字と古代日本2　文字による交流』吉川弘文館、二〇〇五年。

（8）平川南監修『発見！古代のお触れ書き』大修館書店、二〇〇一年。

（9）『古代日本　文字の来た道』大修館書店、二〇〇五年。

（10）拙稿「地方官の交通と伝馬制」（『交通研究』一一、二〇〇二年）で論じたように、古代の交通を駅馬・伝馬の二重構造と捉えてよいか疑問であり、駅家と郡衙の交通制度の二重構造とすべきと指摘したように、国家意思の伝達のための駅制とそれ以外の国・郡衙が保持する官人の移動制度と考えるのである。

（11）森哲也「律令制下の情報伝達について——飛駅を中心に——」（『日本歴史』五七一、一九九五年）、永田英明「馳駅制度と文書伝達」（『ヒストリア』一五七、一九九七年）。

（12）徳島県埋蔵文化財センターによる諸報告、和田萃氏の二〇〇六年の木簡学会での報告、拙稿「古代四国の出土文字資料」『資料学の方法を探る』六、二〇〇七年。

（13）秋田城跡調査事務所研究紀要Ⅱ『秋田城出土文字資料集Ⅱ』一九九二年。

（14）平川南『よみがえる古代文書』（岩波書店、一九九四年）・「出土文字資料よりみた地方の交通」（『古代交通研究』一一、二〇〇二年）。

（15）「所謂『伊予国正税帳』について」『書陵部紀要』一三、一九六二年。

（16）坂本太郎「朝集使考」著作集第七『律令制度』吉川弘文館、一九八九年。

（17）川尻秋生「口頭と文書伝達——朝集使を事例として——」（前掲）。

(18) 拙稿「『所』と『領』」『律令制社会の成立と展開』吉川弘文館、一九八九年。なお、他の連絡者として「部領使」「〇〇使」「還使」などが知られるが、多くの場合は「付二(人名)一」とみえ、領・仕丁などが文書の伝達をおこなっていたと考えられる。
(19) 『日本古代人名辞典』(吉川弘文館、一九六六年)第五巻一三五四・五頁。
(20) 『日本古代人名辞典』(吉川弘文館、一九六六年)第五巻一二九五・六頁。なお、美芸郡横川郷(古一五―一二五七)は美嚢郡のことである。
(21) 「手紙のやりとり」『文字と古代日本4　神仏と文字』吉川弘文館、二〇〇五年。
(22) この大伴旅人と藤原房前・吉田宜との手紙のやり取りについての研究には、胡志昂「日本琴の歌」(神野志隆光・坂本信幸『万葉の歌人と作品』四、和泉書院、二〇〇〇年)と谷口孝介「吉田宜の書簡と歌」(神野志隆光・坂本信幸『万葉の歌人と作品』四、和泉書院、二〇〇〇年)が存在している。なお、本文中に( )で記したのは古典文学大系『万葉集二』(岩波書店、一九五九年)の頭注による。
(23) 古典文学大系『万葉集二』(岩波書店、一九五九年)六九、八七〜八八頁による。
(24) 沖森・佐藤・矢島『藤原氏家伝』吉川弘文館、一九九九年。
(25) 坂本太郎『上代駅制の研究』(前掲)。
(26) 拙稿「地方官の交通と伝馬制」『古代交通研究』一一、二〇〇二年。
(27) 栄原永遠男「奈良時代の遠距離交易」『奈良時代流通経済史の研究』塙書房、一九九二年。
(28) 拙稿「地方豪族の都鄙間交通」『愛媛大学法文学部論集　人文科学編』二二、二〇〇七年。
(29) 拙稿「古代の民衆交通」科学研究成果報告書『四国遍路と世界の巡礼』二〇〇五年。
(30) 四九院が行基集団の布教活動の拠点となっていることは、四九院の名称と社会事業名とが一致することに依る。
(31) 天平宝字五年十一月二十七日の十市郡司解(『大日本古文書』五巻、五二〇頁)と宝亀二年二月二十三日の十市布施屋見在物注進解(『大日本古文書』六巻、一二一・一二頁)。
(32) この点は舘野和己『日本古代の交通と社会』(塙書房、一九九八年)が指摘している。

(33)中田祝夫『東大寺諷誦文稿』勉誠社、一九七六年。築島裕編『東大寺諷誦文稿総索引』汲古書院、二〇〇一年。
(34)鬼頭清明「日本古代民族文化形成の諸前提」『歴史評論』四七七、一九九〇年。
(35)『日本史研究』三四九、一九九四年。
(36)拙稿「古代の牓示について――不特定多数者への情報発信形態――」『愛媛大学法文学部論集　人文科学編』二一、二〇〇六年。
(37)拙著『日本古代水上交通史の研究』吉川弘文館、一九八五年。
(38)『令集解』儀制令春時祭田条の古記説・一云説についての研究は、義江彰夫「儀制令春時祭田条の一考察」(『古代史論叢』中巻、吉川弘文館、一九七八年)以来、種々論議されているが、ここでは交通についてのみ論ずる。
(39)平川南「木簡と農業」『古代地方木簡の研究』吉川弘文館、二〇〇三年。
(40)石母田正「詩と蕃客」『日本古代国家論　第一部』岩波書店、一九七三年。
(41)寺崎保広『長屋王』吉川弘文館、一九九九年。
(42)『藤原仲麻呂』吉川弘文館、一九六九年。
(43)なお、『続日本紀』延暦四年六月癸未条には「參議兵部卿從三位兼侍從下総守藤原朝臣家依薨、贈太政大臣正一位永手之第一子也」とみえる。
(44)『国史大辞典』一四巻、川副武胤氏執筆、吉川弘文館、一九九三年。
(45)「童謡覚書」『古代文化』二九―四、一九七七年。

日本古代木簡と『私信』の情報伝達ノート
――啓とその背景――

小林昌二

はじめに

日本古代について情報伝達の語を用いた研究は新しいが、その因となり果になった行為は古く、文字を始用したことで日本の古代が、その情報伝達の大きな画期の一つとなったことにある。このテーマによる全体的な研究を志し、当面する成果を史料学に結実させようとする研究はすでに松原弘宣氏らによって試みられ、大きな見取り図が提示もされている(1)。情報伝達の問題を考えようとする場合、令制国家機関や権力などによる命令伝達は公式令等により制度化されており分かりやすいのであるが、逆の上申伝達および令制成立過程やそれ以前ともなると不明な部分が多くなる。そこにおける伝達の意思としてまず個人の個別的な意志がいかなるものか、又それが如何に関わっているかを考えてみる領域があるように思われる。

したがってそうした場合、まず日本古代に使用された情報の媒体である古代木簡が、紙による文書と併用される社会において、どのように情報伝達の機能と役割を担ったかという一般的な関心に基づいて、その関係を端的に示すものに封緘木簡がある。

ここでもこうした情報伝達における国家・行政機能と木簡の関係が基本的であるが、それと対比される私信（書簡）

からも考えてみたいと思う(2)。

また私信（書簡）は、古代国家が採用した公式令によらないものであり、それがどのような形態によって行われるかは、これをやりとりする情報伝達の主体の特色を考察することに資すると考えられる。なぜなら、個人から出す文書については、啓という唐制の様式が一般的であるが、しかし牒によるという興味深い指摘もある(3)。これらを踏まえ考えてみたい。

一　封緘木簡と私信

紙と木を媒体として併用する日本古代の情報伝達における木簡は、書かれた文字や内容が広く見られ、また理解されることを期待する古代のマス・メディアともいえる告知札や牓示札があり、また機関関係者において理解されるべき各種の上申・下達の文書木簡やさまざまな必要に応じた付札、過所、召文、暦木簡などがある。他方、特定の宛てた人以外には秘匿さるべき情報を伝達しようとする機能を明瞭にもった木簡として封緘木簡などがある。

平城京や新潟県八幡林官衙遺跡などの各地方官衙遺跡から出土した封緘木簡を詳しく検討した佐藤信氏は、具体的な指摘と共に結論的な次のような興味深い総括的指摘を行っている(4)。

①平城京における紙の文書とともに利用される封緘木簡の作法が一般的に存在していたこと

②貴族の邸宅などを中心として紙の文書のやりとりがかなり広範に行われていた状況が推測できること、またその使用は藤原京時代にもおよぶと推測できること

③地方官衙においても八世紀の段階から広範に封緘木簡が使用されており、紙の文書の往来が行われていたことを意味し、古代の律令制がもった文書主義の普及・展開や、識字層の拡大などに関して提起する問題は大きい

こと
④書状様など狭義の文書木簡が出土しつつあることが注意され、封緘木簡の使用法と古代の書札礼との関係を考えなくてはならないこと
⑤こうした封緘木簡の問題は、紙の文書によるやり取り、中でも他読を許さないための手続き、つまり書札礼が推測できること
⑥中国における「検」の機能に似ているが、また相違することもあり、飛駅函の作法などから、文書箱の封緘に係る封緘木簡等にも問題が及ぶこと

およそ右のように総括される佐藤氏の封緘木簡の特質に関する指摘を見てくるとき、紙と木の材質の違いを活用し、他読を許さない紙による書状のやり取りを示す指標になるということが注目される。また封緘木簡の出土状況を見たとき、都城における始まりは藤原京に遡るようであり、また地方でも八世紀段階に同様の様相があること。その初源については都におけるほどそう古くは遡りそうにない現況にあると思われるということも注目しておきたい。

さて、文字を紙や木で記して情報を伝達するようになった日本古代において、いち早く書札礼が推測できるのはなぜか。むろん朝鮮半島や中国からのマナーとして渡来し普及したものと理解できそうではあるが、なおその様相はいかなるものであったのか。またそのような私信をやり取りするような共通な基盤が成熟した社会であったのかなどにも問題は広がる。そこで次にかかる問題の手がかりをしばらく「私信」の木簡や文書にも例を求めて検討をすすめることとしたい。

二　「啓」木簡の事例

1　藤原「啓」文書木簡――請求木簡――

・「謹啓　今夘有用処故醤」
・「及末醤欲給恐々謹請　馬寮」

『日本古代木簡選』（木簡学会編一九九〇）では、藤原宮の東面外壕から出土したもので大宝令以後の新しい書式か、とされている。しかしこれにはいささか疑問が残る。養老公式令啓式条は、春宮坊が皇太子に上申する場合に、あるいは三后にもこの式に准ぜよ、とあり、この啓の文書様式を用いることのできる機関は、春宮坊か中宮職に限られるものとなる。該当条に古記は見えていないが、前後の便奏式条皇太子監国や奏弾式の注に引用があるところから、一応大宝令制においても同様と考えてよい。したがって本木簡が大宝令以後のものであるとすると、解式によるべきものであるが、その新しい書式による影響というよりは、むしろその制約下にないといわなければならないことになる。すなわちこれが流行の唐制私文書の形式「啓」によるとすれば、馬寮という機関が公務の「請」の文言もある請求木簡になぜ用いたのか。またこの木簡には用向き以外には何ら私文書の特徴を物語る文言がない。

右のことについて早川庄八氏は、前掲書で、「啓・状」を三類に分けて言う(5)。

第一は、公式令と異なる「啓」を個人が差し出す上申文書ないしは書状であるという。

第二は、「啓・状」には官司が差し出したもの

第三に、個人が差し出したが宛先は官司であることなどが多い

したがってこのように分類された場合には、本木簡は第二に該当するものである。又その中で宛所を明記していない。また早川氏は、上申文書に関連する前白文書の問題と題し、岸俊男氏が言う「前白」から大宝公式令の解式への移行ということ、あるいは東野治之氏が中国六朝時代の文書様式が起源とも論じていることなどについて、「宛先の前に申す」の様式は、藤原宮以前からのものと確認できること。また「前」「御前」は、脇付である。年月日が伴わず、公文書と異なることを述べて、この「前白」様式は「口頭の世界」に関わる人から人へのものであるとする。そしてまた、次のように言う。

①此がその後の上申文書の展開にどう影響したか。

②此に代わる解、牒、辞はいつから始まったか。

③個人の上申から公的意味をもった上申に役所が変わる間の組織の性質はどうか。

氏はこれらの問題に触れ、何れも個人への上申に用いられた「前白」と「啓」「状」が併行して用いられた可能性があると指摘し、また公式令以後は「解」が多く用いられたとされる。また「前白」文書の存在は、官司としての機能の未成熟による、との主張を行っている。すなわちこのように早川氏においては、六朝期の上申文書のマナーと日本古代における口頭の伝達とが「前白」文書になり、併存してこれが後の大宝令の解などの上申文書に統合されていき、また個人・私文書の流れが唐の「啓」の様式によるようにしてなお併存していった、とする興味深い指摘を行っていることになる。

さて少し視点をかえてみると二〇〇三年五月刊行の木簡学会編『日本古代木簡集成』では、新たに出土した木簡を次のように分類している。

1　付け札木簡、

2　文書木簡、

3　その他の木簡、と三つに大別し、その各章にまたふさわしい節立てを採用しているが、ここで扱おうとする私信（書簡）は、一応、2文書木簡の第一節様式別文書木簡に「啓」と「その他の文書」として分類されているものに該当する。

なおここでの「啓」とは、東宮坊や皇太宮職が三后に上申する公式令の用法によるもののことであり、私信の「啓」のことではない。しかしその用法が三后に上申する範囲を超えたものとして扱われていることはもとよりである。また「その他の文書木簡」では、請求木簡、進上木簡などの公務、公文書としての機能があるものもあるとしている。

そしていわゆる「前白文書」という貴人への申状があることに注意を向け、解説（増淵徹）において、これらの文書には複数の機能が存在していることを、形態、内容から理解すべきであるとも指摘している。おおよそ従うべきものと思うが、しかしなぜその複数機能が「啓」につながるのか、疑問が残る。また「啓」について言えば、その解説（吉川真司）は、「個人もしくは官司が差し出す上申文書・書状であって、唐制を受け継いだものと考えられる」と早川説によることが述べられている。ここでもなぜ上申文書・書状が唐制を受け継いだのかなどについていえば、前掲した紙の書状とも対応する封緘木簡が藤原京の時代に遡るという佐藤信氏の指摘に対応してみるとその関係はどうかなど興味深い問題があると考える。そこでこれらの問題について見るとき、その年次的・時代的な対応関係を確認しておきたい。

2　難波宮跡出土「啓」木簡

・「謹啓

・「□〔初カ〕然而

右の木簡は『日本古代木簡集成』一五三に掲載され、吉川真司氏の解説があるものである。それによると伴出土器に七世紀中葉のものと考えられるものがあり、「今のところ最古の『啓』木簡である」としている。また奈良県飛鳥池遺跡にも「□□（恐々ヵ）謹啓」という「啓」木簡が出土していることを紹介し、「遅くとも七世紀中葉以降、上中文書の書式として啓が用いられ、それが公式令施行後も残ったという事情が想起できよう。なお同様なことは牒についてもいえそうである」と「啓」の使用時期が遅くとも七世紀中葉以降という使用時期を指摘し、また牒についても同様とする見方は重要である。それは、「啓」と「牒」との関係の問題にも行きつくからである。

3　平城京出土神亀元年「啓」木簡

・「□□□□侍者　秦足人恐々頓首啓　右令□須来月望」

・「□□□□享恩沢　神亀元年七月十九□（日ヵ）［　　］」

右の木簡は平城京左京二条二坊十坪と十一坪の間の二条条間路の南側溝から出土した年次の明確なものである。『日本古代木簡集成』一四九として掲載され、杉本一樹氏が解説を行っているものである。それによると「恐々頓首啓」とあるところから「秦足人の個人書状と解される」とするとともに内容は分からないが某貴族の恩顧に預かることを望むものらしい、との見解が述べられている。「啓」の私文書としての使用例であり、律令の徹底が進む時代における公式令の規定内に止まらない用例である。

4　平城京出土天平八年「啓」木簡

・「[　　　　]□□(得カ)□□(事カ)　右以明日官紙打了」

・「給仍録状謹啓　　天平八年八月二十六日付立万呂」

右の木簡については前掲同様に杉本一樹氏の解説がある。これによると表面に「某啓某事」の後に事実書を二行割書で記し、それが裏面においてその二行割書の左行だけが残っているのであろうとする見解が述べられている。明日「官紙」を打つ作業がおわり云々と報告していることから、公式令の「啓」の可能性を指摘されてもいるが、日下に署名がないので、書き出しが「個人名＋（謹）啓＋事書」と考えられるとし、「おそらく個人の上申文書であろう」とされる。この書き出しのパターンは、時代がいささか下るが私文書として明瞭な紙の文書においても見られるものである。

さてここで限られた「啓」木簡の事例からの要約になるが、私信あるいは上申文書「啓」における書式には宛所が記されていない。差出人の署名については日下にある場合、ない場合は書き出しにくるなどが知られるが、なお書札の礼式に則した様相を見せているとはいえない。そこで次に時代は更に下るが、正倉院文書に残された私信（書簡）の典型的な例があるのでこれを検討したい。

三　私信（書簡）の事例と特徴

1　阿刀老女等啓

誠惶誠惶謹啓　尊者御所左右邊
右、山背国在林郷阿刀老女
等、昔在古郷、今座三報里、
朝歎欠 家内食、暮仁望大徳、
然仰望者、彼此遠隔、相見
遙絶、仍捧冀状、謹
馳深思
天平宝字二年九月一日

（続修四十六、③四ノ二九九―三〇〇）

本文書は、杉本一樹氏によれば、なぜこの位置に納められたかについて、続修として明治になって整理され、四五～四七巻は啓・状の文言をもつ書状類を年次順にならべ、四八～四九巻は年欠の啓・状類を月の順に、そして最終の五〇巻は僧の啓・牒にという編集方針が窺われるとされている[6]『正倉院文書目録』二続修（東京大学史料編纂所編、東京大学出版会一九八八）。これにに基づくと、「楮紙一紙右ハガシトリ痕不明、左紙端破損」「裏空」とあるように、いわゆる反古紙によるものではないことが分かる。

さてこれらをもとに文意をとってみると、およそ次のようなことになるであろうか。

誠をもって謹んで啓します。尊者の居られます御所のおそば近くに。

今は山背国林郷にいます（差出人の）阿刀老女等は、昔は古郷にいましたが、今は果報の里に座し居りまする。朝には家内の食（の欠ける）を嘆き、暮れには仁（貴方の）なる大徳を望み、そして仰ぎ望んでいます。彼のあなたとこの私たちが遠く隔たっており、相見ることが遙かに絶たれています。よってこいねがう書状を捧げて、謹んで深い思いをはせ（届ける）るものです。

2　若干の考察

前掲文書は、「老女が故郷を偲んである人に送った私信（書簡）である」と、古典的な相田二郎『日本の古文書』[7]では述べられているが、しかしその意味するところは単に時候や息災を問い親愛の心情をやりとりしようとしたものではなく、経済的な援助を依頼したものである。このことを確認することがまず重要と思われる。また同時に依頼主は、依頼先の人物の人格に関わる大きな徳に敬意を払い、尊敬の念を表して、家内の食に欠ける暮らし向きを訴えて、援助を依頼していることには注意を払う必要がある。だがまたその経済的な具体的援助の願いが、儒教的な徳、仏教的な功徳を称える人格的な関係、あるいは昔の古《ふり》にし郷《さと》を思う一族・同郷の気持ちに託した願いが表出しているのである。この依頼は、具体的な願いが間接的、婉曲な形で、また人格的で心情的な私人的要素の色濃い私文書の性格を基本的に示しているものと考えられる。

さてその援助を依頼されたある人とは、山下有美氏の優れた人物論の専論[8]などもあるよく知られた安都宿禰雄足のことである。山下氏が紹介もしているように、安都宿禰雄足は、初見史料の天平二十年（七四八）九月二十一日付の文書では「舎人阿刀男足」とあり、その後の天平勝宝五年（七五三）にも「阿刀小足」、「阿刀雄足」などとあって、用字はさまざまであるが、「阿刀」を名のっており、差出人が「阿刀老女等」であってみれば、かれがその縁者であり、この文書の受取人であったに相違あるまい。むろんその正倉院文書群の中から類推できることでもあり、否むしろこの文書の残存は安都宿禰雄足があればこそのことであったであろう。

さて本書状の年月日である天平宝字二年（七五七）九月一日は、安都（阿刀）宿禰雄足の経歴でいうと、研究史上では第三期に該当するとされる。すなわちそれは天平宝字六年六月十九日付けの紫微中台宛造東大寺司牒から、彼が正八位上造東大寺主典であること、また五つにも及ぶ「所」の別当職を兼務して激務に従事していたことが知られている。したがってこの年一月二十九日までは越前国史生であったが、その後に転じたことが知られるとされる。このように安都宿禰雄足が越前国史生から造東大寺主典、諸「所」の別当として活躍を始めて間もない時期に、この援助の依頼文書を受け取っていたことになる。分厚いとされる雄足の研究史における仲麻呂派閥論、あるいは下級役人論や職務論、そして私経済論に新たなメスを入れた山下論考は、その私経済が私田経営に絞られることを明らかにしている。このように私経済を狭くとらえたとしても一族縁者が雄足に生活援助を冀うことを排除するものではない。また安都四郎、越前国坂井郡散仕阿刀僧など一族の男たちが雄足の活動の周辺に現れていることは、女性の一族縁者が、雄足の徳を称え、古《ふり》にし郷の同郷の思いに託して援助の願いを寄せてくることも不思議なことではなかろう。

そこでこの文書がなぜ残されることになったのかに興味が広がる。その老女たちの願いを叶えたのか否かなど詳しいことはもとより明らかにできないが、文書の残存は、雄足がこれを直ちに廃棄すべきものとしなかったことを意味する。雄足の一族縁者に対する思いの一端を示すものであろう。

山下氏はその人物論においてなぜかこの文書の存在にはふれられていないが、この私信の発信者である阿刀老女等の依頼は、彼の一族縁者への態度や動向を知ることができるものとして扱うことができるものではないか。

四　啓の諸問題

相田二郎氏は『日本の古文書』においてこうした書状類を次のように分類している。まず「啓」の様式であること、宛所の明記や位置、年号のあるなし、年月日の位置、発信者の署名、書き止め文言、切り封などに注目して類別した。すなわち啓で日付に年号のあるもの六十九通、ないもの二十九通、啓とないもので年号のあるもの十六通などについて、十四のパターンに分類する。(6) そして、「畢竟奈良時代の啓状は、純粋の私的意義をもっているところに、書礼の画然たる規式が現れなかったものであろう」（三九四頁）という。

だがここでかつて相田二郎が前述の如くに述べた「純粋の私的意義」の故に、書礼の画然たる規式が現れないものとされたことはどこまで言えるのであろうか。なぜなら前掲した封緘木簡の問題を当時承知していないもとでの意見であるからである。

右の場合は、読み下しやいささかの検討で示したように、これを単に「老女が故郷を偲んである人に送った私信（書簡）である」と簡単に解することができないことを述べた。確かに正倉院文書のこの一通は、内容的に私文書というべきものである。しかし「啓」の様式によることは否定できない。「啓」は、元来、東宮坊や皇后宮職などが三后に上申する公式令にあるが、これはそれを超えたものとしてある。すなわちこうしたことについて、すでに唐制の私文書を受け継いだとする早川庄八氏の指摘があるが、氏は、司馬光撰『司馬氏書儀』や徐氏曽撰『文體明辯』などによると、唐代に私人の間の書翰に盛んに「啓」が用いられたことが知られるとし、日本の公式令とは異なる啓の源流が唐の私文書にあったと見てよいとされる。また氏は、「純粋な私文書」として、万葉集巻五の大伴旅人と藤原房前の往復書簡の「状」や山上憶良と吉田宜が旅人に宛てた「啓」を紹介し、この「啓」がいつどのように日本で用いられたかは今後の課題であるともしている。

前者の唐制私文書の流行に求められるとする論点はおおよそそのようにも思えるのであるが、なお「啓」の特色について聊か承知しておく必要があろう[9]。

すなわち唐朝を遡る六朝の梁・斉の劉勰（四六六？～五二〇？）著の『文心雕龍』第二十三章に見える奏啓（奏と啓）について、その読み下し文を次に掲げてみる[10]。

啓は『開』なり。（殷の）高宗の『乃《なんじ》の心を啓《ひら》いて朕《わ》が心に沃《そそ》げ』と云うは、其の義を取るなり。孝景の諱は啓なり。故に両漢は称する無し。魏国の箋記に至り、始めて啓聞すと云う。奏事の末に、或いは謹みて啓すと云う。晋自《よ》り来《このかた》盛んに啓し、用は表・奏を兼ぬ。政を述べ事を言うは、既に奏の異条にして、爵を譲り恩を謝するは、亦表の別幹なり。必ず飭《ちょく》を斂《おさ》めて規に入り、その音節を促し、辨要軽清にして、文にして侈《し》ならざるは、亦た啓の大略なり。

右のように元来は殷の高宗が「汝の心を啓いてわが心に注ぎ込め」といったという意義に始まり、漢の時代の後に「啓聞すと云う。奏事の末に、或いは謹みて啓すと云う」というように用いられ、また晋の時代より以降になると「用は表・奏を兼ぬ」というようになり、爵位の辞退や君恩への謝辞を表現するものになっていたと言う。そうであるとすると天子に対して心を啓くという、したがって心を相手に対して啓くということを伴った上申文書に繋がるものとして、天子に対する表や奏さえも兼ねることができるなど、格式のあるものとして晋の時代にすでに後の唐代私文書流行の雛形としてあったことが理解できよう。

次に後者の万葉集における状や啓の特色を把握しておく必要もある。

万葉集巻五の大伴旅人と藤原房前の往復書簡（天平元年十月七日と十一月八日）においては、まずは大伴旅人からの

「状」についてとりあげる。

「状」文間に和歌八一〇、八一一を挟み、書き出しは「大伴淡等謹状　梧桐日本琴一面」と、琴を贈る事を記す。末尾には年月日とその下に使いについて記し、行換えをして宛所が記されている。その宛所の表現は「謹通　中衛高明閣下　謹空」とある。書き出しは「個人名＋（謹）啓＋事書」とあり、また年月日の後に行換えをして上位に宛所を記す私文書の類型に当たる。同時に個人名を優れて中国風に記すなど唐風を踏む意識を知ることができる。

なお房前の返書の方は、記された書き出しは「跪きて芳音を承り、……」と文末に「房前謹状」を記し、和歌八一二を続け、先に宛所「謹通　尊門記室」続いて行をかえて月日と文書を託した使いの脇付が続く。このようにその型式をかえていることが注目される。なおこの年九月に参議藤原房前は民部卿を兼ねている。

また次に吉田宜と山上憶良とか太宰帥大伴旅人に宛てた「啓」に対する吉田宜の返書では、「宜啓。伏奉四月六日賜書。跪開封函……」とあり、文末にもう一度「宜啓。不次」を記して和歌八六四～八六七を記し、末尾に年月日（天平二年七月十日）がある。

次に山上憶良の返書では、「憶良、誠惶頓首、謹啓」を書き出しに文が続く。和歌八六八～六七〇を記した末行の年月日に続けて今一度「筑前国司山上憶良謹上」と記している。

右の両者に共通するものは書き出しの「個人名＋（謹）啓＋事書」の型式であり、さらにもう一度文末年月日（天平二年七月十二日）の後に、個人名＋啓や謹上が繰り返されている丁寧な特色がある。房前との違いが明瞭なようにそこに身分の相違が反映しているものと見られる。

相田二郎氏が「純粋の私的意義」の故に、書礼の画然たる規式が現れないとされたことには身分制の下における私的あり方が書礼の画然たる規式に矛盾しているからである。

それは身分差が意識されていたことにある。

おわりに

以上述べてきたことをまとめてみると、書状と密接な封緘木簡の使用は藤原京時代に見られること、これに対応するかのように七世紀後半の啓の文書木簡もあり、八世紀には「個人名＋（謹）啓＋事書」の型式を取る木簡もあるが、ほとんどが上申文書木簡の機能に準拠し、終始している。他方、時代は下がるが天平宝字二年阿刀老女等啓は、私信（書簡）の特徴をよく示す事例である。これらの展開相を理解する上で、早川庄八氏の研究の驥尾に付すと、なお啓の本来は唐制私文書流行の以前、すなわち晋の時代の啓が天子への表や奏を兼ねる、しかし心を啓くということが伴った上申文書であったことが源流であると考えるべき事に行きつく。この心を啓くという、公文書には必ずしも要求されない特色は、社会の私文書を必要とする展開の中で流行への利用が進んだ理由と思われる。

さてまた日本古代における展開としてかつて相田二郎氏が「純粋の私的意義」の故に、書礼の画然たる規式が現れないとされたことには問題があり、身分制下の私的あり方が多様である分だけ書礼が多様化していくのであり、職階や身分の上意や上申を一方方向に規定した公文書の画然たる規式とは大きく相違することは当然であろう。

また早川氏は六朝の上申文書のマナーによる「前白」文書には、口頭・オーラルな情報伝達が前提にあり、これが大宝公式令の解・移・牒などの書式に発展し、私信（書簡）に唐の私文書の様式「啓」が用いられるようになった経緯であろうといい、またその間の個人・私文書との未分離に官司としての未熟が辿られるとされているが、ここでは残念乍らこれらの検討に及ぶことはできなかった。また牒によるという近年の重要な指摘にも及んでいないが、六朝以降の大陸・半島との複雑な影響関係を示しているものとこれまでの検討から類推はできるものの、何ら具体的検討はできなかった。これらを今後の課題としてひとまず擱筆したい。

注

（1）松原弘宣氏「日本古代の社会と情報伝達」（『資料学の方法を探る（3）』（愛媛大学「資料学」研究会二〇〇四）、「古代における情報伝達と交通」（『資料学の方法を探る（6）』（愛媛大学「資料学」研究会二〇〇七）特に後者においては見取り図からすすんだ広義の『交通』概念による整理が見られる。ここに私信の例示やその秘匿方法にも紹介がある。

（2）私信（書簡）の視点から考えてみようというのは、田中琢氏の次の指摘にも関わる。「英国出土のローマ木簡」（『木簡研究』第七号、一九八五）で、古代ローマ辺境駐屯地で「書簡木簡」が出土していることを通じて「日本の木簡にはない書簡木簡がある。防人には、こんなシステムはあっただろうか、いや……」と述べていたことに触発されている。その点でこの小稿で事例がないわけではないことを示したが、しかしいかにも徹底した私文書が少なく、多くが上申文書となっている事実の上に立つとき、田中琢氏の指摘は大筋で的を射ているところもある。また関連して、日本古代の「私」について行われている議論、吉田孝氏の中田薫「律令時代の土地私有権」なる見解に対しての、中国法の世界のことを論じた結果になっているとする問題指摘に関係するところがないか、などの関心による。またシンポジウム『日本史における公と私』（青木書店一九九六）にも関連があろう。

（3）三上喜孝氏「文書様式の『牒』の受容をめぐる一考察」（『山形大学歴史・地理・人類学論集』第七号二〇〇六）。

（4）佐藤信氏「封緘木簡考」（『木簡研究』第一七号一九九五）

（5）早川庄八氏「公式様文書と文書木簡」（『木簡研究』七号、一九八五、後『日本古代の文書と典籍』吉川弘文館一九九七所収）。

（6）杉本一樹氏「正倉院文書の原本調査」（石上英一・加藤友康・山口英男編『古代文書論』東京大学出版会一九九九）。

（7）古文書学の分野は、その代表的な相田二郎『日本の古文書』が示しているとおり、その関心は、古文書の存在や伝来の特色から中世以降が主流となる。古代の古文書は、正倉院文書研究や新しくは木簡研究、漆紙文書研究、墨書土器研究など個別的な対象に基づくものとなる。むろん「史料体論」による古代史料学の構築を進める石上英一氏の仕事もある。

さてその『日本の古文書』学が、古代古文書を無視しているわけではなく、そこでは中編　第三部　書札様文書において、正倉院文書についても検討を行っているのである。中世文書との対比の中からその源流・オリジナルを形式学的に取り出そうとしている。これによると第一類状・啓として次のような十四のパターンに分類されている。

第一式1　天平十一年四月三十日写経所啓……写経所から出した一種の公文書
　　2　天平八年五月二十九日岡本家謹啓…写経所に岡本家の家司が出した
　　3　天平宝字六年閏十二月九日和雄弓の謹啓…私の願い有りと
　　　続修四十七
第二式　宝亀四年十二月十四日種嗣啓……校生貢進推薦状　右筆の書、公的性質
第三式　年欠十月二三日奴咋麻呂兵衛衛士任官依頼……大恩を求め一生の喜びと
第四式1　天平宝字七年五月二四日安都雄足借請啓状……貸し主への約定、切り封
　　2　年欠六月三日草原嶋守謹啓以て解す状……炭を届けること
　　3　天平勝宝八歳二月七日釈霊曜唐院請物事……障子と幡
　　4　年欠七月十二日　雄足謹白……油購入依頼状
第五式1　天平十八年九月十六日小僧善珠……書三巻を送進の状
　　2　年欠十月五日大山謹状……料紙を縦に細長く切っている。御方王に関係
第六式　天平宝字二年九月一日阿刀老女翼状……故郷を偲んである人に送った状
第七式　宝字二年八月二十日上貞麻呂謹啓状……封式上書
第八式　天平宝字六年四月十六日益田縄手啓状……縄手が写経生を推薦した状
第九式　天平宝字四年二月十四日巾引諸直書状……稲持尊者に十六日に参向すると
第十式　天平十七年四月十八日大宅諸姉啓状……宗我部人足を僧にと聖大尼に推薦
第十一式　天平宝字二年八月三十日安宿弟見啓状……東大寺に大般若経書写生にと

第十二式　天平勝宝八歳四月五日石川垣守啓状……東大寺に軸の下付を求めた
第十三式　年欠七月二十一日朝明人君啓状……六郎に大原牛養を雑使にと請う
第十四式1　天平宝字二年九月十二日三尾隅足啓状……写経生二人の推薦状
2　年欠九月十八日後家川麻呂啓状……病気忌状
3　天平宝字六年閏十二月一日鳥取国麻呂啓状……料紙の申請
4　年欠九月十日真人啓状……小黒卿に写経生を推薦

(8) 山下有美氏「安都雄足——その実像に迫る試み」（栄原永遠男編『平城京の落日清文堂』二〇〇五）

(9) 文献などについては加藤国安氏の適切なご教示による。なお啓について有益な氏の著書『越境する庾信』上巻（研文出版二〇〇四）がある。

(10)『世界古典文学全集』25「陶淵明・文心雕龍」（筑摩書房一九六八）三二七頁における訳者興膳宏氏による。なお書簡の発達史としては佐藤武敏氏『中国古代書簡集』（講談社学術文庫二〇〇六）にも大いに裨益された。

平城宮・京跡出土の召喚木簡

市　大樹

はじめに

木簡の多様な情報内容を引き出すためには、文面のみに目を奪われるのではなく、木簡の出土状況などにも十分に注意を払いながら、木簡のライフサイクルを再現していくことが必要不可欠となる。こうした観点にたって本稿では、人を呼び出す際に用いる召喚木簡を検討してみたい。召喚木簡とは、「（機関名＋）召＋人名」という書式の召文木簡を典型例とするが、符・移などの文書様式をもつものもあり、本稿ではそれらも広く召喚木簡に含めておく。

さて召喚木簡は、遅くとも七世紀後半には実例が確認され[1]、地方での出土事例も少なくない。最近では、召喚木簡のひとつである郡符木簡に注目が集まり、平川南氏によって、郡からその配下の機関の責任者に発せられ、命令を受けた責任者は召喚対象者を引き連れて召喚先に赴き、そこで郡司らによって参向の確認を経た後に木簡は廃棄される、と指摘されている[2]。こうした見方が広く成り立つとすれば、召喚木簡の出土地点は、木簡の差出に関わる機関が立地した場所となるため、遺構の性格を決定する上でも重要である。だが都城出土の召喚木簡に目を向けると、宛所で廃棄されたものも多く認められ、受容・廃棄にいたる過程はさらに検討の余地がある。

そこで本稿では、事例の多い平城宮・京跡出土の召喚木簡に対象をしぼって、その廃棄先を個別に検討し、それをもとに召喚木簡の機能を考え直してみたい。そのためには木簡の差出・宛所いずれかの立地場所が具体的に判明している必要があるが、平城宮・京跡では発掘調査の進展の結果、そうした事例が比較的豊富にあり、格好の素材を提供してくれる。また同時代史料として、正倉院文書に多くの召喚文書が残されており、木簡との比較ができる点でも有利である。木簡と紙の文書との関係は、鬼頭清明氏によって検討が試みられているが[3]、まだ多くの課題が残されているのが実状である。残念ながら本稿でも、木簡と紙の文書との関係については十分な考えがまとまっていないが、木簡そのものに関しては一定の見通しが得られたので、それを提示する次第である[4]。

一　召喚木簡の廃棄先

本章では、召喚木簡の出土状況から、それを廃棄した機関の性格が比較的明瞭な事例に的をしぼって、廃棄先を個別に分析したい[5]。木簡の廃棄先となるのは、基本的に宛所・差出・召喚先の三つである。このうち召喚先は、大半の事例では差出と一致するが、一部に限ってまったく別の場所となる。本稿では、両者が一致する場合は差出と記し、異なる場合には召喚先と述べたい。また、木簡の出典を明示する際には、『平城宮木簡一』は「宮1」、『平城京木簡二』は「京2」、『平城宮発掘調査出土木簡概報21』は「城21」などと略記する。発掘調査の成果や木簡出土遺構に関しては、奈良文化財研究所刊行の諸種の報告書に多く依拠している旨、先に断っておく。

長屋王家木簡

豊富な事例を有するのが、長屋王家木簡である。平城京左京三条二坊にあった長屋王邸東南隅の土坑状の南北溝SD四七五〇から、木簡約三万五千点（うち削屑は約二万九千点）が一括性の高い状態で出土しており、年紀は基本的に和銅三年（七一〇）から霊亀三年（七一七）の間に収まる。木簡は二つの家政機関に関わるものが含まれている。第一は家令・書吏よりなる従三位相当の家政機関（以下「Ⅰ系統」）で、当時従三位の長屋王に関わるとみて間違いない。Ⅰ系統は長屋王邸のあった左京三条二坊に置かれていた。第二は家令・家扶・家従・大書吏・少書吏よりなる二品相当の家政機関（以下「Ⅱ系統」）である。Ⅱ系統は諸説あったが、長屋王の亡父である高市皇子の「香来山宮」（『万葉集』巻二―一九九番歌）の家政機関を継承したとみる見解が現在では有力であり、本稿でもそれに従いたい。ＳＤ四七五〇からは召喚木簡十五点が出土しており[6]、次の十点はⅡ系統によって発給されたものである。

(1)
・○吉備内親王大命以符　婢筥入女進出　急々□
・○　五月八日少書吏国足　家令　家扶
(266)・26・3　081　京2-1689号

(2)
・○以大命符牟射廣足等（中略）
・○（中略）　又太御巫召進出　附田辺史地主　五月十七日　家令　家扶
515・43・4　011　京2-1688号

(3)
・○符　召医許母矣進出急々
・○　五月九日　家令　家扶
268・41・5　011　京1-147号

(4)
・○召　採松　根麻呂　筥入女　益女　右三人進出
・○又三月四月五月右三月油持衣縫安麻呂参向　五月十二日鎌足　家扶
320・40・3　011　京2-1702号

(5)
・ｏ召　小依女　賀乎理売　　右二人今日急召
・ｏ進上　附秦豊万呂　七月廿日　大書[
家扶
(130+79)・24・3　019　京2-1701号

(6)
・率急参向□□□
・□□□□〔家扶稲栗カ〕　十月
(96)・(6)・3　081　京1-152号

(7)
・ｏ符豊嶋　長親王卅足所進□□
□□急々今進出又飛鳥戸
・ｏ若万呂召進出又大炊司一々人進上
附仕丁安万呂　廿一日家令
225・28・2　011　京1-146号

(8)
・ｏ移　務所　立薦三枚　旦風悔過布施文
右二種今急進
・ｏ大炊司女一人依斉会而召　二月廿日
遣仕丁刑部諸男　家令
369・33・4　011　城21-7頁上

(9)
・召　若麻続□麻呂　長屋皇宮侍　急[
・従七位下石城村主廣足　九月十九日付
(271)・29・4　019　城25-25頁下

(10)・□□〔王以カ〕命　召　子嶋女 □□女　二人今急々速ｏ
　　・□□〔十一カ〕月□〔廿カ〕五日「　」　ｏ
(243)・25・2　019　京1-149号

(1)～(6)・(9)は家扶ないし家従が署名しており（(9)の石城村主廣足は家従であったことが他の木簡から確認できる）、Ⅱ系統が発給した点は明瞭である。これら以外にも、(7)は宛所の「豊嶋」がⅠ系統の長屋王家令の赤染豊嶋を指すこと、(8)は宛所がⅠ系統の「務所」（奈良務所）であること、Ⅱ系統に関わる「旦風」（飛鳥）での悔過・斉会に関する内容であることから、ともにⅡ系統が発給したとみてよかろう。(10)の「王以命召」は(2)の「以大命符」に類した表現であり、やはりⅡ系統が発給したとみられる。なお(1)・(2)・(10)では、長屋王やその妻吉備内親王の命令を、Ⅰ系統ではなくⅡ系統が取り次いでいるが、長屋王らがⅡ系統のある香来山宮に来ていたためであろう[7]。

Ⅱ系統の召喚木簡で特徴的なのは、①上端ないし下端に穿孔がある点、②「進出」「進上」など召喚を命じる文言がみられる点である。①について、(6)・(9)には穿孔の表示はないが、欠損によって確認できないにすぎない。また穿孔の場所をみると、文字を貫通した事例がいくつかあり（(1)、(2)、(4)、(5)、(8)、(10)）、宛所のⅠ系統で二次的に孔が穿たれ、一定期間保管された後に廃棄されたことが判明する。②に関しては、(1)～(5)・(7)で「進出」「進上」の語が確認でき、(8)も文脈上、召喚を命じている点は明らかである。(4)・(5)などは一見すると召喚対象者に直接宛てたかのようであるが、文中には「進出」「進上」とあり、実質的にはⅠ系統の家政機関職員に宛てたものとみなければならない。(1)～(10)はⅡ系統が召喚対象者個人に直接宛てたのではなく、Ⅰ系統という機関に召喚を命じたものなのである[8]。

以上、Ⅱ系統の発した召喚木簡はⅠ系統に召喚を命じたものであり、それを受け取ったⅠ系統では、しかるべき措置を講じるとともに、木簡を紐で綴じて一時保管し、その後廃棄したと結論される。

一方で、これらとは特徴を異にする召喚木簡も存在している。

⑾・今急召舎人　田中朝臣人上　＼小治田御立
　　　　　　　＼多比真人□□　＼竹田臣□養
　・右四人　和銅七年九月廿五日符小野臣□□
　　　　　　　　　　　　　　　　馬

259・(25)・4　081　城21-8頁上

⑾は縦に三分割されており、廃棄時の人為的な割截の可能性がある。左片の下部は欠損するが、穿孔がなかったことはほぼ確実である。召喚対象者の一人である小治田御立はⅠ系統のトネリであり、他の三名も同様と考えられる。日下は「小野臣□□に符す」と訓読でき、四名の召喚を小野臣に命じたものである。人名左下の「馬」は、召喚する際に馬を支給することを注記したものとみられ、小野臣は召喚使であったことがわかる。馬に乗って召喚することから、四名のトネリは何らかの理由で長屋王邸を離れていたことは明らかである。小野臣はこの召文木簡を携行して、四名の召喚対象者のもとを木簡を提示しながら巡り、最終的には差出に戻されたのである。合点があるが、召喚使が巡回しながら付けたものか、あるいはその後、召喚対象者の出仕状況を確認した際に入れられたものとみられる。

このように⑾は、⑴～⑽とは明らかに異なる特徴をもっており、Ⅰ系統が発給した可能性が高い。これらの特徴の違いに着目すれば、内容上不明な点が多い四点の木簡のうち、「進上」「進」の語がみえる二点（京1-150号、同2-1772号）に関しては、Ⅱ系統のだした召喚木簡とみることができよう（京1-151号、同2-1703号は判断困難）。

二条大路木簡

二条大路木簡と称するものは、長屋王邸のすぐ北に位置する二条大路の南北両側溝に接する三条の濠状遺構から出土した木簡群である。濠状遺構はすべて両端が閉ざされた土坑状を呈す。木簡は、皇后宮職に関わるⅠ群、藤原麻呂の家政機関に関わるⅡ群に分けられる。年紀は天平七年（七三五）・同八年のものが多い。木簡の分布状況から、Ⅰ群は道路の南に位置する邸宅（旧長屋王邸）から、Ⅱ群は道路の北に位置する邸宅から廃棄されたとみられている。Ⅰ群とⅡ群は基本的に異なるが、密接な関連をもっていた。召喚木簡は全部で十四点出土しているが、三点（城29-25頁上、同32-17頁中、同33-14頁中）は小断片であるので、残り十一点を取り上げる。まず発給主体が明記された木簡から列挙しよう。

(12)
・兵部省召　左兵衛出雲佐為麻呂
　　　　　　出雲浄麻呂
　　　　　　江野麻呂　右今日不過参向省家
・付□村安万呂　天平八年十一月廿八日大録田辺史真立
302・38・5　011　城22-8頁下

(13)
・主殿寮　召殿部　車持豊足　右人
　　　　　　　　　但馬国美伎郡□□郷
　　　　　　　　　美
・右件殿部等以今月七日寮庭参向
　天平八年三月三日付
若過科重罪
　□□従五位上川辺朝臣知万呂
280・38・5　011　城38-22頁下

(14)
・式□□〔部省カ〕召
・今急□□
(64)・(7)・2　081　城31-12頁上

(15)
・□部召　三宅安麻呂　今急々
・
　天平八年七月廿五日少□□
　大丞多治比真人
(219)・33・5　019　京3-4506号

(16)・以大命召　小佐安　参今日不過□
・　天平八年六月十□（二カ）□　(198)・31・3　019　城22-8頁下

(12)は皇后宮を警備した兵衛三名を「省家」つまり兵部省の本司に召喚させる内容である。宮外に兵部省本司があったとは考えにくく、宛所で廃棄されたとみて間違いない。(13)の主殿寮は行幸などの際に施設維持に関わる官司である。Ⅱ群には天平八年の吉野行幸に関連する木簡が多数あり、(13)もそのひとつである。(13)は、行幸準備のため藤原麻呂家のもとに出向いていた殿部を「寮庭」つまり主殿寮本司にくるよう命じたものであり、宛先で廃棄されたといえる。(14)は式部省が発給主体であるので、宛所で廃棄されたとみるのが自然であろう。(15)は「□部」を宮内に所在した官司とみてよければ（後掲(30)・(37)参照）、宛所で廃棄されたことになる。(16)は「大命」が光明皇后ないし藤原麻呂の命令とすれば、差出・召喚先で廃棄された可能性がやや高いが、木簡から確実なことをいうのは難しい。

つぎに発給主体の明記されていないものを掲げる。

(17)　召　大荒木事判　＼日下部乙万呂
＼丈部□□　河内夷万呂
狭井石楯　丈部廣国　216・41・10　011　城24-6頁下

(18)・召　大伴忍万呂　三家人牛万呂　佐伯足嶋　□田部□宮
壬生安万呂　山部文屋　大田部千万呂
檜前真万呂　掃守東人　大伴万呂　国造長万呂
・石作白万呂　□文□
凡人石足　天平八年七月十六日
白髪部刀良　右十五人　249・(31)・13　011　城22-8頁下

(19)・符岡屋久須麻呂　右人雑物
借持火急

・□□〔参向カ〕□□所□　□〔所カ〕　所　所所
　□□□□〔所カ〕□所　所　所所所

285・40・2　011　城31-11頁下

⒇

召　李今国

233・38・8　011　城24-6頁下

⒄・⒅には多くの召喚対象者が列挙されている。他の木簡などもあわせて考えると、⒄は藤原麻呂家で働くトネリ、⒅は皇后宮関係のトネリと推定される（麻呂家のトネリも皇后宮を警備した）。トネリは番上官であるので、⒄・⒅に列挙された者達は、下番中に召喚されたとみるのが妥当であろう。⒄には合点が付けられており、長屋王家木簡の⑾と同様である。⒄・⒅はトネリのもとを巡りながら、差出に戻されたと判断される。⒆・⒇は発給主体が明記されていない点を重視すれば、召喚対象者は機関内部の人間であったともみられるが、詳細は不明である。ただし⒆は、二で検討するように、符様式は宛所で廃棄される傾向にあるため、これも同様であった可能性がある。

最後に、全体像は不明であるが、廃棄先の推定できるものを示す。

㉑

・［　］十籠□　□

・右府召進上［　］天平八年□月廿四日下村［
　［　　］

(214)・(13)・5　081　城29-13頁上

㉒

参向　内御厩

091　城30-10頁下

㉑の「右府」は当時右大臣の藤原武智麻呂を指す。当該部は「右府に召し進上せよ」と訓読できるが、近辺からは武智麻呂に直接関わる木簡が出土していないので、[9]宛所で廃棄されたとみられる。㉒の「内」は皇后宮に関わろう。「御厩」は資人や奴が宿直したことを示す木簡にもみえる（京3-4558号）。㉒は資人らに皇后宮の御厩への参向を命じ

ており、差出・召喚先で廃棄されたと推測される。

西宮兵衛木簡

平城宮内の内裏北外郭内の東北部に位置する土坑ＳＫ八二〇から、天平末年頃に廃棄されたとみられる、西宮を警備した兵衛に関する木簡がまとまって出土しており、近辺に兵衛府の詰所があったと推定されている。この土坑から召喚木簡が三点出土している。

(23)・府召　牟儀猪養　右可問給依事在召宜知
・状不過日時参向府庭若遅緩科必罪　翼　大志　少志
　四月七日付県若虫
282・28・5　011　宮1-54号

(24)・□〔召カ〕□□〔部カ〕［　　］　［　　］
召　錦部岡万呂　承知此状急々寮庭参向
怠々莫
・頭　助　大属　少属　潤九月十四日付廣足
239・(34)・5　011　宮1-55号

(25)・符三野部石嶋等　□□□
右為打　勅旨紙召宜知此状以
□〔今カ〕［　　］□〔日カ〕卯時以前進□〔上カ〕寮庭
・莫為怠遅符到奉行
大属錦部連真道
□□〔月カ〕□□□□□〔日卯時カ〕
179・(32)・6　081　宮1-56号

㉓は兵衛府が、㉔・㉕は某寮（㉕は内容から図書寮の可能性が高い）が、それぞれ詰所にいた兵衛を召喚した木簡である。いずれも宛所である兵衛府詰所で廃棄されたとみて間違いない。

式部省木簡

平城宮東区朝集殿院の東南隅部には、奈良時代前半に式部省が置かれていた（式部省東官衙）。奈良時代後半になると、その西隣に礎石建物からなる式部省官衙ブロックが新たに形成され、当初式部省のあった地は奈良時代末頃には神祇官になることが判明している。式部省の単純な移転ではなく、奈良時代後半の一時期、式部省は二つのブロックに置かれていたようであるが、時期的な問題など未解決な部分も多く残されている。いずれにせよ、東区朝集殿院の東南隅部に式部省があったことはほぼ確実であり、ここから廃棄されたとみられる召喚木簡が十点存在している。木簡の出土遺構は、①東西溝ＳＤ四一〇〇、②南北溝ＳＤ一一六四〇、③井戸ＳＥ一四六九〇である。②③は前半段階の木簡である。①は三時期分の変遷があるが、出土地点から大雑把な時期がわかる。ここでは廃棄先を特定できない一点（宮6-10288号）以外を取り上げることにしたい。

最も際だっているのが、式部省が発給した召喚木簡である。

㉖・式部省召　書生佐為宿祢諸麻□
　・　　十二月廿八日□□　　(183)・35・3　019　宮6-8498号

㉗・式部省召□〔尺ヵ〕度皆万呂□〔召ヵ〕今□急向参莫□〔緩ヵ〕々
　・　　」九日　　(310)・34・12　019(015)　宮6-8497号

(28)・式部□〔省カ〕　□
　　　　　栗前宮麻□〔呂カ〕□　□足
・□〔右カ〕三人急々参向　□　□
225・(12)・3　081　宮6-10287号

(29)　式□□□〔部省召カ〕
091　宮5-6168号

(30)・□〔式〕部　召　式部召召
・□□□□□□□〔長〕□□〔東〕路道
　□□〔路東〕
(267)・37・4　019　宮5-6167号

(30)は習書木簡であるが、他は実際に使用されたものである。(26)〜(28)は出土遺構から奈良時代前半段階に対応し、西隣に礎石建物群が形成される以前にあたるため、式部省の唯一置かれていた当地に戻されたと判断してよかろう。(26)の「書生」は式部省所属の書生とみられる。(27)は考選木簡に特徴的な材の側面に孔のある木簡を召文に転用したもので、考選を掌る式部省において身近かに入手できる材を利用している。(29)は削屑であるが、後半段階にあたる遺物であるため、廃棄先の判断は難しい。

また式部省の職掌に密接に関わる召喚木簡もみいだせる。

(31)・□〔司カ〕召諸郡大少領司中人等　右今
・□　　十二月□日
286・(50)・2　081　宮6-9880号

(32)・召国々□□伊賀　□□
　　　　　　　□□　□□
・□□□□　□　□
　□
(207)・(23)・3　081　宮4-4194号

(33)・□所可参向細子□□□
・□〔幸カ〕河内□〔国カ〕
(143)・21・3　019　宮5-6177号

(31)は奈良時代の前半段階、(32)・(33)は後半段階にあたる。(31)は郡司試練のために朝集使とともに上京している郡司任用候補者を召喚した際の木簡とみられる。(32)・(33)も国名が書かれており、(31)と同様の木簡であった可能性があろう。(32)・(33)は不確実な点もあるが、少なくとも(31)は差出である式部省で廃棄されたとみてよかろう。

最後に、式部省被管の散位寮の発した召喚木簡を取り上げよう。

(34)・散位寮召　使部□□□□
　　　　　　　日置□
・□〔為カ〕□□□　□
(152)・42・5　019　宮6-8499号

(34)は前半段階に対応する。散位寮の所在地が管轄する式部省の付近だとすれば、差出に戻されたことになる。以上、式部省東官衙地区出土の召喚木簡は、基本的に差出である式部省に戻されたとみられる。ただし他の地区の出土事例に目を向ければ、前掲(14)や次に示す木簡のように、宛所や召喚先で廃棄されたものも存在する。

(35)・式部省召秦人□
　　　　　　秦□□
・中務
124・28・3　011　城19-18頁上

(36)・式部省召　中務省 右大舎人寮　陰陽寮 内薬司　右省
・　　閏□月十六日
(37)　式部召土師宿祢大麻呂　　198・(25)・3　081　城11-5頁下
　　164・(15)・4　081　城33-11頁上

(35)は平城宮東半部の南北基幹排水路SD二七〇〇から出土した。同じ調査区内の溝からは「中務」「図書寮」「縫殿寮」「侍従所」「左大舎人」「右大舎人」「内舎人」といった中務省関係の木簡が多数出土しており、近辺には中務省が置かれていた可能性が高い。本木簡の裏面に「中務」とあるのは、宛所に関わるとみられる。
(36)は中央区朝堂院と東区朝堂院の間を南流する基幹排水路SD三七一五から出土した。陰陽寮以下はいずれも中務省の被管官司で、各官司の推定所在地は木簡の出土地点からは遠い。召喚木簡を発した式部省についても同様である。
(37)は第二次朝集殿院地区の東西溝SD一七三五二から出土した。出土地点を勘案すると、(36)・(37)は、朝堂院での政務・儀式を掌った式部省が、中務省以下の官人を召喚し、召喚先の朝堂院地区で廃棄された可能性が考えられる。

造酒司木簡

東院の北には南北約一二五m、東西一〇〇m以上と推定される官衙ブロックが存在する。その西半部の発掘調査が進み、出土木簡や酒甕据付穴をともなう建物や井戸などの存在から、造酒司が置かれていたと推定されている。ただし西半部の建物群は、正殿を中心とする整然とした配置をとっておらず、本司というよりは、酒などを製造する現業部門の酒殿とみられる（未発掘の東半部に本司があったともみられるが、平安宮のように空間的にまったく別の場所であった可能性も否定できない）。その井戸から流れる南北溝SD三〇三五から、造酒司の発した召喚木簡が二点出土している。

(38)・造酒司符　長等若湯坐少鎌
犬甘名事
日置薬
・直者言従給状知必番日向□〔参カ〕　(150)・38・3　011　宮2-2234号

(39)　造酒司召令史　正召　使三宅公子　250・24・3　011　城29-9頁上

(38)は造酒司がその配下の番長三人に対して、上番する日を承知し、造酒司に向参すべきことを命じている。三人は酒殿に勤務していたとみられること、この場合の「造酒司」とは本司とみられることから、(38)は宛所である酒殿で廃棄されたと考えられる。(39)も酒殿にいる令史を本司に召喚したとみられ、宛所で廃棄されたと推定される。

二　召喚木簡の機能

召喚木簡と人間の管理

これまで遺跡の性格が比較的明瞭な事例を中心に、召喚木簡の廃棄先を検討し、宛所・差出・召喚先のいずれの場合もあることを確認した。差出と召喚先は概ね重なるので、同一のものとして扱うと、次のように整理できる。

まず宛所で廃棄された召喚木簡（(1)～(10)、(12)～(15)、(21)、(23)～(25)、(35)、(38)、(39)）は、ある機関から別の機関に対して、その別の機関に所属する人間を召喚する際に使用される、という特徴がみいだせる。なお、この場合の別機関とは、主殿寮が藤原麻呂家に宛てた(13)、兵衛府が西宮詰所に宛てた(23)、造酒司が酒殿に宛てた(38)・(39)にみるように、召喚を要請する機関の管轄下に（一時的にせよ）置かれた別部局をも含み込む。これらの召喚木簡をA類と呼びたい。

一方、差出（召喚先）に戻されたものは、次の二つに分けられる。

第一は、ある機関がその機関に所属する者を召喚する際のものである（(11)、(17)、(18)、(22)、(26)〜(28)、(34)）。前述の兵衛府や造酒司の場合、本司とは空間的に一定度離れた別部局が存在している。だが本司のみしかない官司の場合、召喚対象者が上番していれば、わざわざ召喚木簡を作成する必要性は乏しい。この場合、召喚木簡が作成されるのは、基本的に召喚対象者が下番中であったとみるのが自然であろう。事実、召喚使に対して馬を支給した事例（(11)）があり、こうした見方を裏づける。以下、この種の召喚木簡をB類と呼びたい。

第二は、ある機関から別の機関に対して、その別の機関に所属する人間を召喚する際のものである（(31)、(36)、(37)）。これはA類に分類されるが、前述の多数派を占める事例とは違って、差出（召喚先）で廃棄されている。それだけに何か特別な事情があったのではないかと予想される。まず(31)の召喚対象者は郡司任用候補者であり、彼らはすでに上京していたとみられ、諸国から呼び寄せたものではない点で、他のA類とは同列に扱いがたい（(32)・(33)も(31)と類似する性格の召喚木簡であった可能性が高く、(31)と同じように説明できる）。(36)は複数の宛所があることから、ひとつの官司に留めるわけにもいかず、召喚先に戻されたのであろう。加えて、出土地点から推測するに、(31)と同じく儀式との関連も考えられる。(37)も同じく儀式との関連が推測され、果たして一般化してよいのか躊躇されるのである。

以上のように、他機関に所属する者を召喚するA類は宛所において、自機関に所属する者を召喚するB類は差出（召喚先）において、それぞれ廃棄される傾向が見て取れる。この意味するところは、召喚対象者の日常的な勤務場所において、召喚木簡は保管・廃棄される、ということである。次の木簡も、こうした観点から説明可能である。

(40)・民部省召波多足□山□
　　　　　贄土師佐美万呂

・□人　　宮内
　□□多祢　七□〔月ヵ〕□□〔日ヵ〕□

111・24・5　011　宮2-2094号

(41)・召鍛冶司元
・□王□□□　　140・25・4　051　城19-13頁上

(42)・⌐宮令召急人令向
内
・寮寮寮寮
□　□　　(132)・29・3　019　城19-14頁下

(43)・⌐参向寮家若緩者
・国　養老□年二月十七日□□〔穴臣カ〕□□□〔具録カ〕
□麻呂　　(213)・45・4　019　城14-7頁上

(40)は平城宮東半部の南北基幹排水路ＳＤ二七〇〇出土。同じ調査区からは宮内省に関係する木簡が多数出土しており、召喚対象者は他の史料より宮内省関係の役職にあったのが確認できることから、文末の「宮内」は宛所を記した可能性が高い。日常勤務場所で廃棄された事例となろう。

(41)・(42)もＳＤ二七〇〇出土で、(40)の出土した調査区のすぐ南にあたる。(41)の鍛冶司は宮内省の被管官司で、同じ調査区からは「内膳司」「主殿寮」など宮内省被管官司に関わる木簡が出土しており、近辺に鍛冶司があってもおかしくない。廃棄先を宛所・差出のいずれを想定するにせよ、召喚対象者の勤務場所で廃棄された可能性が高い。(42)は表面を「⌐宮、急ぎ人を召さしめ、内に向わしめよ」と訓読し、「内」を内裏と理解してよければ、木簡の出土地点は内裏ではないため、召喚対象者の勤務場所である宛所で廃棄されたことになろう。

(43)は東院すぐ南の二条条間路北側溝ＳＤ五二〇〇から出土した。「寮家」すなわち某寮の本司への参向を命じたものであるが、出土地点の付近に本司が置かれていたとは想定しがたく、宛所で廃棄されたとみられる。なお召喚対象者は東院を警備する兵士らの可能性があるだろう。

このように召喚木簡は、召喚対象者の日常的な勤務場所で廃棄されるのが一般的であった。このことは、官司・家政機関における人間管理の問題と密接に関わっていたことを示唆する。他機関から召喚の依頼があった際には、召喚対象者の属する機関がその者の移動状況を把握するためにも、召喚木簡を手元に留めるのは理に適っている。これと同じように、たとえ同一機関であっても、その機関が複数の空間的に離れた部署を抱えていた場合には、召喚対象者の日常的な勤務場所の部署がより直接的にその者を管理していたため、召喚木簡が宛所である出先の部署に留められるのである。したがって、たとえば召喚を依頼する側が本司であり、召喚対象者が出先の部署に勤務していた場合には、召喚木簡は出先に留められることになるのである。官人らを直接的に管理していたのは、本司の側ではなく、出先の機関であった点に注意を促したい。(10) これは律令官司制の実態を検討する上で重要なことであると考えるが、詳細は別の機会に論じてみたい。

以上、召喚木簡は第一義的には人の召喚を要求する文書であるが、付随して人の管理のための帳簿的役割も果たしていたとみられる。管理帳簿としての側面は、受信した召喚木簡を孔を穿って複数束ねた事例（(1)〜(5)、(7)、(8)、(10)）や、人名部分に合点を入れた事例（(11)、(17)）などに端的に示されている。ただし、A類の廃棄先に例外が一部みられたように、(11) 召喚木簡の管理帳簿としての機能がどの程度一般化できるかは、さらなる事例の追加をまって考える必要がある。

召喚木簡の二類型

上記の考察を踏まえるならば、A類は対外的な場で使用される召喚木簡、B類は内部的に使用される召喚木簡、といえるであろう。この違いをより明瞭なものとするために、それぞれの比較をさらに試みたい。

まず文書様式について、A類では「召」(4)、(5)、(9)、(10)、(12)～(15)、(23)、(24)、(31)、(32)、(35)～(37)、(39)、(40)、「符」(1)～(3)、(7)、(25)、(38)、「移」(8)の三つに分けられる。一方B類は、すべて「召」である(11)[12]、(17)、(18)、(26)、(27)、(34)。それでは、これらの違いは何であろうか。この点について、平川南氏は、「召」(召文)は直接召喚対象者に宛てて下達されたものであるのに対して、「符」(符式文書)は官司または官司の責任者が宛所に明記され、人の召喚を内容とした場合にも、召喚対象者に直接宛てることはない、と対比的に説明している。だが召文であっても、A類であれば、これまでみてきたように、召喚対象者の属する機関に実質的に宛てられたと理解すべきである。平川氏の召文に対する指摘は、B類のみに該当するのではないか。

そこでA類に限って「召」と「符」「移」との違いを考えた際、より正式には「符」「移」とすべきところを、用件である召喚の意の「召」を以て示したにすぎないと思われる。(3)では「符　召医許母矣進出急々」とあり、「符」に続けて「召」と記されている点は示唆的である。ここまで直接的でないにせよ、符・移であっても、文中に「召」(2)、(7)、(8)、(25)や、召喚に関わる「進出」(1)、(2)、(7)、「進上」(25)、「向参」(38)といった語が認められるのである。また正倉院文書でも、A類は「符」(『大日本古文書十五』一六八・二二一頁)、「移」(『同十四』一八〇～一八二頁)、「告」(『同十五』一四二頁)、「牒」(『同五』一六〇頁)、「勅旨」(『同十九』一三一・一三三頁)、「勅」(『同五』一六〇頁)など多様な文書様式をとるが(ただし後の二者は引用史料にみえるため、留保すべきか)、やはり文中には召喚に関わる表現がみえる[13]。「告」以外は公式令に規定された様式であり、非公式令の「召」よりも正式であった点は明白である。

ただし、公式令に規定された文書様式から派生して召文ができたわけではない。鬼頭清明氏が述べるように、すでに七世紀後半から召文は存在しており、召文の方が公式令の文書よりも古いと考えられる。また木簡や正倉院文書といった実例をみると、非公式令様式の文書は「召」以外にも、「充」「告」「請」「進」「貢」など実に多彩である。玉井力氏が指摘するように、これらは一定の具体的な行為を表すものであり、その行為の内容が下達や上進であったりしても、公式様文書が設定するような被管・所管関係を前提とはしていない[14]。これらは全部とまではいわないが、召文のように、公式令よりも古く遡って使用されていた可能性が高い。こうした非公式様文書の広範な存在に着目するならば、次のように捉えるのが正しいであろう。すなわち、古くから存在していた召文は、公式様文書の成立とともにその影響を受け、一部は符・牒・移などの書式をとるものも現れたが、しかし完全に取り込まれることはなく、その後も召文の文書様式は生き続けていったのである、と。

以上のように理解してよいとすれば、「符」「移」の様式で書かれる場合のあったA類は、その実例のみられないB類に比べて、より正式な場で使われたと主張することも許されよう。そして、この点とも関わるが、A類では、文書作成者の署名（官職名＋人名が基本であるが、いずれか一方のみのものもある）の記された事例が比較的多くみいだせ（(1)～(9)、(12)、(13)、(15)、(21)、(23)～(25)[15]）、より正式な文書を志向する意識が読み取れる点を指摘したい。一方B類の場合には、たしかに後掲(45)・(46)や、その可能性が高い(26)のように、署名のある事例は皆無ではないが、A類に比べればやや劣る。さらにA類では、召喚先を明示した事例が複数みられるが（(12)、(13)、(21)、(23)～(25)、(42)、(43)）、B類ではそうした実例はない。A類が召喚先を明示する場合が多いのは、召喚対象者が別機関に属していたためであろう。

つぎに、B類の積極的な特徴を探ってみると、①召喚使に馬を支給することを明示した(11)、②召喚対象者の出仕状況を確認して付された合点のある(11)・(17)が注目される。これらはいずれもA類にはみられない[16]。このうち①の特徴については、次の召喚木簡によっても確かめられる。

(44)・召急　津島連生石　春日椋人生村宇太郡
　　　　　山部宿祢東人平群郡　三宅連足嶋山辺郡
　　　　　忍海連宮立忍海郡　大豆造今志廣背郡
　・刑部造兄人　和銅六年五月十日使葦屋
　　小長谷連赤麻呂　右九　椋人大田充食馬
　　小長谷連荒当志貴上郡
　168・29・6　011　城6-5頁上

これは東院付近の二条条間路南側溝ＳＤ五七八五から出土した。召喚対象者の所在地（本貫地か）が大和国内の各郡になっているので、宛所で廃棄されたものではないことは明らかで、典型的なＢ類の召文といってよい。本木簡は、①召喚使に馬・食料を支給することが明示され、さらに召喚対象者の滞在先が書かれている。だがＡ類のように、文書作成者の署名や召喚先は記されていないのである。

　また現状では、Ｂ類にしかみられない②の特徴に着目するならば、次の二点の木簡もＢ類の可能性が高いと判断されよう。

(45)
・召＼漢人宮万呂
　　　竪部乙万呂　今急参向莫
・□□状如件大尉□□少尉□□
　　　附□上
149・(29)・5　011　城23-17頁上

(46)
・召勝烈断＼額田マ部諸羽＼公嵯城五月
　　　　　＼尾塞古万呂
・　八歳十月七日宇治
260・(28)・7　081　城19-14頁上

(45)は旧長屋王邸の東隣にあたる東二坊坊間路西側溝ＳＤ四六九九から出土した。この溝には衛府に関する木簡が含まれており、旧長屋王邸（光明皇后宮）の警備に関わるとされている。漢人宮万呂はトネリとみられるが、番上官という性格から、下番中に召喚されたと理解して差しつかえなく、Ｂ類と判断しても矛盾しない。

(46)は(41)〜(43)と同じ調査区のＳＤ二七〇〇から出土した。召喚対象者は断（仕丁の資養者）であり、やはり下番中に召喚されたとみて特に不都合はないであろう。

　以上、Ｂ類は前記①②という独自の特徴をもっている。これらの特徴は正倉院文書の実例でも確認できる。Ｂ類に属する正倉院文書の召喚文書は、管見のかぎり十例存在し、すべて召文である。[17] このうち、①の召喚使に対して食馬を支給することを明示した事例が四例ある。そのひとつには「到依㆑例供㆓給馬食㆒」（『大日本古文書四』二六〇頁）とあり、「到」は召喚使が到るの意とみられるため、召喚対象者の所在先で馬や食料が支給されたことがわかる。もうひとつも「其都中人等、宜㆑充㆑食。其都外人等、宜㆑充㆓食馬㆒」とあり（『同十四』四四四頁）、召喚対象者の滞在場所に応じて支給物が異なっていることから、[18]召喚使が派遣される時点ではなく、派遣先で支給されたと考えられる。こうした使者に対する供給文言の書かれた事例は、召文以外にも広く認められるが、いずれも使者が負担する類のものでない。召文についても同様であり、おそらく召喚対象者が召喚使に対して馬や食料を供給したのであろう。[19]

つぎに、②に関わる正倉院文書は五例確認される。四例には召喚対象者の名前の上にカギ型の合点が付され（『大日本古文書四』二九一頁、『同十』三一八頁、『同十三』四七九頁、『同十四』四四四頁）、一例には名前の下に「日付＋参」という注記が入れられている（『同四』二六〇頁）。[20]後者の事例を以てすれば、前者の合点の付されたものも、召喚対象者が実際に参集した時点で追記されたようにみえるが、[21]不参解などとの対校の際に施されたという指摘もある。[22]カギ型の合点が付された一例（『同十四』四四四頁）では、人名の上に墨点も加えられ、また人名の下に諸々の追記がみられるなど、かなり複雑な状況を呈しているが、官人の出仕状況を含む管理に関わって入れられたことはほぼ間違いない。

ところで、B類の正倉院文書をみると、木簡とは異なって、召喚対象者の名前が多く列挙され、召喚理由も明記され、召喚先を記す場合もある。また木簡では、作成者の署名は省略される事例が多かったが、正倉院文書では、きちんと書かれている。こうした違いは、書写スペースの違いによるところが大きいであろう。紙の文書とは違って、木簡では限られたスペースしかないため、必要となる最低事項が記されるにすぎないのである。紙と木簡の利用区分は興味深い問題であるが、正文・案文の関係も考える必要があり、今後の課題としておきたい。

おわりに

本稿では、平城宮・京跡出土の召喚木簡を検討し、A類・B類の二類型が存在することを明らかにした。[23] A類は他機関に対して発給されたもので（召喚対象者に直接宛てたものではない）、それを受信した宛所の機関（木簡の文面に明確に記されない場合もある）では、その旨を召喚対象者に通達した上で、召喚対象者を木簡の発給機関に送り出した。A類は基本的に宛所に留められ、そこで一定期間保管された後、廃棄されている。一方B類は、所属機関が下番などで退出した者を召喚するときに発給されたもので、別の機関に属する人間を召喚する際のA類とは明確に区別される。B類は召喚対象者に直接宛てたもので、召喚使はB類を携行して召喚対象者のもとを巡りながら、B類を提示し、場合によっては食馬の提供も求めたのである。B類は宛所である召喚対象者の手元には留められず、差出（召喚先）へと戻され、召喚対象者が参向した際などに合点が付けられた。

このように召喚木簡と一口で言っても、二つの類型の違いがあることを明確に認識すべきであるが、いずれの場合も、召喚対象者の日常的な勤務先で保管・廃棄される点では共通する。召喚木簡は、直接的には人の召喚を要求する内容をもつが、二次的には人間を管理をする際の帳簿的役割も果たしたと考えられる。[24] 召喚木簡の複合的機能については、通行証としての機能に注目が集まりがちであったが、少なくとも平城宮・京跡出土の事例に限っていえば、こうした側面は基本的にB類に限られ、むしろA類・B類ともに人間管理の側面により注目すべきだと考える。木簡の通行証としての機能については、早く横田拓実氏によって、木簡が人や物資の移動にともなって使用される事例が多い点から推測されている。[25] しかし今泉隆雄氏が批判したように、宮城での人や物の出入りを規制する門籍・門牓制においては、たとえば宮城へ物資を入れる際、十事以上の武器でないかぎり、規制の対象とはならなかったように、木簡の通行証としての機能をあまり過大評価しすぎるのは問題である。[26]

木簡の出土点数が飛躍的に激増した現段階にあっては、今一度、木簡の類型的な把握をおこない、制度面なども十分に勘案しながら、それぞれの機能を具体的に明らかにしていくことが求められよう。本稿で検討したのは、平城宮・京跡出土の召喚木簡にすぎず、その前後の時代の都城出土の召喚木簡や地方出土の召喚木簡が同じように論じられるのか、今後具体的に検証していく必要がある。また召喚木簡と紙の召喚文書との相関関係も重要な課題である。

さらに召喚という行為を通じて、召喚をおこなう機関と召喚対象者との間にいかなる関係が取り結ばれているのかを探ることも大切であろう。たとえば、兵衛府が西宮の詰所にいた兵衛の牟儀猪養を召喚した(23)では、県若虫が召喚使として登場するが、彼は大宝二年（七〇二）御野国戸籍に記された「県造若虫」（『大日本古文書一』九二頁）と同一人物の可能性があり、召喚対象者と同じく美濃国出身とみられる（牟儀猪養は美濃国武芸郡出身であろう）点で興味がそそられる。また某寮が兵衛を召した(24)・(25)であるが、某寮からみて直接的な被管関係にない兵衛府の人間を召喚できた点も注目される。こうした召喚という行為の背後にある諸関係についても、今後明らかにしていきたい。

注

（1）『飛鳥藤原京木簡一』六六四・一四一八号、『藤原宮木簡二』五二三・五二九号など。木簡の出土状況などから、いずれも藤原宮期以前の天武朝から持統朝前半頃とみられる。「請」様式の一四一八号以外は召文である。

（2）平川南「郡符木簡」（『古代地方木簡の研究』吉川弘文館、二〇〇三年、初出一九九五年）。以下、平川氏の見解はすべてこれによる。小林昌二「郡符と召文」（『歴史評論』五七四、一九九八年）も参照。

（3）鬼頭清明「「召文」木簡について」（『古代木簡の基礎的研究』塙書房、一九九三年、初出一九八六年）。以下、鬼頭氏の見解はすべてこれによる。なお同「召文」（木簡学会『日本古代木簡選』岩波書店、一九九〇年）も参照のこと。

（4）召喚木簡については、早川庄八「公式様文書と文書木簡」（『日本古代の文書と典籍』吉川弘文館、一九九七年、初出一九八五年）が公式令との比較という観点から詳細に検討しており、参考になる点が多いが、機能面はあまり触れられていない。

（5）具体的には、木簡の出土地点をもとに廃棄先を考えていくことになる。木簡の出土地点と廃棄地点とは必ずしも一致するとは限らないが、木簡を総合的に位置づけることによって、廃棄先の性格を一定度明らかにすることは可能であると考える。

（6）「謹解　画部簀秦五十君　右依御召来画（後略）」（城23-5頁上）は召喚を命じたものではないので、除外してある。

（7）舘野和己「長屋王家の文書木簡に関する一考察」（奈良国立文化財研究所『長屋王家・二条大路木簡を読む』二〇〇一年）。

（8）⑵は宛所の廣足がⅡ系統に属すため、Ⅰ系統ではなくⅡ系統にだされた事例となるが、Ⅰ系統とⅡ系統が人的に融合していたことによるものであり、⑵の廃棄先から考えても、その実質的な宛所はⅠ系統であったとみるべきである。舘野注（7）論文参照。

（9）例外的な「右大殿」と書かれた荷札木簡（京3-4955号）も、やはり藤原麻呂との関わりで搬入されたとみられる。

（10）もちろん、出先の機関で出勤状態が把握・管理され、それが最終的には本司に報告されることはいうまでもない。しかし本司による管理は二次的なものであったと考えられる。なお、ここでいう出先の機関とは、恒常的に存在する機関ばかりではなく、⒀の藤原麻呂邸のような臨時的に編成された機関も含めている。

（11）差出と宛所の関係は不明ながら、木簡の出土地点からみて、次の二点も場合によっては、召喚先で廃棄された可能性がある。

①・可召造東大寺司□〔工カ〕□
　　　　　　　　　□
　・　□
（114）・16・3　019　宮3-3266号

②・召　壬生直得足　朱雀門□□□□□□　武□□虫□〔射臣カ〕
　・□　秦川辺□□□□　□□□□□□□
　　　片野連嶋村　子身陵比□〔方カ〕　□白□
（228）・（16）・5　061　城29-11頁下

①は平城宮跡東院西南付近の東一坊大路西側溝ＳＤ四九五一出土。春宮坊内の某所で廃棄された可能性も指摘されている（北條朝彦「平城宮出土の「造東大寺司」木簡」〈あたらしい古代史の会『王権と信仰の古代史』吉川弘文館、二〇〇五年〉）。②は東院庭園北側の南北溝ＳＤ一六三〇〇出土。壬生直得足が朱雀門に所在していたのか、これから朱雀門に向かうのかで、廃棄先の性格が変わる。

(12) ⑾は日下に「符」とみえるが、文書様式としては「召」である。また正倉院文書の二例も「召」で始まるが、文末は「符」や「牒」で結ぶ（『大日本古文書十』三二八頁、『同十四』四四五頁）。

(13) 一点のみ「早速令〻向」とするが（『大日本古文書十四』一八二頁）、意味的には明らかに召喚に関わる。

(14) 玉井力「請奏の成立」（『平安時代の貴族と天皇』岩波書店、二〇〇〇年）。

(15) 十分に釈読できていないが、⑽もその可能性が高い。

(16) Ａ類であっても、たとえば長屋王家におけるⅡ系統とⅠ系統との間における召喚のように、距離が離れていた場合には①の特徴がみられる可能性は十分にあるが、平城宮・京出土の召喚木簡に示されるような事例では、それほど長距離のものはなく、実質的に①はＢ類の特徴といってよいと考える。

(17) 出典を明記する後掲の七点（うち二点は重複）以外は次のとおり。①『大日本古文書四』二九〇頁、②『同十二』三五五頁、③『同十三』四七九頁、④『同十九』一三二頁、⑤『同二十三』一七二頁。このほか、切封墨引のある「召判官安倍真道　大原縄宣」と書かれた召文の礼紙（『同二十五』一〇五頁）がある（鬼頭注（３）論文）。

(18) 東野治之『木簡が語る日本の古代』（岩波書店、一九八三年）二七～二九頁は、列挙された召喚人が都の人の場合は食料を充て、都の外の人の場合は食料・馬を充てると解するが、⒁で使者の名前に続けて「食馬を充つ」と記載されている点からも、馬や食料が与えられるのは使者とみるべきであろう。鬼頭注（３）論文も使者に与えられたとする。

(19) 前掲の正倉院文書の二例では、期日までに参向しないことを理由に召喚文書がだされている点が注目され、召喚者が食馬を供給することはある意味で罰則とみることも可能である。

(20) ただし、この注記は本文と同筆とみられ、案文のようである（鬼頭注（３）論文）。

（21）鬼頭注（3）論文などにみられ、通説的見解といってよい。

（22）竹本晃「請暇解よりみた官人の勤務環境」（『正倉院文書にみる古代日本語』奈良女子大学21世紀COEプログラム報告集十一、二〇〇七年）参照。

（23）本稿では取り上げなかった召喚木簡の出典・出土遺構をあげておく。①城19-13頁下、②城19-16頁下、③城19-17頁下、④城14-7頁上、⑤城34-22頁下、⑥城11-15頁下、⑦城34-10頁上、⑧宮3-3182号、⑨宮2-2018号、⑩城34-32頁下。①～③は平城宮跡の東半部の南北基幹排水路ＳＤ二七〇〇、④⑤は東院地区南の二条条間路北側溝ＳＤ五二〇〇Ａ、⑥は東院地区東の東二坊坊間路西側溝ＳＤ五七八〇、⑦は平城宮東南隅部の東西溝ＳＤ一七六五〇、⑧は南面東門付近の土坑ＳＫ五二四一、⑨は内裏北外郭南辺築地付近の土坑ＳＫ二一〇一、⑩は朱雀大路西側溝ＳＤ二六〇〇から出土した。

（24）その機関に属する者の管理が日常的になされたことは、冒頭に「召不」と記し、以下十一人の名前を書き上げ、各人名の冒頭部分に追筆（一部「不」と釈読できるか）をおこなった木簡（城19-13頁下）からも明らかである。

（25）横田拓実「文書様木簡の諸問題」（奈良国立文化財研究所『研究論集』Ⅳ、一九七八年）。

（26）今泉隆雄「木簡研究の成果と課題」（『古代木簡の研究』吉川弘文館、一九九八年）。

日本古代の文書行政と音声言語

大平　聡

はじめに

古代律令制国家の支配を特徴づける要素として、「文書主義」に注目したのは石母田正であった。[1]石母田は、全国の人民を均質に支配して国家支配を貫徹するためには、「支配」を個別の人格的関係から切り離し、官僚機構という制度化された支配装置を回転させることが必要であり、この官僚機構の回転に乗せられて「支配」の具現化を目指す命令・意思そのものもまた非人格化される必要があることを説いて、定型化された文書様式にその機能を見出したのである。この石母田の指摘以来、文書主義行政は、構造化された権力組織である官僚機構とともに、律令国家をそれ以前の政治体制と明瞭に区別する根拠として認識されるようになっていった。

石母田の研究によって律令制国家における官僚制と文書主義行政の本質的理解は深められ、以後の研究に大きな影響を与えることになったが、そこには問題がなかったわけではない。

一つには、文書主義行政が、口頭伝達＝音声言語による政治より進んだ支配方法であるという理解を導いたこと、また一つには、文書主義行政は、「文字」＝書記言語によってのみ行われていたという理解を生んだように思われること、ここではこの二点を指摘しておきたい。つまり、音声言語が、文書主義行政の重視によって、無視ないしは軽視される傾向を生んだのではないかという懸念である。

口頭伝達については、「宣命」の歴史的意義を問う研究がまずあげられるが、文書行政とのかかわりで、口頭伝達＝音声言語の機能を正面に据えて論じたのは早川庄八であった。はじめ早川は、官僚の任命が「任官儀」という、口頭伝達によって行われる政治的儀式によってなされ、中国の制における「告身」のような文書が存在しないことに注目し、そこに「伝統的かつプリミティブな方法を重んずる意識の強さ」を指摘した。つまり、大王と個々の有力者が個別的人格関係によって結ばれていた時代、政治的地位、役割は大王からの直接的付与によってなされたという歴史的伝統が、なお八世紀以降の任官に影響を及ぼしていたと指摘したのである(2)。

この論文で口頭伝達に注目した早川は、文書行政未確立の段階における口頭伝達、口頭宣布の重要性に着目し、これを君臣関係を保つ上でより親近性のある方法ととらえた。そして乙巳の変後に造営されたと考えられる前期難波宮の「朝堂院」が、後期難波宮や平城宮第二次朝堂院（東区朝堂院）より広いのは、地方豪族を収容して政府の方針を直接伝えるためのスペースを確保するためであったと説明したのである(3)。

早川の研究は、文書行政に先行する口頭伝達、口頭宣布を「伝統的かつプリミティブ」な方法としてとらえることを基本とするもので、その意味では石母田の指摘した文書主義行政の画期性をあとづけるものであった。そのため、中国における王言宣布の存在から、口頭伝達を文書による伝達よりも未開な段階の手段とする見方の見直しが迫られ、両者の関係を明らかにする必要が指摘されたのである(4)。しかし、口頭伝達に、コトダマとコトアゲをもととして、霊的、マジカルな機能を強調し過ぎたきらいはあるものの(5)、口頭伝達・口頭宣布という行為とその実修環境が、君臣関係の形成において果たした独自の機能を、政治権力の発展過程の中に見出そうとした早川の指摘は継承されるべきであろう。

右に述べた研究史をふまえ、本稿では以下の三点に焦点を絞り、文書行政と口頭伝達・口頭宣布の関係を考えていきたいと思う。

第一に口頭宣布として早くから注目されていた宣命と詔勅の関係を考える。第二に、第一の考察をふまえ、法の施行という観点から文書行政と口頭伝達の関係を考える。第三に文書行政の基礎となる、文書の作成過程そのものにおける音声言語の機能を、役所における事務処理過程の中に考える。以上三点から、文書主義行政と口頭伝達・口頭宣布の関係、書記言語と音声言語の機能を考察する糸口を見出すことが本稿の目的とするところである。

一　宣命と詔勅

『続日本紀』などに見える、いわゆる「宣命体」の文章は、古代における和文体の表記法として、本居宣長の『続紀歴朝詔詞解』以来、主に国語学・国文学の方面から研究が行なわれてきた。歴史学の分野からは「宣命」という行為そのものに関心が向けられてきたが、初めてこの問題を正面に据えて検討を行ったのは櫛木謙周であった[6]。

櫛木は『続日本紀』所収の宣命を中心に、大略、以下の三点を指摘した。

①宣命のほかに、同内容の「漢文詔勅」が別に作成されたが、両者の精粗の差は歴然としている。

②宣命は対内的に官人集団に宣告することを目的とするのに対し、漢文詔勅は対外的に法令として機能させることを目的としており、そのため、内容が詳細に記された。なお、養老令詔書式条が大宝令詔書式条の字句を訂正した一つの目的は、漢文体詔書に適合的にするためだった。

③宣命には官人集団に対する説明という「内輪的」機能が求められており、宣命に見える「対格表現」は、実体的〈貴族・官人集団〉関係と、観念上の〈天皇―公民〉関係を、階級意志・国家意志の感性的表現形態として有機的に結びつけるものであった。

櫛木の論考が発表されると間もなく、早くから「宣命」に注目していた小林敏男は[7]、宣命と公式令詔書式条の関係

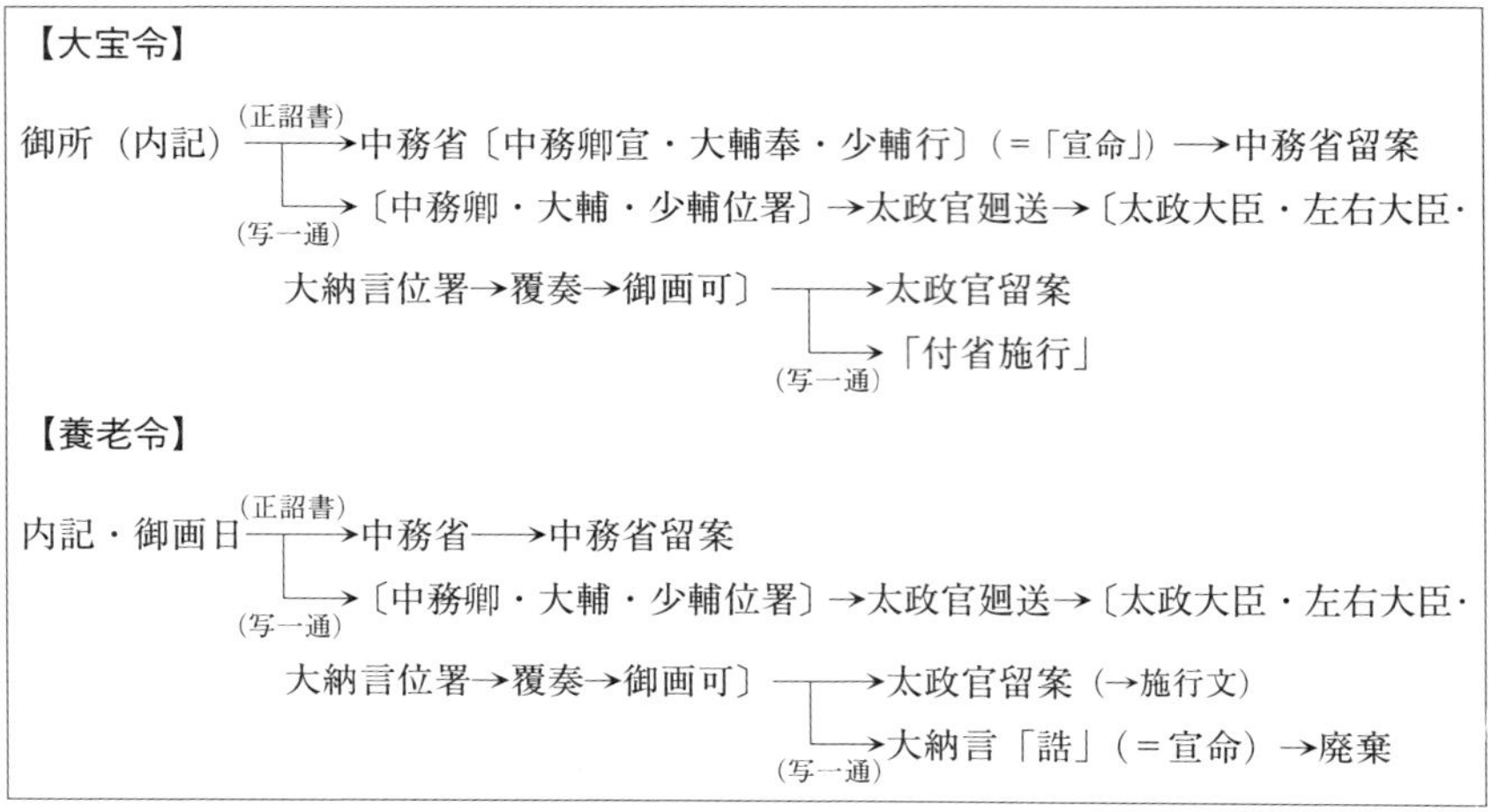

図1

をより詳細に分析し、大宝令から養老令への条文変更を、詔書作成過程における宣命の実施時期の変更としてとらえ、その結果、宣命担当官職が変更されることになったと指摘した。つまり、大宝令では、太政官廻送前の、中務省段階における中務卿・大輔・少輔による「宣・奉・行」の「宣」が宣命にあたっていたのを、養老令では太政官から天皇に覆奏後、「誥」＝宣命が行われるように変更し、大納言が宣命を行うようになった、そして、口頭宣布を詔書の文書としての完成に近づけることになったと結論したのである[8]。小林の指摘に導かれ、養老令詔書式条と、復原される大宝令詔書式条の詔書作成手続きを図示すると上のようになる[9]。

こうして文書＝書記言語によって行われる政治行為に、音声言語をもって行われる宣命＝口頭宣布が有機的に結びつけられているところに、日本古代社会の特質を見出そうとする傾向が強まっていった。さらに、音声言語の利用を公文書制度成立以前の古い形態と見て、天武期以前に公文書制度は成立していなかったとする早川庄八の論文が[10]発表されると、一層、宣命を律令制国家成立以前の政治体制を象徴的に示す政治行為とする見方が強まっていった。

このような見方に対し、中国の公文書制度との比較から、疑問が呈された。森田悌は唐制における冊書の影響を指摘した[11]。また東野治之は円仁の『入唐求法巡礼行記』の中から、実際に詔書が宣読された事例を指摘し、口頭による王言の宣布は文書の存在と矛盾・抵触せず、音声言語が用いられることをもってより未開な段階にあるとは言えないと結論したのである。

しかし一方で、東野は宣命の独自性は許価できるとし、宣命の形成には天皇臨席のものとに宣布される詔勅の形式が必要とされた事情があったことを想定しており、宣命成立の歴史的意義がそれ自体、考察の対象となるべきであると指摘している。⑿

最近、宣命については文体論と詔書との関係から意見が提出されている。

まず仁藤敦史は宣命体を、七世紀後半に生み出された日本語の語順に忠実な和文と規定し、参集者に対して口頭で伝達することを本質的な属性とする文体で、天皇自身の意志との接触を重視する伝統的性格を体していると述べた。⒀また春名宏昭は、宣命を日本語の語順をほぼそのままで書き表した文書で、漢文とは異なる独特な表現様式であると指摘した。⒁いずれも、東野の、宣命体が漢文訓読体として成立したとする説⒂をみなおそうとする見解である。

しかし、詔書と宣命体の関係については従来と異なる見解が示されていることを見逃してはならない。仁藤は、『西宮記』や『北山抄』などの平安期の儀式書において、宣命が詔勅と明確に区別されていることから、宣命体が詔勅の文体として用いられたことに疑問を呈している。また春名は宣命体の詔書を認めつつも、これは施行されることを目的としておらず、宣命使のために作成された控え原稿であったと述べている。

春名は宣命体詔書の存在を認めているが、宣命使の手控えとする点については、詔書と宣命体詔書がどのような関係にあるのかが明確にされておらず、この指摘へのこれ以上の言及はできない。

次に仁藤説についてであるが、九世紀以降、平安期にはいると『日本後紀』以後の正史に残る宣命が定型的になり、また、宣命が記録される場面が限定され、儀式的色彩を帯びていったという仁藤自身による整理に従えば、宣命を詔勅と区別する儀式書は、平安時代以降の宣命体詔書の変化を反映するものとして理解されるべきように思われる。また仁藤は、『続日本紀』神亀五年（七二八）三月丁未条に「制。選叙之日、宣命以前、諸宰相等、出立二庁前一、宣竟就レ座。自レ今以後、永為二恒例一」とあることをあげ、奈良時代からすでに恒例行事に対しても、詔書にあらざる形式化された宣命が行われていたとする。この理解は「天皇により臨時の大事を宣命するという詔書式の理念」を前提にしているのだが、この「理念」とは『令義解』公式令詔書式条冒頭の「詔書」に付された「謂、詔書勅旨、同是倫言。但臨時大事為レ詔、尋常小事為レ勅也」から抽出されたものである。

しかし、この『令義解』の解釈を引用した『令集解』該当部分は、右記の引用に続けて「問、臨時小事尋常大事何。答。検二諸云一、可二宣命一者必作レ詔。不レ可二宣命一者勅也」と記し、明法諸家（『令集解』諸説）の解釈から、「宣命すべきは必ず詔に、宣命の必要ないものは勅に作る」という解釈が得られたと述べているのである。

実際、その部分に引かれた諸説を見ていくと、穴記、朱説は文言の多少の違いこそあれ、右記の「検二諸云一」じた結果と一致している。大宝令の註釈として知られる古記も「問。詔書勅旨、若二為其別一。答。詔書、謂二臨時一。在二必作レ勅。今検下可二宣命一之事上皆此大事。論下不レ可二宣命一之色上、皆此小事。又同而何也。勅旨、謂二尋常行事一」と述べ、宣命の有無を詔書についてのみ議論しているところを見ると、「宣命すべきは必ず詔に」という説に含められよう。

宣命すべきことがらについては詔書に作られたという理解をまず第一に置くべきであることを指摘しておきたい。その上で『続日本紀』神亀五年三月丁亥条を見ると、「選叙」は確かに恒例行事である。しかし律令制国家における位階は、天皇への奉仕の結果与えられる、天皇の前に列立する位置を示す、官人の地位の基準値であり、その基準値を授与する行為はまさに大事そのものと言えよう。その執行のために詔書が作成され、儀式の場において宣読されることは極めて自然であり、たとえ文書が定型化されていたとしても、それは繰り返して官人としての天皇への奉仕を確認させる内容のものであったから、まさに必要な重大事として繰り返されたということになろう。『続日本紀』該条は、詔書を宣読する「宣命」を儀式次第に位置づけ、整備したものとして理解されるのである。

なお、仁藤は太上天皇および皇太后による宣命に明確な法的根拠はなく、従って公式令詔書式と結びつかない宣命が存在したことになると指摘している。しかし、太上天皇、皇太后が公式令詔書式条に依拠して文書を作成し、宣命を行うようになった可能性は十分考えられることではないだろうか。

また、『続日本紀』所収の宣命を公式令詔書式条と結びつけて論じるべきではないと強く主張する、筧敏生の説[16]について述べておかねばならない。筧は、宣命という王言の公布方法が先行的に存在し、その一部が公式令詔書式条によって公文書体系に位置付けられたに過ぎず、従って『続日本紀』所収の宣命を始めから公式令詔書式条と結び付けて論ずべきではないとする。この提言の背景には、太上天皇、皇太后の宣命を公式令詔書式に基づいて考えることはできないという、仁藤と同様の認識がある。また、儀式的宣命や、任郡司・成選叙位宣命が、複雑な公式令詔書発布手続きによって作成されたとは考えにくいという、これまた仁藤と同じ理解が示されているが、文書主義の理念に基づけば、定例・定型的であることをもって文書作成手続きを簡略化すべきだというような判断が行われたと推測する余地はない。

確かに、『続日本紀』所収宣命のすべてが詔書を引用しているという確証もなく、詔書には作られなかった、宣命を行うための宣命体文書を原典として記録された宣命の存在を、完全には否定し去ることができないことも認めねばならない。ならば『続日本紀』所収の、詔書式によらない宣命がいかなる形態の宣命体文書として作成され、保管され、『続日本紀』の編集の素材として供されたのかを知りたいところであるが、筧に考えを問うことができなくなってしまったことが残念である。筧の議論の当否を決することはできないが、ここでは筧が、公式令詔書式条が予定する宣命様公文書と現存宣命は区別すべきだと述べ、宣命様公文書としての詔書を認めていたことを確認しておきたい。

律令制国家は文書主義行政を採用し、命令・意思の非人格化によって、国家による人民支配の均質化・安定化を図った。しかし一方で、「大事」の施行に際しては、天皇隣席のもとに天皇の命が音声言語によって伝えられ、天皇に奉仕する公民としての位置の再確認が求められた。宣命の行われる場に呼集されたのは、通常は五位以上の貴族・官人層であったと思われるが、『続日本紀』天平宝字元年（七五七）七月戊午条にあるように、「諸司幷京畿内百姓村長以上」までが集められたこともあった。また、正倉院文書として伝えられた「孝謙天皇詔」（『大日本古文書』四巻二二五〜二二六頁）は、宣命の場に集められなかった造東大寺司あるいは同司管下の写経所職員に対して、恐らく長官クラスから「宣」られるために宣命の場で書き止められたものと考えられる。また、『令集解』公式令詔書式条で、古記が令文の「宣訖付レ省施行」の一方式として「或直写二詔書一施行也」と述べているところを見ると、諸国に詔書の文言をそのまま写した文書が届けられ、国司の口を通して部内官人に、そしてさらに百姓層に伝えられたことも推測される。つまり、宣命に見える親王以下、天下公民に至るすべての人民が天皇に奉仕し、その君恩に浴する実体的客体として認識され、「宣命」はその事実を繰り返し認識させようとするイデオロギー支配の強化手段として機能していたと結論されるのである。[17]「宣命」にはやはり、文書主義行政が採用される以前の、大王の王民支配の歴史的伝統が継承されていたと見るべきだろう。

　しかし、平安時代にはいると国家認識・君主観に変化が現れ始める。先に見た宣命の対格表現に見られる諸階層の差異性が明確化され、一体性が否定されて逆に隔絶性が強調されるようになる。それを象徴するのが宮の構造であろう。平城宮では、天皇の居住空間である内裏は、天皇の政治空間である大極殿の北に位置し、大極殿の南には臣下の政治空間＝朝堂院が展開していた。この宮の構造を大きく変化させたのが桓武で、桓武は長岡宮において、内裏を大極殿から切り離して独立空間となし、この構造は次の平安宮でも踏襲された。そして、内裏に公卿と呼ばれるようになる中納言・参議以上の高級官僚のみを召し集め、国の重要事項を審議させたのである。また、天皇は京外への行幸を行わなくなり、宮内に閉じこもる。かつて聖武が大仏造立のために公民層にまで呼びかけたような一体性の確認

（仮構）行為は、最早、遠い過去のできごととなってしまった。京と諸国の隔絶性も一層強められていく。
このような政治体制の変化は、当然、天皇が語りかける宣命のあり方をも変化させていった。宣命が限られた局面で、文言を定型化させて、つまり儀式性を強化されて行われるようになっていったのは当然のこととして理解されよう。やがて天皇は蔵人を通してのみ、ごく一部の高級官僚からなる公卿層との意思疎通を図るようになり、公卿にさえ、直接語りかける場面はなくなっていく。天皇が自らの心情を吐露するような宣命はこうして消失していったのである。

二　文書行政と音声言語

前節では法の定立過程において、音声言語が文書主義行政の中に有機的連関をもって位置付けられていたことを、詔書と宣命を通して見てきたのであるが、本節では法の施行段階における音声言語の利用について述べることとする。

（一）

公式令には詔勅、即ち天皇の命令の施行に関し、次のような条文が定められていた。

凡詔勅頒行、関㆓百姓事㆒者、行下至㆑郷、皆令㆔里長・坊長巡㆓歴部内㆒、宣㆓示百姓㆒、使㆓人暁悉㆒。

詔勅を施行する際、百姓にかかわる事がらが含まれる場合、郷に下ろして里長、または、京内ならば坊長に管轄地域を巡歴させ、百姓に「宣示」してすべての人々によくわからせること、というのがこの条文の趣旨である。『令集解』を見ると、大宝令の註釈書である古記が「暁悉」の文言に註釈を加えており、大宝令にも同内容の条文が存在したと見られる。

春名宏昭は、本条に見える「宣示」について、口頭での宣告を含め、天皇・政府の発した命令を施行する意味に広く使われ、牓示札（告知板）による掲示も考えられるが、本条では詔勅の宣読を想定したものであろうと推測している[18]。それは、東野治之が、円仁の『入唐求法巡礼行記』に一般官人・僧侶を対象とした詔書宣読の例が見えることを根拠に、唐公式令にも該当条文が存したと指摘している[19]ことを重視するからである。

私も、本条は音声言語を用いた「宣示」を行うことを意図したものと考えるが、冒頭に「詔勅」とあることに注目すると、これは前節に見た「宣命」とは切り離して考えねばならないであろう。詔書と勅旨の違いをめぐる明法諸博士の議論を重視するからである。本条は、あくまでも詔勅を施行するに際し、百姓にかかわる内容が含まれている場合の措置であることに留意すべきである。

春名は「宣示」の具体的内容を「詔勅の宣読」と述べており、私も基本的には同様に考えているが、この点について注目すべき見解を示しているのが鐘江宏之である[20]。鐘江は、律令国家における音声言語による情報伝達には、「読みことば」と「話しことば」による方法の二種があることを指摘する。そして詔勅頒行条は、読み・書きのできない人々への伝達を目的とするものであり、詔勅の文書を読み上げて伝えるのではなく、内容をかみくだいて民衆に理解しやすい言葉で伝えることを意図していたとする。文書による伝達を補完するものとして、話し言葉による口頭伝達を企図したのが本条の趣旨だというのである。

確かに「百姓」に「暁悉」させるためには、その内容をかみくだいて、誰もが理解できるように、日常生活に近い「話しことば」が用いられたと考えないわけにはいかない。しかし、だからと言って本条が「話しことば」による伝達を意図したとまで言ってしまってよいのか、「読みことば」として伝えられることの意味は考えられないのかという疑問が抱かれる。

前節でも引用したが、古記は詔書式条の令文「宣訖付レ省施行」の文言に「未レ知。宣方、又施行方」はと問いをたて、「施行方」の一つとして「或直写詔書施行也」という答えを示している。これは詔書の文言をそのまま写しとって在外諸司に送致する方法と考えられ、即ち具体的に言えば、国・郡レヴェルで宣命体の文書が読み上げられた可能性を考えねばならないのである。[21]たとえば、天平九年「但馬国正税帳」に見える「賷太政官逓送免田租詔書来使」（『大日本古文書』二巻六〇頁）の携行した「免田租詔書」は、諸国以下で読み上げられたものと推測される。

では改めて、どのように百姓に対する「宣示」が行われたのであろうか。支配の末端に連なるとは言え、官人の範疇には含まれない里長・坊長が、百姓の生活空間にはいりこんで行うと規定される本条を考えた時、わかりやすく内容を伝えるにふさわしい「宣示」方法として、「話しことば」による説明が妥当とする判断は理解できる。

しかしここでは、古市晃が指摘するように、「君恩と奉仕に関するものは口頭で伝達されるべきであるという理念が当時の支配層に存在したこと」[22]を前提に置いて考えるべきであろう。百姓に「暁悉」させるべきは、単に百姓に及ぼされる具体的事項だけではなかったはずである。それが天皇の「恩」によって行われることをこそ承知させるために、詔勅頒行条が令文に規定されたと考えるべきであろう。里長・坊長は単なる村落への拡声器の役にとどまったのではなく、律令制国家の民衆支配の前衛に立ち、天皇制イデオロギーを社会に浸透させる役割を担っていたのである。里長・坊長層が識字能力を有し、文書主義行政にも一定程度慣れていたことは、鐘江も推測するところである。だとすると、彼らはまた、文書主義行政を支配の現場で実質的民衆支配に転換する能力を有していたことになり、この能力を最大限活用する方法がとられたと推測することは無理ではなかろう。私は、彼らがまず詔勅を宣読し、そしてその内容を「話しことば」で解説して民衆の理解を導こうとした姿を想定するのである。

詔勅を宣読して伝えられる音声言語が民衆の理解の埒外にあったとしても、繰り返し行われるかかる行為を通して、「読みことば」の背後に聳える国家、君臨する天皇を民衆に想起せしめることは可能であったろう。そしてそれは、文書主義行政を日常生活に転換する能力を有する里長・坊長の、社会秩序維持機能を強化する効果をも、生んだのではなかったろうか。

（二）

法の施行と音声言語のかかわりについては、もう一点、任官儀をあげねばならない。

早川庄八は、官職の任命が、任官儀という天皇の面前で行われた儀式の場において、口頭告知によってなされた事実を指摘し、その意義を、天皇と臣下の君臣関係をより感覚的に認知させ、親近性を強く抱かせることにあったと結論している。また、そこに「音声の世界」が導入されたのは、伝統的かつプリミティブな方法を重んずる意識からであったという指摘もなされているが、叙位儀もまた口頭告知による個別叙位対象者の公表を主要な内容としていたことを、合わせて考えるべきであろう。

叙位の場合には個々に位記が授けられたが、任官においては個別に任命文書が授与されないという違いがある。これはクライと官職が分離され、クライを根幹として官職が割り当てられるという、日本の律令制の特色を反映するものであるが、位階制導入以前は大王への奉仕が政治的位置を決定したのであり、恐らく大王の面前で公然と奉仕関係が公表されることによってその確認作業が行われたのであろう。律令制下の任官が口頭で行われたのは、こうした歴史的伝統をふまえてのことであったものと考えられる。

大王と個々の人格的結合関係こそが政治的地位の淵源であったからこそ、このような政治儀礼が実修されるようになったのである。律令官僚制の成立によって、政治的地位の獲得が勤務許定の積み重ねによってシステム化されてもなお、と言うよりシステム化されたからこそ、その職務の遂行が天皇への奉仕となることを自覚させるために、この伝統的方式は維持される必要があったのである。「プリミティブ」と言うよりは、根源的方法として強固に維持されたとすべきであろう。

奈良時代に叙位・任官儀が口頭告知を主要な内容として行われていたことを示唆する資料を、正倉院文書の中に見出すことができる。

任官儀については、『大日本古文書』が、(1)「上階官人歴名」(二四巻七四〜七五頁)、(2)「神祇大輔中臣毛人等百七人歴名」(二五巻一三〇〜一三二頁)と命名して収録する文書があり、叙位については(3)「孝謙天皇詔勅草」(四巻二八二〜二八三頁)をあげることができる。

早川は(1)・(2)を分析し、両者に共通する記載特色として、官位・ウジ・ナのみが記され、カバネが記されていない点を指摘した。また、これらが耳で聞いたことを筆録した「聞き書き」である可能性のあることを、(i)全体に走り書き風の筆跡、(ii)四等官の漢字表記の区別の曖昧さ、(iii)「よみ」をそのまま記したと見られる書き方、という三点をあげて指摘している。

(ii)・(iii)は官職名の書き方に注目したものであるが、名前の書き方からも「聞き書き」の徴証を指摘することができる。まず「マロ」の書き方を見る。(1)には「某マロ」が一一名、(2)には三二名(うち一名は抹消)が見えるが、すべて「万呂」で統一されている。「聞き書き」という書写条件の中で、画数の少ない「万呂」が用いられたものと推測される。マイクロフィルム紙焼版で見ると、「万呂」はいずれも「呂」が極端に省略され、一種、記号化されている様を確認することができる。同様の事象として、名の「某(牛・猪・馬)カイ」が「甘」の字でほぼ統一されていることも指摘できる。(1)には見られないが、(2)には「某カイ」は六例見られ、一番初めに記された「粟田鵜養」が「養」を用いている以外はすべて「甘」で統一されている。初めは「養」を用いたが、画数が多いことから、次の「中臣志斐猪甘」以後は、画数の少ない「甘」を用いたのであろう。なお、ウジナに見える「某カイ」は(2)に二例見えるに過ぎないが、「海犬五百依」「県犬吉男」と、いずれも「カイ」に相当する文字を欠いている。これは、省略しても判読できると考えられたためであろう。

(3)は『続日本紀』天平宝字二年（七五八）八月庚子朔条と対応する資料である。ただし、『続日本紀』の記事の配列とは一致せず、また『続日本紀』には見えない「諸司主典已上禄法」を含んでいる。本史料を『続日本紀』編纂のための資料と見る説もあるが、[23]写経所文書の中に遺存したこと、また『続日本紀』に見えない「禄法」が含まれていることを見ると、孝謙譲位→淳仁即位という大きな政治転換の中で行われた、造東大寺司にもかかわる事態を記録するために、同司または写経所において整理・作成された文書と考えるべきであろう。[24]

この史料の四番めに記された授位記事が、「聞き書き」によって作成された資料を引き写したものと考えられる。この叙位部分を「聞き書き」に基づくと考える理由は、先に(1)・(2)で見た人名表記の特色が見えることによる。まず「マロ」は八例すべてが「万呂」で統一されており、ウジナと名の「某カイ」三例もすべて「甘」で統一されている。「聞き書き」のため、画数の少ない表記が選ばれ、そのまま(3)に写し取られたのであろう。もう一点、この部分が「聞き書き」資料をもとにしていると考えられる理由を指摘しておこう。それは、藤原御楯、藤原真先（光ノ誤カ）、藤原久須万呂の下方に、小字で、「本名千尋」「弓取」「浄弁」と記されている点である。『続日本紀』はこの授位記事以後、(3)に大字で書かれた名を記し、この授位記事以前は小字で記された「本名」をもって表している。恐らくこの授位を通し、この三人の改名が公表されたのであろう。特に注目すべきは藤原真光の「弓取」の記載で、『続日本紀』では「執弓」で統一されている。「執弓」が正規の表記で、その訓みが「ゆみとり」であったと思われるが、(3)の原資料作成者は、恐らく「ゆみとり」の発音をそのまま「弓取」と写し取ったのであろう。

以上、本節では法の施行段階において、音声言語が文書主義行政に独自の機能と役割をもって位置付けられていたことを確認した。しかし、たとえば太政官符などによって指示・命令が下達される際、ただ文書の引き渡しのみ行われたか、あるいは「音読」を伴ったのかを明らかにすることはできなかった。この点はなお今後の課題としなければならない。

三　政務と音声言語と事務処理

文書行政の実務を担った各官司における政務の実態の中にも、文書行政と音声言語のかかわりが見られる。吉川真司は正倉院文書に見える「宣」に着目し、日・唐の官僚制の違いを分析しているが[25]、音声言語のかかわりが重要なポイントとなっている。

正倉院文書には命令を「宣」と表記する例が多数見られるが、吉川はこれらを二つの類型に分類した。一つは文書を伴わず、文字通り口頭伝達によって行われたと考えられる「宣」で、女官・尼によって行われることが多い。吉川はこれを〈奏宣の宣〉と命名する。

今一つは文書を伴って行われた指示伝達が「宣」と呼ばれる事例で、二様に細分される。第一は、Aの宣を、Aと異なるBが文書をもって造東大寺司、または写経所に伝える場合で、この文書を受納して発せられる造東大寺司または写経所の文書に、Aではなく、Bの宣と記される事例である。第二は、外部から届けられた経典貸出等の依頼文書に対し、造東大寺司官人がその文書に判断を書き加えて写経所などに実行を指示した場合、写経所の実務職員が、上司にあたる造東大寺司官人の判断を貸出簿などに「宣」と記す事例である。

吉川はこのような文書を伴う「宣」を〈宣＝判〉と類別し、「宣」は必ずしも口頭伝達とは限らないことを指摘した。

そして特に、官司内部において行われる決裁が「宣」と呼ばれたことに注目し、その理由を日・唐の官僚制システムの違いに求めていくのである。

唐では主典が作成した文書を判官—通判官—長官の順に「判」ずることとなっていた。各官が原案に自筆で判辞を書き記し、これが「案巻」として保存されることになっていたのである。

これに対し、日本では主典が「勘二署文案一、検二出稽失一」し、「読二申公文一」すと、判官が「審二書文案一、勾二稽失一」えることだけが規定されていた（職員令神祇官条）。次官の職掌は長官に同じとされ、長官の職掌には「惣二判官事一」すと、その官司の政務全体への総括責任が記されるだけである。文書作成に直接責任を負ったのは主典と判官であり、判官の職掌も唐の勾検官の役割に過ぎず、唐の三判制とは大きく異なるものとなっている。

一方、唐の制度に見えない職掌がある。それが主典の「読申公文」である。吉川はこれを、主典が、判を行い得る判官以上の官に決裁を求める公文を口頭で「読み申」し、判官以上もこれに口頭で「判」ずるシステムであったと解釈して、「判」も口頭で行われたために、「判」を「宣」とする認識が生まれたのだろうと推測している。そしてさらに、このようなシステムがとられた背景には「各官司の構成員が官司の判断を独断せずに『共知』するべきだという政治規範」、即ち連帯責任の観念があり、それが長官以下全員の署判として最終的に明示されたのだという。

聞くべき見解である。「読申公文」と口頭による「判」という日本独自の政務決裁システムは、単に文書主義行政の開始がおそく、文書行政の習熟度が低かったことによるものではなく、伝統的な音声言語による政務決裁方法を、文書主義行政に定着させようとした結果だったと指摘することができよう。平安期の儀式書に記される外記政では、太政官の史が公文を読申し、上卿が「与之（よし）」と宣するとされていた。これは、主典の「読申公文」の実態を伝えるものと考えられる。各官司の構成員が「共知」すべきとする政治規範は、平安期にもなお強固に維持されていたのであり、日本の文書主義行政に、音声言語が根深く位置付けられていたことが確認される。

また早川庄八が、『西宮記』から、除目の最終決定として作成される「除目（除書・召名）」が、清書の上卿が読み上げる「大間」を、清書の参議が聞きつつ書いたものであると示したことも、右の視点から見ると、「共知」の理念のもとになされた手続きであったと考えられよう。

このような視点から正倉院文書中の写経所文書を見て気付くのが、手実と布施申請解の関係である。[26] 手実とは、写経所の現業職員（経師・校生・装潢生）が作業量を自己申告して提出した文書で、布施申請解はそれをもとに、写経所が現業職員の給与（布施）を造東大寺司に申請し、そして職員に給与するために作成した文書である。布施申請解は、首部（作業量・布施額集計）・歴名部・尾部（書止文言）の三部から構成されており、写経所の半世紀にわたる歴史の中でも、比較的書式の安定した文書の一つである。

この布施申請解の歴名部を見ていくと、先に見た任官聞き書き文書の人名表記と共通する特色を見出すことができる。それは、「マロ」が同一の歴名部においては一つの書き様に統一されるという傾向である。最初に書かれた「麻呂」または「万呂」の表記が、後出の「マロ」の一貫した書き様として使われ続けるという傾向である。二〇〇六年度に私のゼミで布施申請解の書式をテーマに取り組んだ吉田知世氏、また二〇〇七年度、吉田氏の研究を引き継ぎ、卒業論文で布施申請解の分析に取り組んだ蛎崎沙織氏に、この点に留意して調べていただいたところ、現存の一〇〇点以上の布施申請解のうち、同一の歴名部で「マロ」に複数の用字を用いている例はほんの数点で、ほとんど例外的事例と見なせるという結論が得られた。

手実が布施申請解の原資料となったことは間違いないが、右の傾向を見ると、歴名部は手実を見ながら作成されたものでなく、読み上げられた手実を書き留めていったものではないかと思われるのである。実際、手実に、読み上げられた可能性を示す痕跡が残されている事例がある。それは光明皇后が、父母、藤原不比等と県犬養三千代の追善のために発願した、五月一日経書写事業にかかわる手実のうち、「読」または「読某」という異筆の追記の見える、天平十一年（七三九）十一月から天平十四年（七四二）十一月までの手実である。

「読」は「勘」に伴う作業であったと推測されるが、別稿に述べたように、[27] 手実は作業量を把握するための資料として提出が求められたのであり、それはやがては布施支給に繋がるものではあるが、「読」「勘」の追記のある手実に対応する布施申請解を確認できない現在、この「読」「勘」追記を、直接、布施申請解と結びつけることには慎重であるべきだろう。しかし、布施支給の前提となる作業量の確認作業が、手実を「読」み、「勘」えて行われたことは間違いない。その「読む」作業にはまた興味深い特徴が見られる。それは、「読」だけではなく、その下に担当者名を「読某」と記すようになる天平十二年三月上番以降、同一期の手実に必ず複数名の「読」担当者が見られるという点である。「勘」担当者が統一的であることと大きな違いを見せている。

たとえば、最初に「読某」の記載が見える天平十二年三月上番手実（『大日本古文書』七巻四四一～四五一頁）には、大宅・土師・丹比の三名が、また天平十二年四月上番手実（『大日本古文書』七巻四六三～四七二頁）には土師宅良・淡海大成・丹比道足・大伴吉人・土師真木島・大宅・倭・養徳の八名が見える。「倭」と「養徳」は同一人物であろうが、この四月上番手実にウジ・ナ共に見える人名は、「校紙」「天平十二年校生」の記載を有する題籤軸の付された校生手実（『大日本古文書』七巻四七三～四八五頁）に見える人名と一致しており、さらにこの校生手実から、大宅は大宅諸上、養徳（倭）は養徳御勝であることがわかる。「勘」に署名した「人成」は辛国人成（『大日本古文書』七巻三〇九頁）で、写経所には校生として勤め始め、時に自ら写経を行うこともあったが、校正を主務とし、同時に写経所での事務遂行にかかわっていた。

校生の手実には「読」「勘」の追記はほとんど見られず、経師の作業量を校生グループが点検・管理した姿が浮かんでくる。その際、辛国人成が主導し、複数の校生に手実の記載を読み上げさせて作業量の確認作業を行ったのは、この点検作業の公正さを確保するために、担当者間で「共知」する連帯責任の原理を働かせようとしたからではなかったろうか。

ではこの作業は、「読」の記載が消え、さらに「勘」の記載も見えなくなる天平十九年（七四七）以後は行われなくなったかと言うと、布施申請解作成の際に引き続いて行われていたと考えられる。先述したように、布施申請解の歴名部が聞き書きによって作成されたと考えられ、それが手実の「読・勘」方式と同じ理念に基づく事務処理方式によるものであったと推測されるのであるが、この推測を補強するために、歴名部が、手実読み上げ・聞き書き方式によって作成されたことを確認することとしたい。

ここでその具体例として分析対象とするのは天平十八年正月から天平二十年五月にかけて書写作業が行われた、後写一切経の手実と布施申請解である。この写経事業では三か月ごと、即ち春・夏・秋・冬の各季ごとに布施支給が行われ、事業終了までのすべての布施申請解九点が揃っている。(28) また、手実、特に経師手実はほんの数点が失われただけで、ほぼ全点数が保存されており、布施申請解と対応させることができる。布施申請解の歴名部作成手続きを考えるための最適の史料群と言える。

まず布施申請解全九点の歴名部すべてについて調べてみると、「マロ」については「麻呂」「万呂」共に見えるが、個々の歴名部ではいずれかに統一されており、混用されることはない。「麻呂」は四季、「万呂」は五季に採用されていて、特に偏りを見せないのは、机上で、時間に追われることなく行われたためであろうか。「マロ」ほど用例は多くないが、各季ほぼすべてに複数人に使われる「カイ」の用字「養」「甘」についても見てみると、混用されているのは僅か一例に過ぎない。

次に、天平十八年春季布施申請解歴名部の人名表記と、これに対応する手実の人名表記を比較してみたい。この作業によって、歴名部が、読み上げられた手実を聞き書きして作成されたことが明らかになる。まず、それぞれの人名表記（経師分）を対応させた次頁以下の表を見ていただきたい。

二八例中、表記が完全に一致しているのが一六例、同音異字の関係にあるもの九例で、残り三例が検討を要する事例である。同音異字の例では、まず①に注意したい。手実を見ながら書いたとしても、「マロ」については最初の手実の用字を以下に継承させることも考えられるが、この事例では始めから違っている。これは⑤・⑬・㉗の「カイ」

番号	布施帳	手実	判定
①	大石廣麻呂	大石廣万呂	○
②	呉原生人	呉原生人	◎
③	山辺諸君	山辺諸公	○
④	大島高人	大島高人	◎
⑤	達沙牛養	達沙牛甘	○
⑥	安曇廣麻呂	安曇廣麻呂	◎
⑦	忍海新次	忍海新次	◎
⑧	山部花	山部花	◎
⑨	忍坂成麻呂	忍坂成万呂	○
⑩	山邊千足	山邊千足	◎
⑪	古能善	古能善	◎
⑫	錦部君麻呂	錦部君麻呂	◎
⑬	柞井馬養	櫟井馬養	○
⑭	馬道足	馬道足	◎
⑮	春日五百足	春日五百世	△
⑯	錦部大名	錦部大名	◎
⑰	角恵麻呂	角恵麻呂	◎
⑱	王廣麻呂	王廣万呂	○
⑲	丈部子虫	丈部子虫	◎
⑳	阿閇葦人	阿閇葦人	◎
㉑	高市老人	高市老人	◎

についても言えることで、⑤・㉗は手実に「甘」とあるのを、わざわざ画数の多い「養」字に変えている。先出の⑤の手実を見て書いたなら、わざわざ画数の多い「養」に変えたとは考えにくい。

さて、ここで判定欄に「△」を付した三例について見ていくこととする。

⑮の春日五百足は、天平十八年夏季・秋季、天平十九年春季・夏季の布施申請解にも見えるが、いずれも「春日五百世」であり、天平十八年春季の「五百足」が誤記であることは明らかである。念のために写真版で確認すると、確かに「五百足」と記されている。「イホヨ」が「イホタリ」と誤読された可能性が高い。

次に㉓を先に見ることとする。布施申請解を写真版で確かめると、確かに「薏原麻呂」と記されている。『大日本古文書』編者がこれに「人脱カ」と注記したのは、天平十八年夏季以降の八点の布施申請解、また手実がすべて「薏原人麻(万)呂」で統一されているからである。ということは、この天平十八年春季手実のみが「薏原史麻呂」と記しているということになる。そこで、この手実をマイクロフィルム紙焼版で見ると、確かに「史」と記されており、「人」ではない。「史麻呂」と「人麻呂」とは異なる人物と解する道もあるが、やはり「史麻呂」と「人麻呂」とは同一人

㉒	己智蟻礒	己知荒石	△
㉓	薦原麻呂	薦原史麻呂	△
㉔	既母建麻呂	既母武麻呂	○
㉕	既母白麻呂	既母白麻呂	◎
㉖	黄君麻呂	黄君万呂	○
㉗	海大養廣足	海大甘廣足	○
㉘	錦部東人	錦部東人	◎

注（ⅰ）布施申請解は『大日本古文書』九巻一七〇～一七四頁、手実は『同』九巻一二三～一三四頁。
（ⅱ）判定欄の◎は完全に一致すること、○は一部異なる字を用いていること、△は検討を要する違いのあることを示す。

物と見るべきである。「薦原史麻呂」は正倉院文書中、この手実一点にしか見えないからである。では、「史」が「人」と通用されていたかというとこれも考えにくい。だとすると「薦原史麻呂」自らが、「薦原人麻呂」に「改名」したとしか考えられないのであるが、それは十分想定可能と思われる。

写経所では一年度の各月の勤務日数を報告する「上日帳」を除いて、他のすべての帳簿・文書ではカバネは記されないことになっていた。「上日帳」だけが特別扱いされたのは、上日数（勤務日数）が勤務評定の基準となり、ひいては位階の昇進にかかわる記録となるため、戸籍に登録される名で記される必要があったからであろう。事務に慣れていた「読み上げ」担当者は、後写一切経事業の経師として初めて写経所に採用された「薦原史麻呂」の手実を見て、「史」をカバネと考え、これを落として読み上げ、そのため布施申請解には「薦原麻呂」と記されることになったのであろう。そして、この布施申請解に基づいて布施が支給されようとした時、「アシハラノマロ」と読み上げられた薦原史麻呂は、自分の名が誤って記録されたことの理由を知り、「フヒトマロ」に音が近いということで、以後「ヒトマロ」を名乗ることとし、天平十八年夏季以降の手実には「薦原人麻(万)呂」と記すことになったのであろう。

しかし、右の二例は手実を見ながら写したとしても起こり得ることであり、必ずしも音読のみによって起こり得ることではない。そこで最後に㉒の事例を見ることにしたい。

㉒の例は用字が大きく離れており、およそ手実を見ながら写したとして、このような表記の差異が現れるとは考え

にくいのである。この表記の違いについては別に詳述したことがあるので、[29]ここでは要点のみ記すこととする。「己知荒石」の手実を見て「読み上げ」担当者は、同時期に写経所で活躍していた写経生・秦有磯の名に慣れていたためであろう、「荒石」を「アリ(イ)ソ」と読み上げ、布施申請解に「蟻磯」と記された。そして布施支給の際、前述の薏原史麻呂と同じように、己知荒石は自分の名前が異なって読み上げられたことに驚き、申告して訂正を求めたのであろう。天平十八年夏季手実では「己知蟻石」と記したが、以後の手実で「安利芳」と一字一音で記したのは、事務担当者が交替しても間違えられないようにしようという配慮が働いたからにほかならない。

以上、写経所の事務処理の中でも、そこに働く職員にとって最も重要な、作業量とそれへの対価である給与（布施）確定作業において、「読み上げ・書き取り」方式が採用されたことを明らかにしてきた。それは、作業の公正さを確保するために、「共知」による連帯責任を得て結論を確定しようとする事務処理方法であったと指摘することができるであろう。写経所という現業官司においても、いや現業官司であったからこそ、文書行政に音声言語が深く結びつけられて事務処理が行われていたのである。

文書主義行政を基本とすると言っても、日常の官司内の活動において、音声言語が主要な役割を果たしていたことは常識的に考えても当然のことと言えよう。「司の口宣」によって伝えられた基準をもとに、校正結果を報告するという校生手実（『大日本古文書』七巻四八一頁）は、官司内での日常的指示が口頭で行われていたことをうかがわせる。しかし一方で、手実の書式が統一的に変化する背後には、新書式が掲示という方法を伴って指示されたことが推測される。[30]

日常の事務処理過程においては、書記言語と音声言語が適宜選択され、組み合わせられて利用されていたのであろう。しかし、布施申請解の作成過程に見られたように、律令国家における文書主義行政と音声言語の本源的連関性、即ち「共知」理念に基づく連帯責任＝公正さの確保という政治規範もまた見出せることを、最後に確認しておきたい。

おわりに

律令制国家の成立によって本格的に採用され、運用が開始された文書主義行政は、汎日本列島規模の画一的支配を可能にする重要な統治技術となった。

しかし、文書主義行政は書記言語だけの「静かな」世界を作り出したのでない。文書主義行政の背後には豊かな音声言語の世界が展開し、書記言語は音声言語の特性と巧みに組み合わされて機能していたのである。

音声言語は日常のコミュニケーション手段であり、その意味で便利な伝達手段として利用されたことは否定できない。しかしそれだけでなく、音声言語で伝えられること自体に意味が付与された側面を見逃すべきではない。本稿ではその政治的、イデオロギー的機能を、詔勅という、天皇の命令を下達する文書に見出し、また官司における「共知」理念の実践を、事務処理過程における音声言語の利用の中に見てきた。

詔勅については法制資料に加え、平安期ではあるが、儀式書によってかなり実態を明らかにすることができ、研究も蓄積されている。それに対し、官司における音声言語の利用は、事務処理を進めるために用いられたことが容易に想定できるため、それとして独自に分析されることが少なかったように思われる。本稿では、「読申公文」という日本令に独自の主典（第四等官）の職掌に注目した吉川真司の研究に導かれ、写経所における事務処理手続きの中に、「共知」理念の実践を見出そうとした。正倉院文書の中心を占める写経所文書は、そのほとんどが事務処理のために作成された帳簿であるが、この書記言語化された事実記載の中には、事務処理過程において使われた音声言語の痕跡が残されている可能性がある。本稿では、手実と布施申請解の分析からその一端を明らかにし得たと思うが、なお同様の事例を検出し、その意味を問う作業を継続する必要があろう。官司の事務処理作業の実態を写経所文書から明らかにすることによって、さらに音声言語と書記言語の利用実態を明らかにすることが可能となると考えられるからである。たとえば、いわゆる長屋王家木簡に一定のまとまりをもって確認される、米支給を求める伝票木簡には、支給事務に二人の職員がかかわった様相が見られるが、あるいはこの二人の職員は、一人が届けられた木簡を読み上げ、もう一人が使者への米の授給実務に携るというような作業様態にあったと想定できるかもしれない。

本稿に示した、事務処理における読み上げ（＝情報の公然化＝「共知」）・書き取り（＝情報の固定化＝記録）方式が、日本の古代社会で独自に開発された事務処理方法であったか否かは、にわかに決しがたい問題である。この点で参考になるのが、中国湖南省博物館が所蔵する、「青瓷対書俑」と名付けられた、磁器製の二人一組の像である。この像は図録解説[31]によれば、湖南省長沙市の金盆嶺墓から出土した像で、西晋の永寧二年（三〇二）の年代が与えられている。筆置き・硯を載せた案（文机）を中央に置き、文官がかぶる進翼冠をつけた二人の人物が、机の両側に相対する図容の像で、一人は右手に筆、左手に幅広の木簡を持ち、一人は簡を横に並べて結び合わせた簡冊を持っている。解説はこれを「一人が読み上げる文を他方が書き写しているようである」と述べる。この解釈が正しいとするなら、中国、あるいは中国の影響を強く受けた朝鮮諸国を通じ、文字とその利用技術の一つとして、「読み上げ・書き取り」方式の事務処理方法が日本の古代社会に紹介され、定着した可能性があることを指摘し、本稿の結びとしたい。

注

（1）石母田正『日本古代国家論』第一部第Ⅰ章5節「官僚制と法規　形式主義と文書主義」（岩波書店、一九七三年、後、『石母田正著作集』第三巻、岩波書店、一九八九年）

（2）早川庄八「八世紀の任官関係文書と任官儀について」（同『日本古代官僚制の研究』岩波書店、一九八六年、初出は一九八一年）

（3）早川庄八「前期難波宮と古代官僚制」（同前掲注（2）書、初出は一九八三年）

（4）東野治之「大宝令成立前後の公文書制度」（同『長屋王家木簡の研究』塙書房、一九九六年、初出は一九八九年）
（5）この点についての批判として、拙稿「音声言語と文書行政」（『歴史評論』六〇九、二〇〇一年）を参照されたい。
（6）櫛木謙周「宣命に関する一考察」（『続日本紀研究』二一〇、一九八〇年）
（7）小林敏男「宣命と天皇制」（同『古代天皇制の基礎的研究』校倉書房、一九九四年、初出は一九七四年）
（8）小林敏男「宣命と詔書式」（同前掲注（7）書、初出は一九八一年）
（9）拙稿「奈良時代の詔書と宣命」（土田直鎮先生還暦記念会編『奈良平安時代史論集』上巻、吉川弘文館、一九八四年）。ただし、図は一部改変した。
（10）早川前掲注（3）論文
（11）森田悌「詔書・勅旨と宣命」（同『日本古代の地方と政治』高科書店、一九八八年、初出は一九八六年）
（12）東野前掲注（4）論文
（13）仁藤敦史「宣命」（平川南他編『文字と古代日本1　支配と文字』吉川弘文館、二〇〇四年）
（14）春名宏昭「宣命体」（平川南他編『文字と古代日本5　文字表現の獲得』吉川弘文館、二〇〇六年）
（15）東野治之「木簡に現れた『某の前に申す』という形式の文書について」（同『日本古代木簡の研究』塙書房、一九八三年）
（16）筧敏生「太上天皇宣命と公式令詔書」（同『古代王権と律令国家』校倉書房、二〇〇二年、初出は一九九七年）
（17）前掲注（9）拙稿
（18）春名前掲注（14）論文
（19）東野前掲注（4）論文
（20）鐘江宏之「口頭伝達の諸相」（『歴史評論』五七四、一九九八年）
（21）前掲注（9）拙稿
（22）古市晃「律令制下における勅命の口頭伝達について」（吉田晶編『日本古代の国家と村落』塙書房、一九九八年）
（23）柳雄太郎「『続日本紀』の編纂関連資料」（『続日本紀研究』二〇〇、一九七八年）

(24) 以下、本史料に関する記述は、前掲注(9)拙稿を参照されたい。
(25) 吉川真司「奈良時代の宣」(同『律令官僚制の研究』塙書房、一九九八年、初出は一九八八年)。以下、本節の記述は本論文によった。
(26) 以下の本節の概略は「文書行政と音声言語」(『歴史学研究』六九一、一九九六年)に示した。また前掲注(5)拙稿を参照されたい。
(27) 拙稿「写経所手実論序説」(皆川完一編『古代中世史料学研究』上巻、吉川弘文館、一九九八年)。五月一日経の手実の全体像については、本稿を参照されたい。
(28) 本来ならば一〇点となるが、天平十九年秋季布施が冬季と合わせて支給されることとなったため、九点となる。
(29) 拙稿「『三人』の写経生」(『桐朋学園大学研究紀要』一三、一九八七年)
(30) 前掲注(27)拙稿
(31) ＮＨＫ編『世界四大文明　中国文明展』(二〇〇〇年)

古代文書にみえる情報伝達

加藤　友康

はじめに

一九八〇年代以降、古代史研究からの古代古文書学体系化の試みは、古代文書の機能による分類という視点から、早川庄八氏による先駆的な提唱が画期となって進められてきた。[1] 氏の提起は、文書の構成部分〈書出し・書止め・署判の位置など〉に注目し、個々の文書について、発信・受領・情報の流れの方向を確定する作業をもとに、古代文書について次のような類型化を行なった。(1)天皇の意思の表出に関わるもの（詔・口勅・勅旨）、(2)上奏文書（奏）、(3)下達文書（符・召）、(4)上申文書（解・前白・請・啓・状・謹通）、(5)平行文書（移）、(6)下達・上申・平行を兼ねた文書（牒）、(7)その他（宣・案・返抄）という七つの文書様式である。そして、これらの文書様式の発展段階を、これとパラレルな国家・官司機構の展開や官人の編成原理を追究するなかで検討を加えたこと[2]がその特質として指摘できる。

その後、早川氏の方法についていては、二つの側面からの批判が出されてきた。その一つは、太政官符の分類の再検討にもとづく国家意思の定立過程にかかわる飯田瑞穂氏の批判[3]に代表される、文書生成過程における発議主体の検討から国家構造、太政官をはじめとする国家機構を論じたことへの批判である。二つには、音声から文書へという発展の段階を想定したことに対して、公文書制度の発達した唐においても、口頭による皇帝の命令の伝達が存在したことから、口頭伝達の存在から文書制度の発達状況を論じることはできないとの東野治之氏の批判[4]に代表されるものである。

しかしながら、早川説をうけて「古代史料学」という視点からの研究の展開が進んだことも事実であろう。とりわけ、「文書」とは、「帳簿」とは、という問いかけ、すなわちこれまでの中世文書を中心として体系化されてきた古文書学に対する再検討[5]や、古代文書にみえる情報伝達機能に注目した「史料体論」「情報伝達行動論」の提起[6]などをあげることができる。さらに、「郡符木簡」をはじめとする出土文字資料による情報伝達行動の検討や口頭伝達、音声言語・書記言語論という視点からの接近の方法的模索も進められている。

これらの諸研究では、情報伝達の古代的特質の検討が進められてきていることが共通しているといえる。この古代的特質の検討については、その中心をなすものは国家意思の伝達であること、また人間の意志を情報としてある対象に伝達する物体である「書面」による情報伝達行動は、(1)発信者における情報生成段階、(2)発信者から受信者への情報移動段階、(3)受信者における情報処理段階の伝達の三段階があることを前提[7]として踏まえなければならないであろう。かつて、文書の生成→伝達→整理・保管という「文書のライフサイクル」のうち、文書目録が生成され最終的に情報が固定化される整理・保管の段階（(3)に相当する）を中心に考察したことがあるので[8]、本論文では(2)を中心に検討を進めることを課題としたい。また情報伝達の問題を検討するあたって、第一に、国家機構（＝官司）内、官司間（中央官司相互間、中央官司―地方官司）、官司―人民、人民相互間という、さまざまな伝達のレベルがあること、第二に、情報伝達にかかわる人の動きは国家機構の構造の特質と連関していること、第三に、情報伝達媒体としての紙の文書の特質を念頭に置くこと、という諸点に留意しつつ検討を進めていきたい。

一　中央と地方の情報伝達行動の特質

1　計会帳にみる律令国家の情報伝達

中央から地方への文書の伝達にあたっては、公式令80京官出使条に「凡京官以公事出使、皆由太政官発遣。所経歴処符移、弁官皆令便送。還日、以返抄送太政官。〈若使人更不向京者、其返抄付所在司、附便使送。即事速者、差専使送。〉（以下、史料の掲出にあたっては、細字双行の部分を〈　〉で記した。）」とあり、専使による送付と便使に付託（便送）する方式を規定している。また、公文書送付の責任を路次の諸国が負う逓送のほか、主として諸国が中央官司へ上申する公文書の送付にあたって、四度使がもたらした形式をとって上申・勘会に応じる方法であった遙付の方式があった。

天平六年（七三四）出雲国計会帳（『大日本古文書』一―五八六～六〇六頁、以後、『大日古』〇〇―〇〇〇のように略記する）には、出雲国へ中央から数多くの太政官符・民部省符が伝えられたことがみえる。また、伊勢国計会帳（『大日古』二四―五四七～五四九）には、逓送にあたって、送り状であり、次の国へ逓送する依頼文言が盛り込まれた「遊牒」と呼ばれる移が発給されたことが示されている。文書の諸国逓送にかかわって諸国相互に移がやりとりされたが、天平九年（七三七）の但馬国移（『大日古』七―一二四）は、因幡・伯耆・出雲・石見国への符を検領したうえ、但馬国へ符を送付してきた国（丹後国）に対し、但馬国が次の送付先（前所）に達し終わった旨を通報した返抄であったとされている[9]。

また、諸国相互の伝達確認にあたって、出雲国計会帳の移部（伯耆国送到移・隠岐国送到移・石見国送到移）は、隣接国司の発行した移を記しているが、移はこのような返抄をも含むものであり、同国におけるすべての文書のやりとりが記されている[10]。

他方、地方から中央への文書の伝達に際しては、

「一二日進上公文漆巻　肆紙〈調帳肆巻　運調脚帳壱巻　匠丁帳弐巻弐紙　過期限帳壱紙　運調綱帳壱紙〉

右、附運調使史生少初位上子々法次進上、」

（『大日古』一―五九七）

「一同日（註：九日）進上公文壱拾捌巻参紙〈大帳二巻　郷戸課丁帳一巻　括出帳一巻　走還帳一巻　放奴婢帳一巻　逃

亡満六年帳一巻　神亀五年以来逃亡帳一巻　割付奴婢帳一巻　争戸帳一巻　遭服人帳一巻　高年及残疾以上帳一巻
計会帳一巻　大税出挙帳一巻　郡稲出挙帳一巻　公用稲出挙〔帳脱カ〕一巻　九等戸帳一巻　麦帳一巻　主当調庸国
司幷郡司帳一紙　主当地子交易国司歴名帳一紙　無国司造家帳一紙〉」
（『大日古』一―五九七）

などの多数の文書を列挙した公文目録としての解がみられる。公文の目録は、弁官が在京諸司あての国司からの公文をすべて把握するためのものであり、国司から在京諸司あての公文は、一括していったん弁官に送られたとする鐘江宏之氏の指摘がある。(11) 国司から進上される公文には公文目録が付され、中央での掌握を図るために弁官へ送付されたという視点は首肯される。しかし、公文そのものすべてがいったん弁官へ送られ、弁官が一括して受理していたとする推測には疑問が残る。それは出雲国計会帳に次のような二つの記載が残されているからである。

（弁官解文の部分）「天平五年八月二日進上公文漆巻　肆紙」の細目「匠丁帳弐巻弐紙」「運調綱帳壱紙」
（『大日古』一―五九七）

（民部省解文の部分）「（天平五年八月）二日進上下番匠丁幷粮代糸価大税等数注事」
「（天平五年八月）十九日運夏調綱出雲郡大領外正八位下日置臣佐提麻呂事」
（『大日古』一―六〇二）

弁官解文の細目に掲げられた二つの文書は、民部省解文の部分のそれぞれの文書と同一のものであり、これらの文書のそのものは民部省へ送進されたとみられるからである。

次に、中央から伝達された文書の諸国内での伝達についてみておきたい。伊勢国計会帳には、「行下符一条」（『大日古』二四―五四八）が国内を道前・道後に分けて国符が送達されたことを示している。さらに天平宝字六年（七六二）五月一日近江国符（『大日古』一五―一九七〜一九八）も、「国符　愛知　坂田　高嶋郡司」とした複数の郡司を宛所とする国符であり、国内においてはブロック別に送達されたことが第一の特徴としてあげられる。また、諸国間の逓送や国内の各郡への伝達にあたっては、文書が写し取られていることも第二の特徴とすることができる。先の「行下符一条」は、「符二紙」とあり二紙しか用意されていないことから、各郡司に逓送させて、それぞれの郡司が写し取るという方法で下達されたとみられる。[12] 出雲国計会帳には、

（伯耆より）「（天平六年）二月八日移太政官下符弐道〈一官稲混合状　一国司等貸状〉」
「（天平六年二月）十七日移民部省下符壱道〈仕丁火頭等逃亡状〉」
（『大日古』一―五八七）

（隠岐より）「（天平六年三月三日）同日移太政官下符弐道〈一官稲混合状　一国司等貸状〉」
「（天平六年三月三日）同日移民部省下符壱道〈仕丁火頭等逃亡状〉」
（『大日古』一―五九一）

とあり、二月八日と十七日にそれぞれ伯耆国から送られた太政官符・民部省符が、隠岐国に逓送されたのちに、三月三日という同じ日に返送されていることから、出雲国より隠岐国へ送付された太政官符・民部省符が写し取られる期間も想定されている。[13]

『類聚三代格』承和八年（八四一）八月二十日太政官符には、「自非国別奉行以外、駅伝所下之符及言上解文、並不得令開」とあり、「国別奉行以外」の文書を開くことを禁止しているが、同時に国別奉行の太政官符は禁止対象から除外されており、当該関係諸国においては写し取る作業が行なわれていたことを前提としていた。

2　文書の伝達と政務処理

諸国へ伝達された文書は、一括して処理されたとみられる。出雲国計会帳には、

（伯耆より）「（天平六年四月）八日移民部省下符弐道〈注略〉

同日兵部省下符壱道〈注略〉」　（『大日古』一―五八八）

とあり、民部省符二道と兵部省符一道の合せて三道の符が、伯耆国司から出雲国司にあてた一通の遊牒（移）とともに送られたことを示しており、四月八日の一日分の逓送業務のなかで、逓送対象の文書の数量にかかわらず、遊牒・返抄とも一通しか発行されていない(14)。遊牒・返抄は、逓送対象一点ずつに対応して作成されるものではなく、一度の逓送業務の上で、一通ずつ作成されるという国における行政事務処理のあり方の特徴を示している。

さらに、

（伯耆より）「（天平六年）四月十六日移太政官下符壱道〈地震状〉」　（『大日古』一―五八八）

（隠岐より）「（天平六年）五月三日移函弐合〈一盛地震返抄解状　一盛置烽解状〉」　（『大日古』一―五九一）

との記載もあり、伯耆国から送られた文書は、隠岐国で受領処理されたあと、他の文書（置烽解状）とともに一つの函に収められて隠岐国から出雲国にまとめて一括送付されていたことも示している。

文書の伝達にあたって文書内容を付記していることは、公式令82案成条とも関連する。同条は、「凡案成者、具条納目、目皆安軸。書其上端云、其年其月其司納案目。毎十五日、納庫使訖。其詔勅目、別所安置。」と公文書の草案等の保管と収蔵目録の作成を規定するが、「案成」とは、『令集解』の注釈によれば、他官司からの公文と本官司作成の本案を成巻したもので、諸官司の公文や本案類は、巻子の形で保管したこと、「案成」を作成したのちにその「目」（目録）を作ることとされている。官司ごとの括りで整理されることは、出雲国計会帳型の官司別掲出方式には適合的な整理方式であったとみられる。しかし、伊勢国計会帳は日付順にすべての文書の授受を記載しており、官司別に対応した計会は難しいのではないかと思われる。

【表１】 文書逓送者

天平４年度越前国郡稲帳にみえる文書逓送

使　者	人数	内　容
齎太政官逓送符壱拾道従若狭国到来使	１０人	留当国符五道更於能登国逓送符五道

天平９年度但馬国正税帳にみえる文書逓送

使　者	1人当日数
依奉弐度幣帛所遣駅使	
使従七位下中臣葛連于稲	１０日
将従　２人	１０日
使従八位上中臣連尓伎比等	１０日
将従　２人	１０日
齎免罪赦書来駅使	
丹後国史生正八位上檜前村主稲麻呂	２日
将従２人	２日
送因幡国当国大毅正八位上忍海部広庭	３日
将従２人	３日
齎免罪幷賑給赦書来駅使	
丹後国目正八位上臺忌寸国依	２日
将従２人	２日
送因幡国当国史生大初位上大石村主広道	３日
将従１人	３日
齎太政官逓送免田租詔書来使	
丹後国少毅无位丹波直足嶋	２日
将従１人	２日
送因幡国当国少毅外大初位下品治部君大隅	３日
将従１人	３日
齎太政官逓送疫病給粥糧料符来使	
丹後国与射郡大領外従八位上海直忍立	２日
将従１人	２日
送因幡国当国多気郡主帳下少初位上桑氏連老	３日
将従１人	３日

天平10年度駿河国正税帳にみえる文書逓送

使　者	郡数	食数	内　容
齎官符遠江国使磐田郡散事大湯坐部小国	３郡	１日食	官符逓送遠江国使／２度
小長谷部国足	３郡	１日食	官符逓送遠江国使／２度
物部石山	３郡	１日食	官符逓送遠江国使／２度
敢石部角足	３郡	１日食	官符逓送遠江国使／３度
肥人部広麻呂	３郡	１日食	官符逓送遠江国使
磯部飯足	３郡	１日食	官符逓送遠江国使
小長谷部善麻呂	３郡	１日食	官符逓送遠江国使
矢田部猪手	３郡	１日食	官符逓送遠江国使
当国使安倍郡散事常臣子赤麻呂	３郡	１日食	官符逓送駿河国使／５度
横田臣大宅	３郡	１日食	官符逓送駿河国使／２度
伊奈利臣千麻呂	３郡	１日食	官符逓送駿河国使／２度
半布臣子石足	３郡	１日食	官符逓送駿河国使／２度
丈部牛麻呂	３郡	１日食	官符逓送駿河国使／２度
齎省符使遠江国磐田郡散事大湯坐部小国	３郡	１日食	省符逓送遠江国使／１１度
矢田部猪手	３郡	１日食	省符逓送遠江国使／１０度
生部牛麻呂	３郡	１日食	省符逓送遠江国使／６度
税部古麻呂	３郡	１日食	省符逓送遠江国使／６度
物部石山	３郡	１日食	省符逓送遠江国使／３度
小長谷部足国	３郡	１日食	省符逓送遠江国使／６度
敢石部角足	３郡	１日食	省符逓送遠江国使／６度
遠江国佐益郡散事丈部塩麻呂	３郡	１日食	省符逓送遠江国使／５度
当国使安倍郡散事日下部若槌	３郡	１日食	省符逓送駿河国使／２度
丈部牛麻呂	３郡	１日食	省符逓送駿河国使／４度
半布臣足嶋	３郡	１日食	省符逓送駿河国使／４度
横田臣大宅	３郡	１日食	省符逓送駿河国使／１０度
丈部多麻呂	３郡	１日食	省符逓送駿河国使／４度
半布臣石麻呂	３郡	１日食	省符逓送駿河国使／４度
半布臣禹麻呂	３郡	１日食	省符逓送駿河国使
伊奈利臣牛麻呂	３郡	１日食	省符逓送駿河国使／
当国使有度郡散事他田舎人広庭	３郡	１日食	駿河国使／４度
川辺臣足人	３郡	１日食	駿河国使／２度
他田舎人益国	３郡	１日食	駿河国使／２度

【表1】は、諸国正税帳・郡稲帳にみえる文書逓送に関わるものを国別に掲げたものである。諸国の逓送の従事者は、但馬国正税帳には国目、国史生、郡大領・主帳のほか、軍団大毅・少毅も従事したことがみえ、駿河国正税帳には郡散事が従事したことがみえる。伊勢国計会帳でも鈴鹿郡散事が伊勢国から尾張国へ太政官符と民部省符を送る使者となっている(『大日古』二四—五四七)。

国府所在郡に所属する人間が国の逓送業務に従事し、文書の諸国逓送という国府の行政機構を担う形で登場している[15]。【表1】の但馬国の場合には、国司や軍団大毅・少毅が「免罪赦書」「免罪并賑給赦書」「免田租詔書」の逓送にあたり、太政官符・民部省符の逓送は郡司や郡散事があたるという区分となっているが、これは文書の内容による区分とならんで、隣国の使者と同階層のものが使者にあてられたと想定される。

一方、このような中央からの文書伝達とは異なって、中央政府あての上申文書の諸国逓送に関する記載は伊勢国計会帳にみられず、諸国正税帳・郡稲帳においても、上申文書の諸国逓送を示す記載をみいだすことはできない[16]。公式令47国司使人条では、解を京に持参してくる者について、「凡国司使人、送解至京」の義解に「謂、其為国司所差遣者、郡司及雑任皆是也。」と郡司・雑任を含むとしており、逓送方式ではなく、また郡司や郡散事も上申文書を送る専使として国の行政(抽象化された行政)に従事して情報伝達活動を執行していたことが特徴としてあげられる。

二 情報伝達と「史料体」

1 正文と案文の伝達

情報伝達の活動において、情報が盛り込まれた文書が権利の保持者に直接伝達され、そのもとで文書が保管されるという「中世的文書主義」との対比で、「律令制的文書主義」の検討が近年活発化していることもあり、次に文書の正文と案文の伝達という視点からこの問題に言及したい。

延暦十三年（七九四）五月十一日大和国弘福寺文書目録（『平安遺文』一二号、以後、『平遺』一二のように略記する）には、弘福寺が当時所持していた文書が列記されているが、そのなかに「一枚国符十市郡司〈白紙〉並宝亀八年」とある記載が残されている。ここに記された「国符」とは、宝亀八年（七七七）七月二日大和国符（『大日古』六―五九七）に該当する。この文書は、全文一筆で国印も捺されていないもので、案文と考えるべきものである。しかしこの文書目録では、案文とそれと明確に区別された生成されたままの「史料体」そのものとしての正文とを区別して掲出しておらず、八世紀末の段階では正文か案文かを区別して記述することは意識的にはなされていないといえる。また、貞観九年（八六七）六月十一日安祥寺伽藍縁起資財帳（『平遺』一六四）にも、

「施入常燈分稲官符案一枚
　山城国勘収燈分本稲牒一枚
　応預定額安祥寺官符案文一枚
　奉行同官符山城国牒一枚
　　右四枚為一巻　」

とあり、安祥寺が所持したのは太政官符の案文（ほかの箇所で民部省符の場合は案文と表記しており、国符の場合は国符案と表記している）と国牒の正文のセットであった。行政命令伝達の文書である符は直接寺家には伝達されず、符の案文とそれの伝達にともなう国牒（正文）が発給されていることをみてとることができる。

このような正文・案文の伝達方式の理解に対して、国家意思を伝達する文書（民部省符）が東大寺に直接伝えられたとして、天平神護三年（七六七）二月十一日に民部省が伊賀国司・越前国司・越中国司にあてた三通の民部省符の

案である東大寺諸庄文書案（『大日本古文書　東南院文書』二―三五〇〜三五五頁、以後、『東南院文書』○―○○○のように略記する）をとりあげたのが吉川聡氏である。[17] 氏は、民部省符の正文を得た東大寺が、三か国に対して直接伝達していることが判明する根拠として、二通の国司牒をあげている。一つは、天平神護三年（七六七）三月十日伊賀国司牒（『東南院文書』二―三五六）であり、もう一つは、天平神護三年（七六七）四月二日越中国司牒（『大日古』五―六五七）である。しかしながら、この想定は妥当であろうか。前者には「依民部省去二月十一日符、分入寺田已畢、仍録状、即附使僧得栄、以牒」とあるが、民部省の二月十一日の符によって寺田として認定し、その結果を東大寺の使者である僧得栄に付して牒を送ったことが知られるのみである。

また後者については、「件省符、依寺家牒而検領已訖、仍録状、付廻使外少初位上生江臣村人、以牒」とあることから、寺家の牒をうけて民部省符を検領したことを記しており、民部省符の正文が東大寺の手を経て越中国司へと伝達されたものと吉川氏は理解している。これに対しては、東大寺諸庄文書案は宛所の異なる三通の民部省符が一巻にまとめられていることから、一巻をなして発給元の民部省から東大寺に民部省案がもたらされたという想定もあるが[18]、現在東南院文書に収められる民部省符の写が天平神護三年の民部省符案そのものであることはただちには断定できないので、この想定によって完全に吉川氏の説を批判しきれるものではない。しかしこのことは同時に、「件省符」が寺家の牒とともに東大寺から送付され、越中国司が検領した民部省符が正文であることも直ちには示していない。越中国司牒の文言からは、民部省符の案が東大寺に伝達され、これをもとに国司あての牒を送った可能性を排除できないと思われる。

その点で、「天皇御璽」が捺された東寺に伝わる大和国にあてた、延長四年（九二六）二月十三日民部省符（『平遺』二二三）が、当事者に伝わる符の正文としてはもっとも古いものである。この民部省符の伝達過程また正文を東寺が伝領してきたことについて、どのように考えればよいのであろうか。この民部省符は、次の延長四年（九二六）三月十日大和国牒（『平遺』二二四）によって、発給手順と伝達の過程を知ることができる。

「国庁牒　弘福寺衙

来牒一帋〈載欲被任官符旨、下符在地郡、返入寺田壱町肆段伍拾（陸脱カ）歩状、〉

牒、衙去二月廿七日牒今日到来偁、件寺田、任去年閏十二月廿六日官符旨、可領掌之状、牒送如件、乞衙察状、欲被下符在地郡、令知寺領之由者、今依官符旨、下符高市郡已了、乞衙察状、今勒還使、以牒、

延長四年三月十日　大目長背

守菅原朝臣「宣義」（他の署名略）」

この文書は、延長三年閏十二月二十六日太政官符によって、郡に国符を下して寺田として欲しいとの延長四年二月二十七日に出された大和国司あての弘福寺牒（延長四年三月十日に大和国へ到来）をうけて、大和国が弘福寺に出した牒である。民部省符とこの大和国司あての省符正文を弘福寺が所有していることから、正文が大和国司を経ずに直接伝達されたとの解釈がある[19]。さらに、弘福寺から大和国司あての牒が二月二十七日以後三月十日までかかって到来しているのに対し、二月十三日に発給された民部省符は弘福寺が牒を作成する二月二十七日には届いていることから、この民部省符そのものが弘福寺へ直送されたとの指摘もある[20]。

しかし後者の指摘については、大和国司へ伝達された民部省符正文の発給と時を同じくして民部省符の案文が弘福寺へ送達されたとすれば、時間的に問題はない。また前者の解釈についても、民部省で勅裁の旨を伝達された大和国司が、弘福寺田に関するので、この正文の民部省符を同寺に送付し、弘福寺文書が後世東寺の所有に帰して伝来した[21]としても疑問は生じないであろう。

また正文としては残されていないが、省符そのものが直接東大寺に伝達されたと考えられる事例として吉川氏が紹介された、のちの編纂史料に採録された応和二年（九六二）三月二十八日民部省符（『東大寺続要録』諸院篇・尊勝院）

についても検討しておきたい。

「民部省符大和国司　　　案
　応混合正税、加挙東大寺尊勝院常燈仏供料稲伍千束事
右、被太政官去月十五日符偁、得彼国去年九月三日解偁、彼院今年四月十一日牒状偁、（中略）者、望請官裁、
依件加挙者、左大臣宣、奉　勅依請者、省宜承知、依宣行之者、国宜承知、依件行之、符到奉行、
従四位下行大輔源朝臣保光　　　正六位上行少録吉志宿禰公胤
　　応和二年三月二十八日
奉行、到来同三年三月廿三日、正文続収於国已畢、
守藤原朝臣安格〔親〕　（他の署名略）」

この民部省符は、応和二年二月十五日太政官符をうけて発給されたもので、民部省符を伝達された大和国司は、文書の奥に「奉行、到来同三年三月廿三日、正文続収於国已畢」とする「奉行文言」を記している。

また、次の応和三年（九六三）四月二十三日大和国牒（『東大寺続要録』諸院篇・尊勝院）には、

「当国牒　　東大寺尊勝院衙
　衙牒一帋〈被載欲被任省符、早加挙常燈仏供料稲伍千束状〉
牒、去月廿三日衙牒偁、件仏供常燈料加挙省符、以先日副寺牒進送了、乞衙察状、早欲被加挙者、依省符幷衙
牒旨、加挙已了、乞衙察状、今勒状、以牒、
　　応和三年四月廿三日　　　権少目紀良種
守藤原朝臣安格〔親〕　（他の署名略）」

とあり、応和三年三月二十三日に大和国司にあてて送られた東大寺尊勝院牒に「件仏供常燈料加挙省符、以先日副寺

牒進送了」とあることから、省符の正文は東大寺が寺牒を添えて国衙に送っていることがわかると吉川氏は指摘する。しかし、この二つの文書から省符が東大寺に直接伝えられたと考えられるであろうか。

氏の指摘は、おそらく「奉行文言」から、東大寺尊勝院の牒が到来した応和三年三月二十三日に正文を「続ぎ収めた」と理解したことによるのであろう。しかしそのように理解することが可能であろうか。「先日寺牒を副えて送った」とする先日がいつの時点か不明であるが、民部省符が発給された応和二年三月に近い時点とすると、東大寺の要請を一年近く国衙で処理していないことになる。また先日を、尊勝院が大和国に牒を送った応和三年三月に近い時点とすると、尊勝院側で一年近く正文を保持していたことになってしまう。「奉行文言」には「正文続収於国已畢」とあり、「到来同三年三月廿三日」とは異なる時点と考えた方が無理がなく、正文はすでに大和国司のもとへ中央から送達されていたと考えるべきではなかろうか。

では、符の正文が当事者に伝達されることは八世紀から十世紀を通じてなかったのであろうか。次の史料、天平十五年（七四三）九月二日摂津職符（『東南院文書』三―一八四～一八五）は、奴婢を大宅加（賀）是麻呂に給うことを命じた符の正文で、東大寺に伝領されてきたものである。

「職符　嶋上郡司

合奴婢十一人（人名略）

以前奴婢等籍帳、已除付大宅朝臣加是麻呂戸已訖、郡宜承知、令見所有奴婢者、召対賤主、給之加是麻呂、符到奉行、

少進引田朝臣「真立」

天平十五年九月二日」

この正文の摂津職符を東大寺が保持している理由は不明とされるが[22]、奴婢の所有権を賀是麻呂に認めた摂津職符は、

賀是麻呂の手から東大寺に寄進した際に進められたものであろう。売買にともなう土地の所有を認定した売買券文が通常三通作成され、国・郡とならんで買主にも正文が交付された事例を想起するならば、この文書が所有権者に交付されていることも同様の措置と考えられる。

これまで、符の正文が直接当事者に伝達された事例としてあげられてきた八世紀の事例や、正文が当事者のもとに伝達されることが確実であるとされる十世紀の事例をいくつか検討してきた。そのなかで、延長四年の民部省符を除いて国家の行政命令を伝達する符の様式の文書は直接権利保持者に伝達されることはなかったことをみてきた。また延長四年の民部省符の場合にしても、宛所である大和国に伝達され、そこからいわば二次的に伝えられたとしても疑問は生じないことなどを指摘してきた。行政命令を伝達する符は、八世紀から十世紀にかけて、その正文が直接当事者に伝達されることはなく、当事者には符の案文が伝達されたと考えても矛盾はないことになる。安祥寺伽藍縁起資財帳でみたように、太政官符案・民部省符案・国符案とこれらをうけて国司が当事者へ発給した牒とがセットになって行政執行が機能していたことを示している。

時代は下るが、『小右記』寛仁三年（一〇一九）三月二十日条には、

「廿日、丁丑、左少弁経頼(源)来、依有所労不相遇、以人令伝進延暦寺四至官符幷山城国注申西坂下田畠文・鞍馬寺解文・田畠施入書等、件文等見了返給、至延暦寺四至官符・山城国注進西坂(下脱カ)田畠文可令覧大殿(藤原道長)、鞍馬寺解文者更不可経御覧、官省符在山城国歟、如件施入文所申可然、可仰上御社司之由示仰了也、」

とあり、「官省符在山城国歟」とする、太政官符・民部省符の国衙での管理・保管を当然のものと考える藤原実資の見解が示されており、原則的にはこの時期においても、中央から国・郡へ正文が伝達される行政命令としての符は、行政機構を通じて伝達され、行政が執行されるべきものと意識されていたということができる。

2　国家意思の伝達と行政の執行

国家意思、行政命令の伝達経路の記録について、奉勅上宣官符の由来を説いた坂上康俊氏は、奉勅でない太政官符の場合、命令の発出主体が示されないことになり、符式一般も位署のみでは決裁者が誰かわからないという事態が生じてしまい、案巻のような決裁システムを採用しなかったために生じた、決裁者が明示されないという事態の克服のためであろうとした(23)。このような方式で命令の伝達経路を記録にとどめようとした太政官符とは異なって、命令の伝達経路を織り込んで文書が作成されることが国符の場合には一般的である。例えば、天元四年（九八一）三月二十五日山城国紀郡司解案（『平遺』三一九）には、

「（端裏書省略）
紀伊郡司解　申請　国符事
合壱枚
被載応宛除円融寺御願法華三昧堂仏供常燈六僧供養幷雑用料田弐拾捌町参段弐佰柒拾陸歩状
（中略）
右、被今年三月十六日国符今日到来偁、民部省天元三年十一月廿七日符今年三月十三日到来偁、被太政官今年六月十九日符偁、（中略）大納言正三位兼行皇太后宮大夫源朝臣重信宣、奉　勅、依請者、省宜承知、依宣行之者、国宜承知、依件行之者、郡宜承知、依件行之者、所請如件、以解、
天元四年三月廿五日
惣行事紀〈判〉
行事秦」

とある。事実書きには、行政執行の命令下達のルートが、太政官↓民部省↓国↓郡となっていることが織り込まれて

【表２】

尾張国郡司百姓等解第31条	『政事要略』所引寛和三年太政官符雑事十三箇条
一、請被裁糺、去寛和三年ム月ム諸国被下給九个条官符内、三个条令放知、六箇条不知事	
下符三个条	
一条制止檀帯兵杖横行所部輩事	
一条追罰陸海盗賊事	
一条制止王臣家設庄薗田地国致国郡妨事	
未下符六箇条	
一条調庸雑物合期見上事	「応調庸雑物合期見上事」
一条調庸雑物違期未進国司任格見任解却事	「応調庸雑物違期未進国司任格解却見任事」
一条停止叙用諸国受領吏殄滅任国輩事	
一条禁制諸国受領吏多率五位六位有官散位雑賓趣任事	
一条全付公帳前司、塡納巳分、差官物事	
一条制止納官封家幷王臣已下庶人已上不用銭貨事	
	＊「応調庸雑物違期未進科責府司事」（大宰府関係）は解文にみえない。

いる。さらにこの国符をうけたことを郡が国に対して解の様式で提出した請文がこの文書であり、文書の奥にはこれを「請」けた主体である惣行事・行事の署名が連署されている。このように行政執行の命令は、所管―被管の官司機構を媒介として伝達されることを文書上に残すことが前提とされていた。このことは、直接人民を対象とした下達命令においても例外ではなかった。国符をうけて「深見村□郷駅長并刀祢等」にあてて発給された八か条の禁制を命じた郡符である加茂遺跡出土の牓示札の奥には、「□（二カ）月十五日請田領丈部浪麿」と、この郡符を「請」けた田領の署名がすえられている。人民への下達命令においても「請」の主体は人民ではなく、機構を媒介とした下達であることを示している。太政官・民部省の命令が直接には民衆には伝達されず、国や郡の行政ルートを経て伝達されるものであったことは、藤原元命の非法を三一か条にわたって訴えた「尾張国郡司百姓等解」の第三一条からも知ることができる。このときに発給され『政事要略』にも残されている太政官符を、解文で掲げる太政官符と

対照して掲げたものが【表2】である。第三一条で「未下符六箇条」とする太政官符は、おそらく元命にとって都合の悪かったであろう太政官符で、それらを国内に下していないことが糾弾されているが、国司の職務を意図的に忌避したことにより、「未下」となったものであり、行政ルートを通じてのみ行政命令が伝達されたことを示している。

国・郡の行政執行過程が示される史料として、「奉行文言」をもつ符式文書の存在がある。承平二年（九三二）八月五日太政官符案（『平遺』四五六〇）には、

「　案文
　件庄隠田地自《始》去延長七年春時真演勘顕也、弥以求為寺家勘領、請給正官符已、
　　同年十一月廿三日使小寺主僧真演
太政官符　伊勢国司
　応令東寺領掌施入田地佰捌拾伍町玖段佰捌拾歩事
（中略）
従四位上行勘解由長官兼左中弁参河権守紀朝臣〈在判〉　従五位下行左大史兼紀伊介錦部宿禰〈在判〉
　　承平二年八月五日
奉行　同年十一月廿三日　件正文須続収於国、而彼寺為永公験請正文了、依事功徳、案文加奉行、宛行正文又
　了、但案文二通、一通留国、一通給彼庄了、
（下略）」

とあり、正文にかわるものとして交付されたこの文書には、「奉行文言」が付されている。

【表3】は、「奉行文言」のある符式の文書を一覧表としたものである。【表3】から、本来は行政ルートにより、太政官→国（＝国司の奉行：四五六〇号）や、国符→郡（郡司の奉行：六二〇号）として符が伝達されていたが、新しい

【表３】 奉行文言のある符式文書

平安遺文番号と文書名	年　月　日	奉 行 文 言・署 名 者	備　考
七六　民部省符案	承和十二年九月十日 （845）	「奉行 同年十一月十五日、件正文続於国既畢、而彼寺為永公験、依事功徳、下知在郡之後、重案文二通加奉行、一通奉上東寺、一通給彼庄了、両郡司宜承知、依件行之、符到奉行、 正五位下行守兼斎宮権頭長峯宿禰「高名」大掾紀（草名） 右近衛少将従五位下行兼介坂上大宿禰　少掾藤原「康平」 権目在原（草名） 少目物部「貞利」」	偽文書
三三三　太政官符案	永延三年四月廿六日 （989）	守藤原朝臣〈判〉 宇智郡奉行 行事内〈判〉	
三五三　太政官符案	正暦二年十一月廿八日 （991）	奉行 守菅原　忌部 介菽原　伴 掾丈部　紀 大目　権介尾張 吉野 紀 小目紀	
三五四　大宰府符	正暦三年九月廿日 （992）	「奉行 少弐兼大介藤原朝臣（草名）」	○「大宰之印」十アリ。
四五二　太政官符案	寛弘六年十二月廿八日 （1009）	奉行　同七年八月一日 守藤原朝臣判　大掾内蔵 介　平　少目葛木 郡奉行 行事肥後掾内判	
四七六　筑前国符案	長和三年二月十九日 （1014）	「奉行 権掾日下部〈在判〉 行事中臣〈在判〉」	
四八六　筑前国符	治安弐年弐月弐拾日 （1022）	「奉行 同年同月廿三日 郡摂使安倍（花押）」	○「筑前国印」三十四アリ。
四八七　筑前国符	治安弐年弐月弐拾日 （1022）	「奉行 同年同月廿三日 郡摂使安倍（花押）」	○「筑前国印」十二アリ。
六二〇　大隅国符案	長久（元カ）六年八月八日 （1033）	奉行 大領藤原	
六七五　太政官符案	永承四年十二月二十八日 （1049）	奉行 大輔源朝臣〈在判〉　少録紀〈在判　同五年八月　日申〉 防鴨河使左小（マヽ）弁兼権大輔守藤原朝臣（泰憲）〈未到〉 大丞藤原 権小（マヽ）輔藤原朝臣〈未到〉　大丞藤原 平 藤原資任	
一〇一六　太政官符案	治暦三年二月六日 （1067）	奉行　治暦三年三月 守源朝臣〈在判〉　掾　紀 介伴朝臣 権介秦宿禰	
一二〇〇　太政官符	永保三年六月七日 （1076）	「奉行　応徳二年二月十六日 大介源朝臣（花押）　掾佐伯 介藤原朝臣（花押） 権介平」	○「天皇御璽」印三アリ。 ○「安芸国印」四アリ。
一七一九　太政官符案	天仁三年三月卅日 （1110）	奉行 天永二年十月廿七日 少弐惟宗朝臣〈在御判〉申上大典秦／大監紀朝臣／ 大監紀朝臣／大監藤原朝臣／	

		大監大蔵朝臣／大監紀朝臣／ 大監秦宿禰／権大監御春朝臣／ 大監紀朝臣／大監多治真人／ 大監紀朝臣／大監大蔵朝臣／ 少監大蔵朝臣／大典高橋朝臣	
四五五一　太政官符案	延喜二年十二月廿八日 （902）	奉行 守藤原朝臣　　権大掾小野／大掾菅野／ 権少掾文室／高田／ 藤原／権小（マヽ）目布勢／引田	
四五六〇　太政官符案	承平二年八月五日 （932）	奉行　同年十一月廿三日　件正文須続収於国、而彼寺為永公験請正文了、依事功徳、案文加奉行、宛行正文又了、但案文二通、一通留国、一通給彼庄了、 大介〈在名〉　　大椽伴〈在名〉 介佐味朝臣　　少椽藤原 権大目大宅 少目〈在名〉 秦 東寺 件官符案文判成下、 法橋上人位（花押） 上座大法師「観祐」　　高山寺（朱印） 寺主大法師「長賢」 承保（平カ）三年二月二日　　都維那法師「定縁」	○紙面ニ「造東寺印」百十七アリ、紙継目裏ニ法橋上人位ノ花押各一アリ。
四九〇九　太政官符案	正暦五年十二月廿八日 （994）	奉行 守菅原〈在判〉　　忌部〈在判〉 掾大部〈在判〉　　紀〈在判〉 介藤原〈在判〉　　伴〈在判〉 権介尾張〈在判〉　　大目〈在判〉 吉野〈在判〉 紀〈在判〉 小目紀〈在判〉	
四九一八　大宰府符	治安四年四月十五日 （1024）	「奉行 同年五月廿九日 少弐兼守平朝臣（花押）」	○「大宰之印」十五ヲ踏ス。 ○「筑前国印」四ヲ踏ス。

傾向として、第一に太政官符案に守とならんで「宇智郡奉行」として連署（三三三号）したり、第二に「太政官符案＋奉行文言」にかわり、「国符正文＋奉行文言」という形態が登場（四八六号・四八七号）していることを指摘できる。このうち第一の点は、国郡行政の共同執行体制ともかかわるものと考えられるので、次にこの点についてみておきたい。

次に掲げる正暦二（九九一）三月十二日大和国使牒（『平遺』三四七）は、東大寺と興福寺の相論に際して発給された行政命令である国符とそれをうけて行動した国使の活動を知ることができる史料である。

「国使謹牒　東大寺衙
　欲被相対公験弁定御寺所領春日
　庄田肆町玖段称菟足社并喜多院
〔領田脱カ〕相妨興福寺状

三町五段百八十歩〈称菟足社田〉　五段〈称観禅院田〉
四段〈称高鷲寺田〉　五段二百歩〈称勒道寺院田〉
牒、今月七日国符偁、被左弁官去年十月廿七日　宣旨偁、彼寺去三月十九日解偁、謹検旧記、件庄本願聖霊天平勝宝八年十二月十二日勅施入也、爾自以降、専無他妨、而今年三月十五日興福寺牒状偁、春日庄内、或称菟足社司所進神田、或称喜多院伝領田、将以進退者、因茲出下図帳公験、令披検彼寺司先了、然而猶陳可為社領田之由、耕作下種已了、縦件田正為神田者、寺家司与社司相共、依公験可糺定也、何興福寺横以妨領乎、加以未定理非之間、引率数多之寺人耕作下種、其所競作、甚以無道、然則以此道理、論彼無道、有闘乱口舌之事、望請　天裁、早下給宣旨、対向彼此公験、召問官底将糺理非者、左大臣（源雅信）宣、奉　勅、宜下知国宰、相対公験、令弁定言上者、国宜承知、依宣行之者、所仰如件、郡宜承知、官人幷使相共、且臨田頭、且対検寺社所領公験等、依実任理弁定、早以言上、但候公家裁定之間、其坪坪田、暫不可令耕作件社寺人々者、牒送如件、乞衙察之状、早相対公験、欲被弁定、今勒状、謹牒、

正暦二年三月十二日　使

大掾五百井「一蔭」

東市正藤原「元国」

」

これによると、国使の活動の経過は次のようなものであった。正暦元年三月十五日に興福寺は牒を東大寺に送り、春日荘内の田を菟足社司が進めた神田と称し、また喜多院伝領田と主張して興福寺の進退とすることを主張した。これに対し、同年三月十九日の東大寺解によると、東大寺側は図帳・公験を示して興福寺に披検させたが、興福寺側は依然として社領田であると主張して耕作を続けた。そこで公験を提出させ官底に召問して理非を決することを要請した。これをうけた同年十月二十七日の官宣旨で、国宰に下知して「相対公験」し、「弁定言上」せよとの命令が下さ

れ、これをうけて正暦二年三月七日に大和国は国符を郡に対して発給し、「郡宜承知、官人幷使相供、且臨田頭、且対検寺社所領公験等、依実任理弁定、早以言上」ことと、裁定が出る以前には係争中の坪について件の社寺人々の耕作を停止する、との二点を命じた。この国符をうけて、現地での勘検のため、同年三月十二日に国使として発遣された大掾五百井一蔭らが牒を東大寺にあてて発給したものである。

ここにあらわれた国使の具体的な行動は、正暦二年（九九一）三月十四日大和国使牒（『平遺』三五〇）によれば、国使が郡へと「因茲随身国符今月十三日到着在地」し、郡司とともに先の国符での行政命令を共同執行することであった。伊勢国の場合でも、寛仁元年（一〇一七）十月十六日官宣旨案（『平遺』四七九）に、「右得彼寺今月三日解状偁、彼庄去九月廿九日所進解状偁、今月三日国符、同廿七日使大掾三枝部助延幷郡司等随身到来、仰云、可弁進造宮料官宣旨加徴米之国符也、早副使、可進納件米者也、事已綸旨也、称不可申左右之由、勘責多端、不令東西、庄司・寄人等、入乱烟宅、苛責尤甚、（下略）」とされている。

国使と郡司による現地における共同執行体制においては、国の行政命令を執行するときに国符を「随身」することでその趣旨が伝達されたことが、これらの史料は示している。

三　情報伝達過程にみえる「史料体」相互の補完関係

これまで行政命令の伝達方式の特質、すなわち符は国—郡の行政ルートで必ず伝達され、それを受け取る＝「請」るものも原則として行政のルートに連なる者であったことをみてきた。しかし、この行政命令という情報を伝達する媒体（＝「史料体」）は、これまでみてきた紙に記された符に限られず、木簡あるいは音声など別の媒体・手段もありうる。とくに近年、木簡に記された符（郡符木簡が中心をなす）、また符が木簡に記されたことに注目が集まり、木簡の移動や廃棄のされ方から、情報伝達のあり方にも関わる成果が生み出されている。[24] ここでは、行政執行に関わる情報伝達に限って、木簡によるその特質を1で、音声（口頭）と紙の文書との関わりを2で検討しておきたい。

1　木簡と紙の文書

次の『日本霊異記』中巻第十話は、人を召す際に木簡が持っていた可視的機能をよく示している事例としてとりあげられるものである。

「　常に鳥の卵を煮て食ひて、現に悪死の報を得る縁　第十
和泉の国和泉の郡下痛脚の村に、一の中男有り、姓名未だ詳ならず。天年邪見にして、因果信不、常に鳥の卵を求めて、煮て食ふを業とす。天平勝宝六年甲午の春三月、知ら不兵士来り、中男に告げて言はく「国の司召す」といふ。兵士の腰を見れば、四尺の札を負ふ。即ち副ひて共に往き、（下略）　」

この「四尺の札」が果たした役割について、可視的機能という点から、注目すべき見解が鐘江宏之氏によって提示されている。氏の主張は、ここで召された中男が札に書かれた文書を見たことは明記されていない、召喚のために派遣された使者が木簡を携行していることがわかっただけで、命令が官司等から発せられたことが確かであると理解したとするものである。[25]

このことは、文書と口頭における情報伝達の関係を、文書主義とは異なる在地における人格的関係を媒介とした命令の下達としてとらえるべきであることを示している。つまり、人身召喚を命じた召文や符式文書が渡されるのは付託された者（この場合は召喚に来た兵士）の所までで、召喚される当事者には渡されていないのである。郡符木簡が郷長・里長や里正などの行政機構上に位置づけられる者しか宛所にしていないこととも即応している。これまでみてきた紙の文書である符の伝達のあり方と同様に、行政執行にかかわる命令下達文書は当事者に伝達されず、執行する機

構に伝達される原則の存在を木簡においてもみてとることができる。

木簡の機能と紙の文書との関係については、もう一つのあり方も指摘しておきたい。次の史料は、加茂遺跡から出土した六号木簡（『木簡研究』二三　二〇〇一年）である。

「・往還人［　　］丸羽咋郷長官
路□〔作カ〕［　　］不可召遂〔逐カ〕
・道公［　　］［　　］乙兄羽咋□丸
（別筆1）「二月廿四日」　（別筆2）『保長羽咋／男□〔伎カ〕丸』　」

この木簡は、古代北陸道を起点に西南西へ延びる八世紀前半には開削され九世紀末までその機能を維持していたとみられる大溝から出土した、一八一×二九×四（粍）という寸法の小型完型品である。本来正式の過所であれば、公式令22過所式条によって、二通作成され所司に申送されて審査の結果発給された場合に一通は案として、一通を判給することになっていた。過所式でいう所司とは、関市令1欲度関条の義解によれば外国にあっては「本部」すなわち本貫を管掌する所司であり、「先経本郡、々亦申国」とされている本貫地にもとづく郡→国による審査手続きを経ることであった。この木簡は、これまで出土した他の過所木簡と比べると小型であり、保長によって作成された、より簡便な通行証的なものと考えられている。単独で過所としての機能を有するのではなく、別の文書（例えば他国の管轄域での労働を命ずる国符やあるいは過所）を前提としてはじめて国境を越える機能をもつ補助的な文書である可能性も指摘されている。(26) 木簡と紙の文書の相互補完機能を前提として、木簡の位置づけを与えるべき事例であろう。

2　文書の伝達と口頭報告の供伴関係

口頭伝達の特質については、詔勅の伝達において果たした役割が強調されてきた。公式令75詔勅頒行条には、「凡詔勅頒行、関百姓事者、行下至郷、皆令里長坊長巡歴部内、宣示百姓、使人暁悉」とある。詔勅が百姓に「宣示」されることについて、百姓に伝えられるべき情報は、文字列に表記された情報の意味内容にとどまらず、「それが天皇によって下命された」というもう一つの重要な情報から成り立っていた[27]、詔勅などが諸百姓に伝達される場面でも音声による口頭の伝達であったが、文字に書かれた文書や木簡による天皇の詔勅の示達などは、諸百姓の手に達することのない制度であった[28]とする指摘がそれである。

しかし、行政命令一般の伝達という側面からは、正倉院文書にみえる「宣」について、宣の伝達が行なわれた場合、伝達した人物も宣者として現われることがある、宣者として現われる人物が、判署の主体もある、「宣」の実体が文書の署名者である場合もある、二名の宣者をもつ宣があるなどのことから、奈良時代の「宣」は必ずしも口頭伝達と同義のものではないことの指摘もある[29]。詔勅の伝達そのものからみれば大平氏・小林氏の指摘は確かに妥当な見解であるが、文書に残された「宣」について、口頭伝達の意義と文書の相互関係[30]という視点からの考察も必要ではないかと思われる。そのため、行政執行、政務の過程における口頭伝達と紙の文書との相互関係について、最後にみておきたい。

第一は、官司間の申請とその処理過程において、口頭報告とセットになった紙の文書が存在することである。天平宝字三年（七五九）三月十九日施薬院請物文（『大日古』一四―二七九）は、

「施薬院請物
　桂心壱百斤〈東大寺所収者〉
　右件薬、為用所尽、既無院裏、今欲買用、亦無売人、仍請如件、
　　天平宝字三年三月十九日
　　　葛木戸主
「宜」（勅筆）
」

と、施薬院が正倉院にある桂心百斤を請求したものであるが、このような請求は口頭で行なうのが一般的であり、したがって、この文書は請求書というよりは、口頭報告を補う「注文」（メモないしは資料）としての性格を有すると解される。[31] また、次の天応元年（七八一）八月十六日造東大寺司請薬文（『大日古』二五—附録一）は、

「造東大寺司
　合請薬柒種
　　桂心壱拾斤〈小〉　人参壱拾斤〈小〉
　　芒消参斤〈小〉　呵梨勒参佰枚
　　檳榔子伍拾枚　畢撥（根）壱拾両〈小〉
　　紫雪壱拾両〈小〉
　　　　天応元年八月十六日
　　　　　参議藤原朝臣」「家依□」（自署）（奉カ）
（異筆）（藤原魚名）「左大臣宣　　」

とあり、造東大寺司から東大寺（宝物）検校使を経由して太政官にもたらされた文書である。左大臣が宣し、検校使藤原家依が奉じたこの文書は、検校使から左大臣にもたらされ、大臣の口頭申請のための資料として、天皇に提示されたものと考えられ、[32] 口頭報告を補う注文、口頭申請のための資料としての文書という、両者のセット関係をみてとることができる。

第二には、周知のための補足説明の口頭伝達が文書上に反映され、表記・記録されていることである。天平十二年（七四〇）三月四日校生土師宅良手実（『大日古』七—四八一）には、

「校生土師宅良解　中校経事

（中略）

以前、得二月十九日司口宣称、自今以後一字落若三字誤、割紙百枚者、今依宣旨、校件勘出如前、以解、

天平十二年三月四日　（署名略）」

とあり、全員に一度に改定内容を周知させるために口頭伝達という方法がとられたことを示すとされている。(33)

九世紀においても、弘仁十一年（八二〇）十月十七日大和国川原寺牒（『平遺』四六）には、

「□《川》原寺牒　尾張国衙頭《マヽ》

請正判田裁事

合伍町伍段参佰弐拾歩〈在中嶋郡〉

（中略）

牒、件田施納尚久、時移人替、能不捜勘、漏落件坪、誤称志賀寺田、令沽買来既逕年序、今検国図、理不可然者、願也子細加検察、任図欲正判矣、仍録患由、以請国裁、謹牒、

弘仁十一年十月十七日　都維那入位僧「願忠」

別当少僧都伝燈大法師「勤操」　上座伝燈住位僧「明俊」

寺主伝燈住位僧「安連」

「申大目佐太国人」」

と文書の末尾に「申大目」と記されており、国府での申請に際して、文書の作成にあたる大目に説明したこと、周知のための口頭伝達が並行して行なわれていることを示している。

第三には、文書に表記・記録されることにとどまらず、最終的な意思決定・決裁の口頭での確認とそれの文書化、文字として固定化されるという、相互関係が存在することである。延暦二十三年（八〇四）六月二十日東大寺地相換

記（『東南院文書』二―三七八～三八二）には、

「相換地記

地弐町伯弐拾捌歩〈熟地七段　常荒地一町三段百廿八歩〉

右、造東大寺地、在山城国相楽郡蟹幡郷、

家地壱町弐段伯弐拾肆歩　五丈草葺屋壱間

右、従三位紀朝臣勝長家、在平城左京二条五坊七町、

以前地家、各有便宜、仍相換如件、

延暦廿三年六月廿日（署名略）

大和国司

覆検知実、

（署名略）

山城国司

覆検知実

（署名略）

「二通〈一通送家、副図、附使治部史生大石豊主、一通寺家留、〉」

「延暦廿三年春夏季帳、相替状、勘注付了、」

「左京二条五坊七町開発七段余

依東大寺地、除帳既了、

知事一番書生日置奥山

添上郡擬主帳「評家貞」
大同四年六月六日
造東大寺所使布師千尋　」
『読申案主安曇年人』
」

（下略）

とあり、東大寺と紀勝長家地の相博に際して、東大寺と勝長の署と両者の土地の所在国である大和国司と山城国司の勘検文言と署名が付されている。この文書には、「読申案主安曇年人」との書き入れが残されており、事務処理の最終段階で、決裁権者の前において文書を音読させた上で、その内容の承認の可否を決定したものとされる。[34]日本独自の庁務決裁方式として、「読申公文」、政における読申は、太政官に限られたものではなく、各官司に共通する決裁システムと考えるべきとの指摘もある。[35]最終的な政務処理・決裁の段階での手続きとして、口頭による確認とその決定が文字として文書に固定化されていたことを、この東大寺地相換記は示しているといえよう。

おわりに

これまで三章にわたって、八世紀から十世紀における古代文書のうち、主として行政執行の命令を伝達する目的で作成された符を中心として、情報伝達にかかわる紙の文書を中心とする文書の動き＝伝達過程に焦点をあてて検討を加えてきた。一では、律令官司の発給した文書（公文）の授受と伝達にともなう政務処理のあり方を、二では、公文のなかでもとくに行政執行に関わる符の文書の伝達過程を検討し、符の正文は行政機構を媒介にして伝達されること、それと並行して行政執行を当事者に伝達するために、正文とは別に案文が作成され、同時に牒の様式の文書が作成され交付されるというセット関係があったことを指摘してきた。また、このような行政執行に際しては国符正文を随身して行政機構を通じて情報伝達がなされてきたこと、当初は太政官符の正文を交付する代わりに「奉行文言」を付した太政官符案を交付してこれにかえていたが、新しい傾向として国符正文に奉行文言を付加する形式での伝達もあらわれるなどの情報伝達の変化にも言及してきた。三では、紙の文書による情報伝達過程において、木簡と紙の文書との相互補完機能があったこと、紙の文書に情報が固定化されるに際して、口頭伝達による情報が埋め込まれていることなど、「史料体」の供伴関係を抽出してきた。

対象とした紙の文書の発給時期が十世紀までを中心としたものに限定されたことから、今後さらに時代をひろげて、これらの問題に迫っていくことが課題として残されている。

注

（1）早川庄八「公式様文書と文書木簡」『日本古代の文書と典籍』吉川弘文館、一九九七年。
（2）早川庄八「太政官処分について」（『日本古代の文書と典籍』吉川弘文館、一九九七年）・「制について」（『日本古代の文書と典籍』吉川弘文館、一九九七年）。
（3）飯田瑞穂「太政官符の分類について」『古代史叢説』（飯田瑞穂著作集五）吉川弘文館、二〇〇一年。
（4）東野治之「大宝令成立前後の公文書制度――口頭伝達との関係から――」『長屋王家木簡の研究』塙書房、一九九六年。
（5）山下有美「文書と帳簿と記録」『古文書学研究』四七、一九九八年。
（6）石上英一「史料体論」『日本古代史料学』東京大学出版会、一九九七年。
（7）注（5）。
（8）加藤友康「平安時代の文書とその機能」『古代文書論――正倉院文書と木簡・漆紙文書――』東京大学出版会、一九九九年。
（9）東野治之「正倉院蔵鳥兜残欠より発見された奈良時代の文書と墨画」『正倉院文書と木簡の研究』塙書房、一九七七年。

(10) 鐘江宏之「計会帳に見える八世紀の文書伝達」『史学雑誌』一〇二―二、一九九三年。
(11) 鐘江宏之「公文目録と「弁官―国司」制――国司の公文進上に関する一考察――」『続日本紀研究』二八三、一九九三年。
(12) 注(10)。
(13) 注(10)。
(14) 注(10)。
(15) 市大樹「伊勢国計会帳からみた律令国家の交通体系」『三重県史研究』一六、二〇〇一年。
(16) 注(15)。
(17) 吉川聡「律令制下の文書主義」『日本史研究』五一〇、二〇〇五年。同氏の研究で特筆しないのは本論文である。
(18) 渡辺滋「「中世的文書主義」形成の諸段階――太政官発給文書に見える変化を中心に――」『ヒストリア』一九四、二〇〇五年。
(19) 注(17)。
(20) 注(18)。
(21) 石上英一「弘福寺文書の基礎的考察」『古代荘園史料の基礎的考察』上巻　塙書房、一九九七年。
(22) 注(17)。
(23) 坂上康俊「符・官符・政務処理」『日中律令制の諸相』東方書店　二〇〇二年。
(24) 佐藤信『出土史料の古代史』東京大学出版会、二〇〇二年。平川南『古代地方木簡の研究』吉川弘文館、二〇〇三年。
(25) 鐘江宏之「律令行政と民衆への情報下達」『民衆史研究』六五、二〇〇三年。
(26) 小里峰加「過所木簡の再検討」『日本歴史』六六九、二〇〇四年。
(27) 大平聡「音声言語と文書行政」『歴史評論』六〇九、二〇〇一年。
(28) 小林昌二「郡符と召文」『歴史評論』五七四、一九九八年。
(29) 吉川真司「奈良時代の宣」『律令官僚制の研究』塙書房、一九九八年。

（30）石上英一・注（21）でいう供伴事象。
（31）玉井力「請奏の成立」『平安時代の貴族と天皇』岩波書店、二〇〇〇年。
（32）注（31）。
（33）注（27）。
（34）渡辺滋「文書を書くこと・読むこと――日本古代における音声言語と書記言語の関係を中心に――」『駿台史学』一二六、二〇〇五年。
（35）注（29）。

〔付記〕本稿は、二〇〇六年十月十五日に愛媛大学において開催された公開シンポジウム「古代東アジアの社会と情報伝達」における研究発表の口頭報告を補訂して原稿化したものである。

日本古代の石文と地域社会
——上野国の四つの石文から——

前沢和之

はじめに

日本古代の石碑で現存するものは僅かであり、その存在や銘文のみ伝えられるものを含めても限られた数でしかない。この点で中国・朝鮮半島諸国と大きく異なることが、古代日本における文字文化の特性を窺わせると同時に、情報伝達や記録作成のあり方を示唆するものと見ることができる。そうした希少性からして日本において石碑は、それぞれが仔細に吟味される独自の価値を持つのを特色とすると言ってよい。とりわけ、存在する地域の社会状況を反映した原資料としての貴重性は高いものとなってくる(1)。

そこで本稿では、先ず日本古代の石碑を概観し、次に四基がまとまってある上野国（現在の群馬県域）に注目して、山上碑（やまのうえひ・特別史跡）を地域表象の観点から、多胡碑（たごひ・特別史跡）を情報伝達の視点から、金井沢碑（かないざわひ・特別史跡）と山上多重塔（やまがみたじゅうとう・重要文化財塔婆石造三層塔）を仏法流布の観点から検討する。その上で、これらの銘文の内容と建立の事情を通して、上野国地域の社会状況を描き出す試みをしたい。なお、これらは石碑と呼び習わされているが、金井沢碑銘には「石文」（いしぶみ）との表記が見られる。本稿ではこれに倣って、これまでの「石碑」に代えて「石文」の呼称を採ることにする(2)。

一　日本古代の石文

(1)　石文建立の背景

石文（碑）の建立は文字の普及と不可分な関係にあることから、日本固有のものではなく渡来文化の一つと見ることができる。実際に、唐の職制律第四四条には「成績が無いのに碑を建てたならば徒一年」とあるが、これを踏襲した養老職制律の諸司遣人妄称己善条ではこの箇所を欠いていることからも、日本の古代社会では石文への認識が薄かったことが読みとれる。(3)その中で、養老喪葬令具官姓名条に「墓には皆碑を立てよ」（『令集解』古記は「石に題を鑿む」）とあり、造墓の一部として意識されていたことに注意しておきたい。

これらのことから古代日本での石文の建立は、文字を多用する律令政治の整備や仏教の普及と密接に関わるものと考えることができる。墓誌や骨蔵器銘文に官人と僧侶が多く見られるのは、こうしたあり方を示すものであろう。

(2)　石文の現状と検討

古代日本の石文を見ると、現存するもの一八基（六四六～一〇六四年）・記録のみのもの七基（五九六～八二五年）で、合計二五基の存在が知られている。その概要を一覧表にすると【図表1】のようになるが、これを本稿での視点に即して区分してみる。

①時　期

七世紀第4四半期～八世紀第3四半期のもの＝一四基

②所在地

【図表1】 古代日本の石文（碑）

No.	名　称	所在地または由来地	年　代	種類区分
1	宇治橋碑	京都府宇治市	大化2年（646）以降	架橋記念碑
2	山上碑	群馬県高崎市	辛巳年（681）	追善供養碑（僧）
3	那須国造碑	栃木県大田原市	庚子年（700）	顕彰碑（評督）
4	多胡碑	群馬県吉井町	和銅4年（711）	建郡碑
5	超明寺碑	滋賀県大津市	養老元年（717）	記念碑（僧）
6	元明天皇陵碑	奈良県奈良市	養老5年（721）	墓碑
7	阿波国造碑	徳島県石井町	養老7年（723）	墓碑
8	金井沢碑	群馬県高崎市	神亀3年（729）	供養碑（知識結縁）
9	竹野王多重塔	奈良県明日香村	天平勝宝3年（751）	記念銘（造塔）
10	仏足石	奈良県奈良市	天平勝宝5年（753）	仏足石
11	仏足石跡歌碑	奈良県奈良市	天平勝宝5年（753）カ	歌碑
12	多賀城碑	宮城県多賀城市	天平宝字6年（762）	記念碑（修造）
13	宇智川磨崖碑	奈良県五条市	宝亀9年（778）	磨崖碑（偈文）
14	浄水寺南門碑	熊本県宇城市	延暦9年（790）	造寺碑
15	浄水寺灯籠竿石	熊本県宇城市	延暦20年（801）	寄進碑（僧）
16	山上多重塔	群馬県桐生市	延暦20年（801）	造塔銘（如法経）
17	浄水寺寺領碑	熊本県宇城市	天長3年（826）	寺領碑
18	浄水寺如法経碑	熊本県宇城市	康平7年（1064）	如法経塔
a	伊予道後温泉碑	（愛媛県松山市）	法興6年（596）	記念碑（温泉）
b	藤原鎌足碑		天智8年（669）	墓碑
c	釆女氏塋域碑	（大阪府太子町）	己丑（689）	塋域碑
d	南天竺波羅門僧正碑	（奈良県奈良市）	神護景雲4年（770）	造像碑
e	大安寺碑	（奈良県奈良市）	宝亀元年（775）	造寺碑
f	沙門勝道歴山水宝玄碑	（栃木県日光市）	弘仁11年（814）	顕彰碑
g	益田池碑	（奈良県）	天長2年（825）	記念碑（造池）

＊1～18　現存するもの、a～g　滅失したもの

畿内＝十一基　東国（関東地方以北）＝七基〔2・3・4・8・12・16・f〕

九州＝四基　四国＝二基　不明＝一基

③種　類

仏教・寺院に関わるもの＝十五基

地方行政に関わるもの＝三基〔3・4・12〕

④形　状

笠・屋蓋をもつもの＝八基〔3・4・7・9・14・16・17・18〕

この要点をまとめると、七世紀末期から八世紀後期に多いこと、畿内と東国に多いこと、仏教・寺院に関わるものが半数以上あることになる。また、地方行政に関わるものの全部が東国（東山道）に在り、その内の二基は笠（屋蓋）をもつ形状に整えられていることにも注目される。(4) こうした石文のあり方に着目して、上野国地域の政治動向と社会状況に関わる検討を進めていく。

二　山上碑——地域表象の石文——

群馬県南西部の高崎市には山上碑〔2〕と金井沢碑〔8〕、多野郡吉井町には多胡碑〔4〕が、丘陵を挟んだ近接した位置に存在している（【図表2】）。この中で最古の山上碑は、石文全体の中で二番目に古く、完存するものとしては最も古いものである。この立地と銘文の内容から、地域の社会状況の表象としての意義を検討してみる。(5)

【図表２】　関連略図

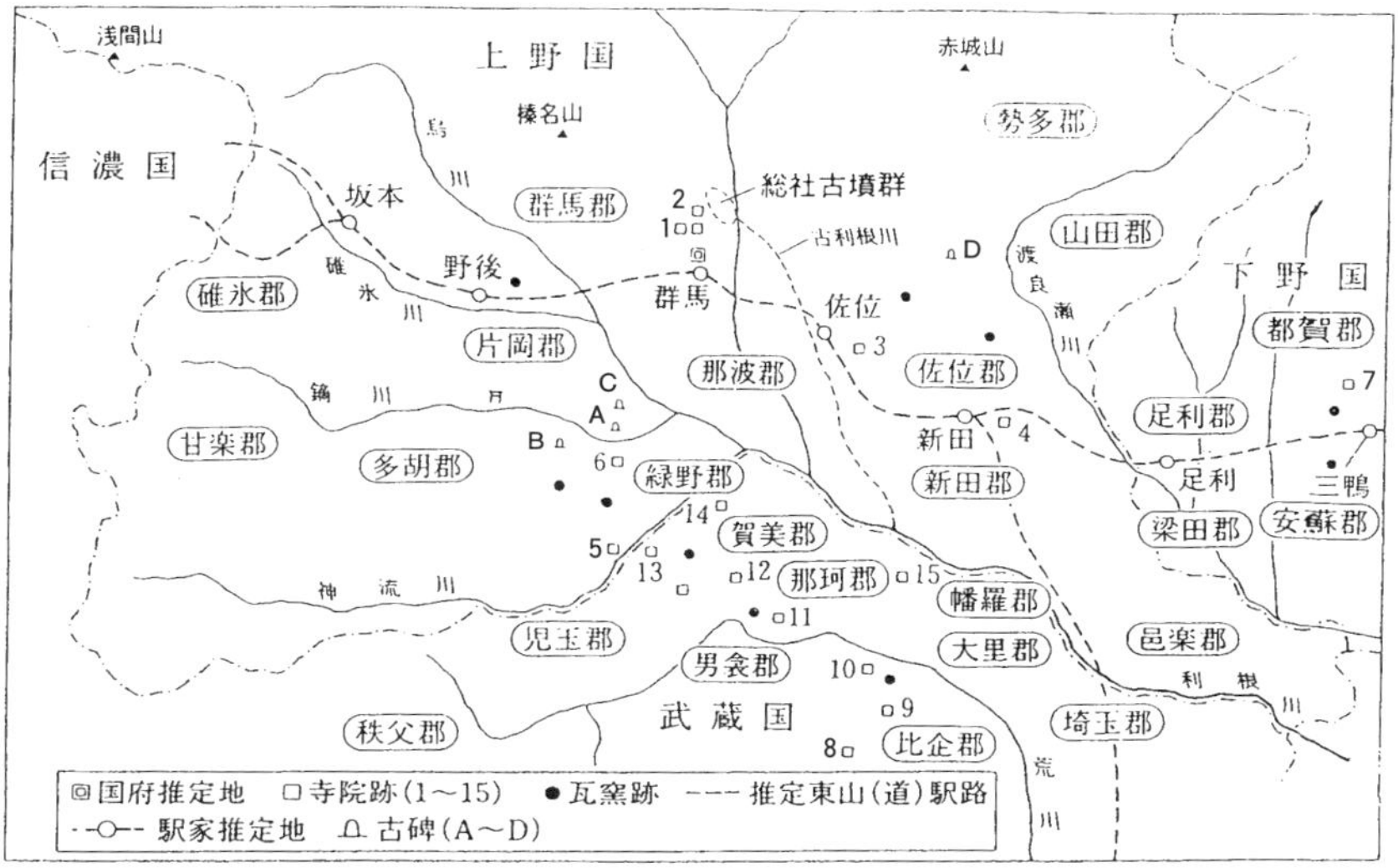

１上野国分二寺　２山王廃寺　３上植木廃寺　４寺井廃寺　５緑野寺　６黒熊中西遺跡　７大慈寺　８慈光寺　９寺谷廃寺　10諦光寺廃寺　11馬騎の内廃寺　12大仏廃寺　13城戸野廃寺　14五明廃寺　15西別府廃寺　Ａ山上碑（681年）　Ｂ多胡碑（711年）　Ｃ金井沢碑（726年）　Ｄ山上多重塔（801年）

（１）　石文の状況【図表３】

①所在地：群馬県高崎市山名町字山神谷（旧・上野国片岡郡→多胡郡）、丘陵上縁部　②材質：輝石安山岩（自然石・榛名山系河川の転石）　③法量：碑身＝幅四七cm・厚さ五二cm、高さ一一一cm　④来歴：丘陵上の現在地周辺または丘陵下に在ったと伝えられる。⑤その他：東側に接して山上古墳（墳丘は山寄せ式で径約七・八m・截石切組み積み横穴式石室）がある。

（２）　銘　文

辛己歳集月三日記
佐野三家定賜健守命孫黒売刀自此
新川臣児斯多々弥足尼孫大児臣娶生児
長利僧母為記定文也　放光寺僧

①文字：四行五三字、楷書体（風化のため不鮮明な部分あり）　②内容：第一行「辛己歳集月三日記」、第二～四行で「佐野三家を治定された健守命の子孫の黒売刀自の児の長利僧が、母のために記し定

【図表3】　山上碑

めた文」、第四行後段に一文字分空けて「放光寺僧」と記す。

この山上碑は、山上古墳との関係から原位置に残る全国で唯一の墓碑であると同時に、古墳の被葬者と築造年が判明する稀有な例として、考古学分野でも注目されてきた。しかし一方で、建立者が放光寺僧であることから、霊魂のみが寺院にとどまるとの仏教観をもつ僧が、霊肉不分離の埋葬施設である古墳を造るという、矛盾したことを行っているとの問題点も出されていた。[6]さらに古墳研究の面から、山上古墳は七世紀中葉の築造で、銘文の「辛己歳」＝六八一年よりも古くなることが指摘され、これを墓碑とすることが疑問となった。[7]

（3）　建立の目的

ここでは「僧」の用字と銘文の構成に着目して、これらの問題を検討してみる。

ア　「僧」の用字法

○「長利僧」＝「健守命」の「命」・「黒売刀自」の「刀自」のように、銘文の人名表記は〈個人名+尊称〉の形をとっており、「長利」の名に尊称的用法として「僧」を付けたもの。

○「放光寺僧」＝第一行に対応する形となっており、「記」した本人をあらわしたもの。

つまり、両者を同一人物と考えて、「母の為に記し定めた文」の撰文者が「長利僧」（息子としての表記）、それを「記す」ことで石文としたのが「放光寺僧」（現在の立場の表記）と理解することができる。(8) 同様な表記例は、和銅七年（七一四）の僧道薬墓誌の「佐井寺僧　道薬師」と養老元年（七一七）の超明寺碑〔5〕の「超明僧」の表記、天平二十一年（七四九）の行基骨蔵器残欠にも見られる。

イ　山上古墳との関係

この銘文には、養老喪葬令具官姓名条に規定される官職・事績などが記されていない。この点からも墓碑とすることは難しく、前項のことを含めると長利が母の墳墓の側に、菩提追善のために建立した石文と見るのが穏当である。山上古墳築造よりも一世代後に建立されたものであり、前に述べた矛盾点と問題点も解消する。

（4）建立の背景

「放光寺」であるが、この石文の北方の前橋市総社町に在る七世紀中～後期に建立された山王廃寺跡から、「放光寺」のヘラ書きや「方光」の押印のある瓦が出土し、これが放光寺跡であると断定できた。また、長元三年（一〇三〇）の上野国司交替の際に作成された不与解由状の草案である「上野国交替実録帳」の、定額寺の項目の筆頭にあげられている「放光寺」もこれに当たると見ることができる。(9) つまり、放光寺は山上碑が建立される少し前に上野国群馬郡（正確には上毛野国車評）に地域豪族によって建立された本格的な寺院で、佐野三家を管掌した氏族に連なる長利はその僧になっていたのである。

この頃の寺院の状況を見ると、天武天皇四年（六七五）四月に大斎を設けた際には二四〇〇余名の僧尼を集めた（『日本書紀』）とあり、各地の遺跡からも明らかなように、地方では豪族による寺院の建立が盛んに進められていた。そうした状況を受けてか、同八年（六七九）四月に寺封の統制が命じられ、併せて「諸寺の名を定める」ことが行われた（同）。これがどのような基準で実施されたかは詳らかでないが、この前後の寺院政策から見て僧尼の存在が要件の一つとされたことは間違いあるまい。長利が僧として居た寺院は、中央政権による選別を経て「放光寺」の寺名を認定されたものと見てよいであろう。

以上のことから、末尾に建立者として「放光寺僧」と記したのは、国内の有力寺院で枢要な立場を得ていることを表明し、それを後世にも伝達するためであったと考える。

（5）地域表象としての意義

七世紀後半の地方での寺院の建立は、それまでの古墳に代って新たな地域支配権の象徴としての意味をもつものと理解されている[10]。それは従来の伝統的な首長権継承の祭祀が、祖霊追善的な原理をもつ仏教へと転換することを示すものでもあった。ただし、寺院は建立の際の技術や資材の調達、また、経営における僧尼の配置や経典の準備、伽藍の営繕などに要する経費と手間において、古墳とは根本的に異なるものがあることに注意しなくてはならない。それを可能にするのは中央の政権や有力氏族との強い結びつきであり、その面で寺院の建立と経営は新たな地方支配策としての面をもっていたのである。そして、それを受け入れる側の地方豪族層には、経済的な負担の外に仏法僧を敬いその縁に連なることが求められる。山上古墳に接して建立され、「僧」であることを強く表明している山上碑は、その動向の具体的な例として意義付けることができる。

三　多胡碑——牓示と口示の石文——

多胡碑は山上碑の南西方に在るが、地方行政に関わるものであり笠石をもつ整った形状に加工されていることで、山上碑・金井沢碑〔8〕とは大きく異なっている。この立地と形状、また、銘文の内容から、郡における情報伝達手段としての意味を考えてみる。[11]

（1）碑の状況【図表4】

①所在地：群馬県多野郡吉井町大字池字御門（旧・上野国甘良郡→多胡郡）、平坦地　②材質：牛伏砂岩（転石を成形）　③法量：碑身＝上部　幅六〇cm・厚さ五五cm、下部　幅六五cm・厚さ五〇cm、高さ一二六cm　笠石＝方九〇cm、高さ中央二五cm・端部一五cm　④来歴：連歌師宗長『東路の津登』（永正六年〈一五〇八〉）に「上野国多胡郡弁官符碑」とあるのが初見。日本古代の楷書体の事例として、書道界からも重視されている。

【図表4】　多胡碑

（2）銘文

弁官符上野国片岡郡緑野郡甘
良郡幷三郡内三百戸郡成給羊
成多胡郡和銅四年三月九日甲寅
宣左中弁正五位下多治比真人
太政官二品穂積親王左太臣正二
位石上尊右太臣正二位藤原尊

①文字：六行八〇字、楷書体（後世の追刻箇所あり[12]）
②内容：第一～二行で「弁官が上野国・片岡郡・緑野郡・甘良郡に符すに、三百戸を併せて郡と成し、羊に

給わりて多胡郡と成す」の本文、第三行後半で「和銅四年（七一一）年三月九日甲寅のことなり」の日付を記す。第四行は「宣するは左中弁正五位下多治比真人」と通達手続きを示す。改行して第五～六行で「太政官は二品穂積親王、左大臣は正二位石上尊（朝臣麻呂）、右大臣は正二位藤原尊（朝臣不比等）」と太政官の構成を記す。

銘文の内容は、『続日本紀』和銅四年三月辛亥（六日）条の「上野国甘良郡の織茂・韓級・矢田・大家、緑野郡の武美、片岡郡の山等の六郷を割きて、別に多胡郡を置く」の記事と符号している。中世以来「羊太夫」の説話が伝承され、地元では「羊さま」として信仰されている。古代史研究の面からは、江戸時代から「弁官符」はどの公文書を指すのか、「羊」を人名と見るのかを中心に読み方と解釈で多くの説が出されてきた。(13)

この石文も地域資料であるが、律令政治に関わる内容をもつことから他の史料との比較検討が可能である。ここでは、和銅六年（七一三）五月に編纂が命じられ、建郡（正確には評）記事を載せる『風土記』を同時代史料として採り上げ併せて検討する。

（3）　建立の目的

前述の二つの史料との比較を通して、多胡碑建立の目的を探ってみる。

ア　『続日本紀』記事との比較

『続日本紀』で使われている「割」「置」の文字が、銘文には使われていないことに注目する。同書に記載されるのと近い時期の建郡記事は、「〇〇郷を割き（分け）て□□郡を置く」とするのが普通であり、養老公式令論奏式条にも対象とする事項の中に「国郡を廃て置かむこと」があげられている。そうすると、多胡碑銘文の解釈と建立の目的については、律令の法制的手続きと離れた立場から行われたと考えて検討を進めるのが順当である。

イ　『風土記』建郡（評）記事との比較

一例として『常陸国風土記』行方郡の条をあげると、「古老の曰へらく、難波の長柄の豊前の大宮に馭宇しめしし天皇のみ世、癸丑の年（六五三）、茨城の国造・小乙下壬生連麿、那珂の国造・大建壬生直夫子等、惣領高向の大夫・中臣幡織田の大夫等に請ひて、茨城の地の八里と那珂の地の七里とを合せて七百余戸を割きて、別きて郡家を置けり」とある。もとは地元の古老からの伝聞に基づいて作成されたものであるが、「割」「置」が使われているのは、国司によってとり纏められたことによるものであろう。この記事により、大宝令制下でも「割」「置」の法制用語が使われていたことがわかる。

また、各郡の記事の構成要素を見ると〈時期〉・〈関係者（地元側・政府側）〉・〈経過〉・〈建郡・郡名の由来〉で共通しており、これらが地元で伝えられてきた要点と見なすことができる。それを多胡碑銘文と照合すると地元側関係者が不詳であるが、銘文でこれに該当するのは「給羊」以外にはない。そこで八世紀に人名の「羊」があるかを調べると、木簡・出土文字資料を含めて九四例（「比都自」等の表記を含む）が知られる。(14) このことから「給羊」を「羊に給いて」あるいは「羊が給わりて」と読み、「羊」を新たに郡領に任じられた人名と理解することに最も妥当性がある。これについては、同じ北関東にあり七〇〇年の年号をもつ那須国造碑（3）に「那須の直葦提は評督を賜り」と、後の郡領に当たる評督への任命を地元の関係側は「被賜（たまわりて）」と表記しており、多胡碑が「給羊」とするのと共通している。この箇所が『続日本紀』の記事に見えていないのも、銘文独自の記載であり碑建立の目的が込められた部分ととらえることができる。これらにより、多胡碑は「羊」の事績を明記してそれを伝達する立場から、「羊」自身かその関係者によって作成された可能性が高いと判断できる。

（4）建立の背景

十二世紀に成立した『朝野群載』の諸国雑事上・国務条々事の中の「老者を粛して風俗を申さしむ事」に、改易（国司）を任じるごとに「高年者に諸事を申さしむべし。遍く故実を問へば、善政あり。旧風を改めむべからず」とある。これにより、国司は赴任先で古老から地元の風俗や故実を聞くという伝統があったことがわかる。この手法は先述の『風土記』と同様であり、地域に関わる基本情報として建郡の経緯が含まれていたのは間違いあるまい。多胡碑の建立には、新郡の建置の情報を石に刻んで末代まで伝える目的があったと考えてよいであろう。山上碑と異なり、笠石を載せた整った形に造られ銘文も大き目の文字で深く彫られているのも、この意図によるものと考えられる。(15)この点で多胡碑は、石に刻まれた『風土記』と呼んでよいであろう。

（5）情報伝達からの意義

養老公式令詔勅頒行条は「凡そ詔勅を頒行せんに、百姓の事に関わらば、行下して郷に至らば、みな里長・坊長をして部内を巡歴せしめ、百姓に宣示し、人をして暁悉せしめよ」と規定している。人々に関わる命令については「宣示」して周知させること、つまり口頭で伝達するものとされているのである。これについては、『令集解』儀制令の春時祭田条の古記が引く一説にも「国家の法を告げ知らしめる」とあることから、大宝令制下でも同様であったと見てよい。この問題については、近年地方政治の実態を示す資料として注目されている、郡符木簡の使用法が参考になる。つまり、百姓は木簡に書かれた文字が読めたわけでなく、これをもたらした使者が面前で内容を読み上げたこと、また、長大な木簡を示すこと自体が一つの権威であったとされることである。(16)この情報伝達の実態は、石川県河北郡津幡町の加茂遺跡から出土した嘉祥二年（八四九）二月十五日の年紀をもつ郡符木簡（牓示札）で実証された。この文中には「郡は宜しく承知し並びて口示すべし」「路頭に牓示」と、口頭での伝達と併せて路頭に掲示することが明記されている。[17] 墨書土器などから知られる古代の地方での文字使用の状況から見て、牓示と口示の二つの情報伝達の手段が併用されていたのは当然で、実態としては口示による方法が主であったと考えてよいであろう。

多胡郡の建置は公式令詔勅頒行条の適用を受けるに相応しい事柄であり、その情報は最終的には百姓に「宣示」されるものであった。多胡碑はこの役目をもった石文と考えることができるのである。その銘文は律令公文書を直接書き写したものではなく、それらを含めて関係する情報を建立者が取捨選択して構文したと見てよかろう。「割」「置」の法制用語が使われていないこともその傍証となる。その上で撰文に当たっては、建郡に関する要件が明確に表現されていること、読み上げた時の語調の良さが加味されたと考える。[18]

四　金井沢碑――氏族結縁の石文――

高崎市街地南西の丘陵地帯の、山上碑と近接した位置に在る。銘文には判読が困難となっている箇所があるが、その内容から地域氏族の仏法による結縁の資料としての意義を検討してみる。

（1）　石文の状況

①所在地：群馬県高崎市山名町字金井沢（旧・上野国片岡郡→多胡郡）、丘陵中腹　②材質：輝石安山岩（自然石・榛名山系河川の転石）　③法量：碑身＝幅七〇㎝・厚さ六五㎝、高さ一一〇㎝　④来歴：『山吹日記』（一七八六年）に、現在地の山の付近から掘り出されたとの伝聞が記録されている。また、村人が洗濯石として使っていたとの言い伝えがある。

（2）銘文

上野国群馬郡下賛郷高田里
三家子□為七世父母現在父母
現在侍家刀自他田君目頬刀自又児加
那刀自孫物部君午足次馴刀自次乙馴
刀自合六口又知識所結人三家毛人
次知万呂鍛師礒マ君身麻呂合三口
如是知識結而天地誓願仕奉
石文
　神亀三年丙寅二月廿九日

①文字：九行一一二字、楷書体（風化のため不鮮明な部分あり）②内容：第一行の「上野国群馬郡下賛郷高田里」は願主である「三家子□」の居所を示す。第二～五行前半で三家子□以下孫までの親族六人の名前をあげ、第五行後半～第六行で知識を結んでいる同族の「三家毛人」等三人の名前を示し、第七行でこれらがともに知識を結んで父母先祖等の供養を誓願することを記す。第八行でその石文であること、第九行で建立の年月日を示している。

「下賛郷高田里」は他の史料に見られず現地名としても残っていないが、「賛」を「さぬ」と読んで高崎市街地南部の佐野地域に推定する見解もある。[19] 銘文は地方の氏族の血縁や系譜研究の資料としても注目されており、第二行の願主を示す「三家子□」は「三家子孫」と読まれ「三家の子孫」と解釈されてきた。それが勝浦令子氏により、「孫」の箇所は判読困難であり、銘文の構成からして個人名の表記であるとの指摘がなされた。[20]

（3）建立の目的

ア　山上碑との関連

改めて実物を確認しても「三家子孫」と判読することは難しく、勝浦氏の指摘のように「三家子□」とするのが妥当であろう。これにより山上碑の「佐野三家」の系譜に繋がると見なすことができ、父母先祖等の供養を誓願することでも共通している。また、所在地が近接していること、石材の質や自然石を使った形状が類似することからも、両者は密接な関連をもつものと考えてよい。

イ　「知識」の用字

建立の目的を考える上で、銘文に「知識ヲ結ブ」の表記が第五行と第七行の二ヵ所で使われていることに注目される。これにより全体の文意からすると、第五～六行の三家毛人等三人の知識を結ぶ行為が先にあったと理解できる。そして今回、三家子□等の六人が新たに知識を結び、それに加わったという時間的な経過を含んだ構文となっている。つまり金井沢碑は、前代に有力寺院の僧を輩出した氏族が、血縁同族の間で仏法による連帯を広めた証として、その事積を後世の関係者に伝達する石文なのである。

（4）建立の背景と意義

上野国では、和銅二年（七〇九）正月の陸奥・越後国での蝦夷による騒乱に際して兵士の徴発が行われて以来、柵戸も含めて多数の農民が陸奥・出羽国へと動員されていた。そして、金井沢碑が建立された二年前の神亀元年（七二四）には、多賀城の設置にともなって「坂東」が設定され、上野国は蝦夷統治のための人員や物資を供給する戦略的後背地に組み込まれた。これにより人々には恒常的に重い負担が課せられ、兵士や運搬人夫等の労役は生活を破壊し、地域社会の崩壊を招きかねないものであった。[21] また、和銅四年（七一一）の多胡郡の新設といった地域の政治構造の再編も、地方有力氏族層に動揺をもたらしたであろう。

こうした社会情勢の中で、前代から寺院とつながりをもっていた先進的氏族は、同族間の靭帯を再確認するとともに、現世救済の願いを求めてその結縁の拡張強化に努めていったと考えられる。山上碑と金井沢碑の二つの石文は、このような緊張した地域の状況に対応した、仏法の流布の様子を伝えるものと見なすことができる。その上で、群馬郡域から西部に多く分布が見られる物部氏がこれに連なったことは、この地域の仏教の有り様に大きな影響を及ぼしたものと考える。(22)

五　山上多重塔——衆生救済の石文——

桐生市の赤城山南麓に広がる畑地にあり、塔身と屋蓋、相輪からなる石造の三層塔である。延暦二十年（八〇一）の年紀があり、石造の層塔としては奈良県高市郡明日香村の龍福寺にある、天平勝宝三年（七五一）の竹野王多重塔〔9〕に次ぐ古いものである。塔身各層の四面には、南面最上層から下へと左廻りの順で銘文が刻まれている。

（1）　石文の状況

①所在地：群馬県桐生市新里町山上（旧・上野国勢多郡）、台地上の平坦地　②材質：多孔質の輝石安山岩（赤城山起源の噴出物）　③法量：塔身＝幅六〇㎝・厚さ六〇㎝、高さ一〇三・五㎝、屋蓋＝幅五一～七〇㎝・高さ二四・五㎝

④来歴：明治後期から昭和初期での開墾の際に発見されたと見られ、存在が知られるようになったのは一九二九年からである。

（2）銘　文

如法経坐　奉為朝庭　神祇父母　衆生含霊
小師道　輪延暦　廿年七　月十七日
為丞无間　受苦衆生　永得安楽　令登彼岸

①文字：各層の四面に四ないし三字ずつで計四五字、楷書体（石質と風化のため不鮮明な部分あり）②内容：書き出し箇所については異説もあるが、上層南面の「如法経坐」とするのが穏当であろう。そうすると、「如法経」を「朝廷」をはじめ「神祇・父母」「衆生」等のために奉る、「無間」地獄の苦を受ける「衆生」を救い、永く「安楽」を得て「彼岸」に登れるようにするため、との内容になる。そして、中層に主導者である「小師道輪」の名と建立の年月日を記す。

道輪は他の史料には見えておらず、出自や経歴は不明であるが、日光二荒山を開山し延暦年間に上野国講師を務めた勝道〔f〕や後述する道忠と一字を同じくしており、何らかの関係があった可能性はある。この付近には「相窪」（僧ヶ窪）・「ごまんどお」（護摩堂）・「しゃかどう」（釈迦堂）などの地名が残るが、周辺部の発掘調査では寺院らしい遺構は見つかっていない。[23]

（3）建立の目的

赤城山南麓のこの付近では善昌寺裏山火葬墓・熊野火葬墓・鏑木火葬墓群等で、石製の骨蔵器をもつ八～九世紀の遺構が多数見つかっている。また、南東約二㎞の台地頂上部にある武井廃寺跡（国史跡）には、一辺が七・八ｍの八角形の基壇の中央に心礎状の石を据えた、仏教に関連すると見られる古代の遺構が在る。これらから、八〇〇年頃にこの一帯では人々の間に仏法が浸透しており、特色ある仏教活動が営まれていたことがわかる。

仏塔を模った山上多重塔も、そうした活動で建立されたのであろう。塔身頂部には径三三㎝・深さ約二〇㎝の穴があり、ここに如法経（法華経）が納められていた。これからも単なる記念碑ではなく、経巻を祀った活動の拠り所であったのは明らかである。銘文には護国の意志も見えてはいるが、上層・下層の二ヵ所に「衆生」の言葉が繰り返されていることから、その主たる目的が民衆の救済にあったのは間違いないであろう。

（4）建立の背景と意義

八世紀後期になっても、蝦夷地での軍事行動に伴う坂東諸国の人的・物的面での負担は重いままであった。その結果、延暦二年（七八三）四月乙丑（十八日）の勅で「遂に坂東の境恒に調発に疲れ、播殖の輩久しく転輸に倦む」（『続日本紀』）と述べられているように、民衆の疲弊は深刻な状況になっていた。その救済のために賑給等が行われたが、徴発や動員の負担は止むことが無く、同九年（七九〇）十月癸丑（二一日）の太政官奏では「当今坂東の国は久しく戎場に疲れ」と負担は貧しく弱い者に重いことが報告されている（『続日本紀』）。

こうした現状を知った上でも、律令政府はその国家理念として蝦夷の平定と統治の政策を続けなくてはならなかった。その矛盾を緩和するために、物質的な救済に加えて精神面からの慰撫策が講じられたとしても不思議でない。人々の滅罪と救済を謳う法華経の教えは、こうした坂東の民衆に対してこそ真価を発揮すると注目されたであろう。[24] さらに、八世紀中期の国分寺や東大寺の建立を通して広まった「知識」が、広範な民衆を仏法の下に結集させる素地を形成していたと考えるのである。

おわりに――石文から見た地域社会への予察――

これまで上野国の四つの石文について、内容と建立の目的、その背景を検討してきた。まとめに代えて、いくつかの資料と地域社会の動向から石文との関連を述べてみる。

（1）上野国分寺跡出土瓦から

上野国分寺（前橋市・高崎市、旧群馬郡）の塔創建時（七四一〜七四八年頃と推定）に使われた素弁八葉の軒丸瓦は、同型のものの採集状況から多胡郡の滝ノ前窯跡・末沢窯跡（吉井町）、緑野郡の金井窯跡（藤岡市）などで生産されたと推定できる。これに対して、金堂創建時の素弁五葉の軒丸瓦は、勢多郡・佐位郡・山田郡の境近くにある笠懸窯跡群（みどり市）で生産されている。つまり、上野国分寺の創建時期の軒瓦は、塔は南西部の諸郡、金堂は中東部の諸郡が分担して生産を担ったことがわかる。

それが、伽藍の補修用の瓦（八世紀後半〜九世紀）になると様相は大きく変わってくる。瓦にヘラ描きされた地名は、「多胡郡織裳郷」「八田」「辛科」「山宇」「武美」と多胡郡のものが大部分を占め、「緑野郡」などが少数混じる傾向が顕著である。また、それらの中には「山宇物マ〈部〉子成」「山宇子文麻呂」「八伴氏成」「辛科子浄庭」「織山長麻呂」のように、多胡郡に居住する物部氏（山字〈名〉郷）、伴氏（八〈矢〉田郷）、子氏（山字郷・辛科〈韓級〉郷・武美郷）、山（部）氏（織裳郷）等の名がヘラ書きされたものが多数ある。これは補修用の瓦は専ら多胡郡・緑野郡で生産されたこと、それが当地の物部氏等によって担われたことを示している。物部氏は前述の金井沢碑に知識として見えており、護国・法華滅罪の拠点とすべく建立が急がれた国分寺では、こうした仏法に結縁した人々の助力が期待された可能性は大きかったであろう。同様な状況は、山上多重塔が建立された赤城山南麓にも見ることができる。国分寺創建期の瓦には「勢」（勢多郡）「佐」（佐位郡）「山田」（山田郡）の押印をもつものが多数あり、また、天平勝宝元年（七四九）閏五月に勢多郡少領の上毛野朝臣足人が当国国分寺に知識物を献じて外従五位下を授けられている（『続日本紀』）。ここにおいても、知識の形成と広がりの様相を窺うことができるのである。

国分寺の瓦を介した検討を加えると、多胡郡・勢多郡の二つの地域に石文が建立され伝えられてきたのは、単なる偶然ではなく当時の社会動向を反映したものであり、民衆と仏法との関わり方を伝える歴史的意味をもっていることが見えてくる。

（2）道忠教団の存在から

多胡郡の南側に隣接する緑野郡は、五世紀頃から窯業（本郷埴輪窯）・鉄生産（金井）が行われ、白石稲荷山古墳・七輿山古墳（いずれも藤岡市）等の大型前方後円墳が造られた地域である。そして、安閑天皇二年（五三五）五月には緑野屯倉が置かれている（『日本書紀』）。この郡に在る緑野寺（浄法寺・浄院寺とも称せられる、群馬県神流町）は、八世紀後期に道忠によって開基され現在まで法燈を伝える寺院である。

道忠は鑑真和上の「持戒第一弟子」で「東国化主」と呼ばれ、人々からは「菩薩」と讃えられていた（『叡山大師伝』『元亨釈書』）。緑野寺の他に、大慈寺（栃木県岩舟町、旧下野国都賀郡）や慈光寺（埼玉県都幾川村、旧武蔵国比企郡）の創建も行っており、坂東北西部の武蔵国北部から上野国南西部を経て下野国南部に至る範囲を活動圏としていた。その仏者としての活動は活発で、延暦十六年（七八七）には最澄の求めに応じて二千巻の経典を書写して（『叡山大師伝』等）いる。また、緑野寺では教興・道応、大慈寺では広智・徳念、武蔵国の円澄といった仏者を育て、この人脈からは第二代天台座主の円澄、広智の弟子で第三代天台座主となる円仁等を輩出している（【図表5】）。また、教興は弘仁六年（八一五）に空海の依頼によっても写経事業をしており（高山寺蔵「金剛頂一切如来真実摂大乗現證大教王経」奥書）、承和元年（八三四）五月に坂東の六カ国に一切経の写経を命じた際には、緑野寺が持つ経典が経本とされた（『続日本後紀』）。弘仁八年（八一七）に最澄が訪れて法華経を講じた時には、緑野寺で九万余人、大慈寺では五万余人が参集したと伝

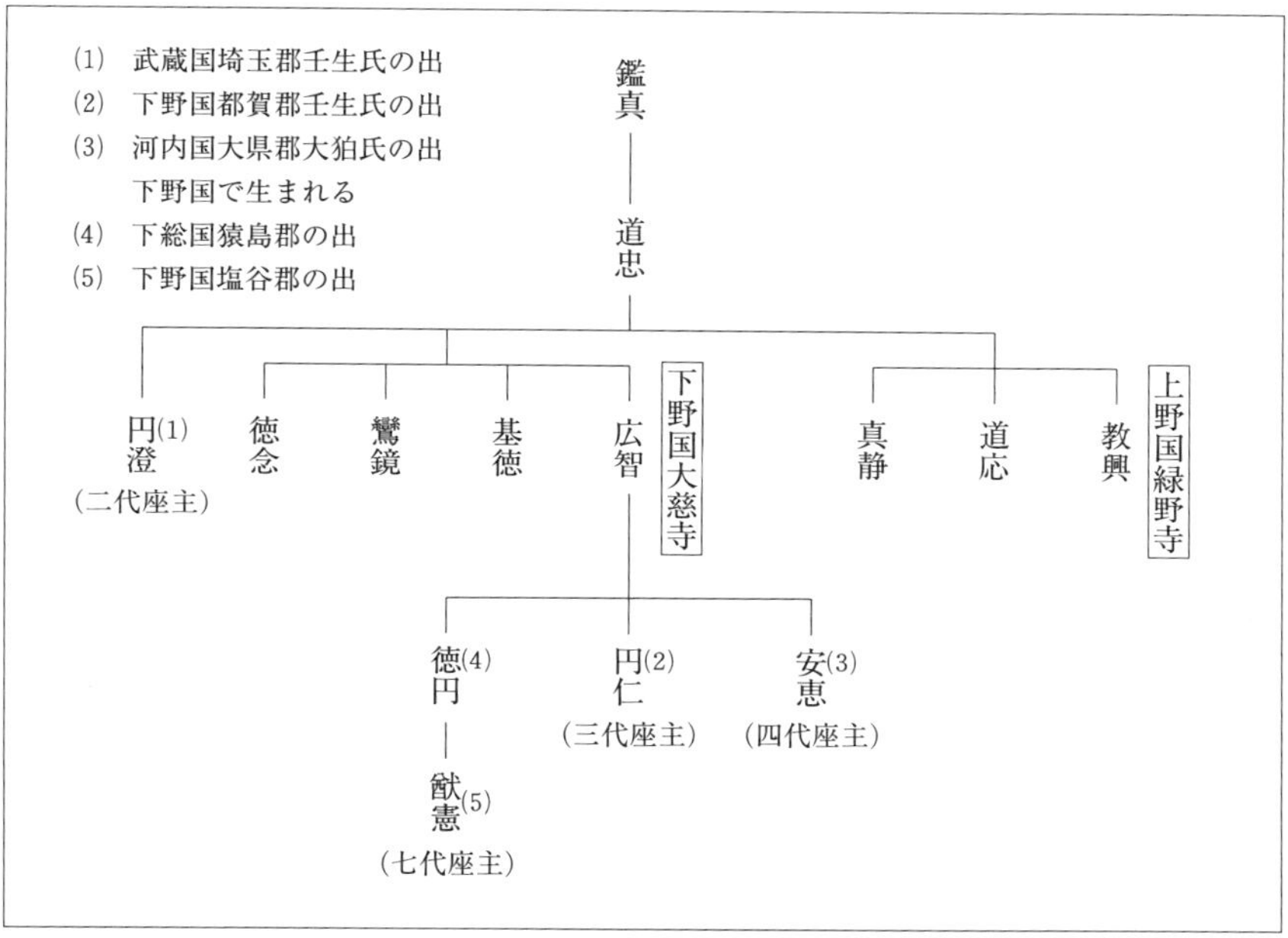

【図表５】　道忠と門下の僧　（　）内は天台座主を示す

えられている（『三千院本慈覚大師伝』）。この一帯では、仏法流布の拠点としての寺院があって、道忠教団による民衆教化の活動が盛んに展開されていたことがわかる[26]。

道忠の出自や東国への定着の詳細な時期は不明であるが、前掲の三つの寺院はいずれも古くからの窯業地や石材産出地、当国国分寺に使われた瓦の生産地に近接している。このことから道忠は、国分寺の経営に必要な資材と技術の所在地に活動の拠点を設けたと推定できる。つまり、前述の文字瓦に緑野寺に近接する多胡郡の物部氏等が目立つのは、道忠とその弟子の活動の母体が、国分寺の創建に関わった氏族や民衆を基盤として形成されたことを物語っているのである。山上碑はこれを生み出した出発点を、金井沢碑は画期となった場面を、多胡碑はその地域的背景を、そして山上多重塔はその広まりの実状を伝える石文なのである。

注

（1）本稿全体に関わる主要な参考文献には次のものがある。
尾崎喜左雄『上野三碑の研究』（一九八〇年）、『群馬県史　資料編4原始古代4』（群馬県　一九八五年）、『群馬県史　通史編2原始古代2』（群馬県　一九九一年）、第四八回企画展図録『日本三古碑は語る』（群馬県立歴史博物館　一九九四年）、展示解説図録『古代の碑』（国立歴史民俗博物館編集　一九九七年）、平野邦雄監修・新しい古代史の会編『東国石文の古代史』（吉川弘文館　一九九九年）、松田猛「佐野三家と山部郷――考古資料から見た上野三碑――」（『高崎市史研究』一一　一九九九年）、特別展図録『ふるきいしぶみ――多賀城碑と日本古代の碑――』（東北歴史博物館　二〇〇一年）、「佐野三家と上野三碑」（『新編　高崎市史　通史編1原始古代』所収　高崎市　二〇〇三年）、東野治之「上野三碑」（『日本古代金石文の研究』（岩波書店　二〇〇四年）、松原弘宣「日本古代の石碑と情報伝達」（『古代東アジアの出土資料と情報伝達』愛媛大学法文学部　二〇〇六年）、高島英之「日本古代の碑とその背景」（『古代東国地域と出土文字資料』（東京堂出版　二〇〇六年）
本稿で引用する各史料は新訂増補国史大系をもとにするが、『風土記』は日本古典文学大系（岩波書店）を使用している。
（2）（1）『東国石文の古代史』の平野邦雄氏による「序」を参照。
（3）（1）東野『日本古代金石文の研究』等による。
（4）（1）『古代の碑』等による。
（5）この項目の論旨は、前沢「地域表象としての古代石碑」（『歴史評論』六〇三　二〇〇一年）をもとにしている。
山上碑に関する近年の研究には、上田正昭他『古代東国の謎に挑む』（あさを社　一九八二年）、東野治之「山ノ上碑の建立」（前掲『群馬県史　通史編2原始古代2』所収）、篠川　賢「山上碑を読む――「佐野三家」を中心として――」（前掲『東国石文の古代史』所収）、『山王廃寺　山王廃寺等Ｖ遺跡発掘調査報告書』（前橋市埋蔵文化財発掘調査団　二〇〇〇年）がある。
（6）（1）尾崎氏『上野三碑の研究』を参照。
（7）右島和夫「山ノ上古墳」（『新編　高崎市史　資料編1原始古代1』所収　高崎市　一九九九年）等による。

（8）新川登亀男氏は「長利僧の母のために」「放光寺僧」が「記し定めし文」と訓んで、両者を別人とする見解を出している（「古代東国の「石文」系譜論序説——東アジアの視点から——」前掲『東国石文の古代史』所収）。これに対して筆者は、銘文の構成の検討から同一人物と考えている。

（9）（1）『群馬県史 資料編4原始古代4』・『群馬県史　通史編2原始古代2』を参照。

（10）岡本東三「東国における初期寺院の成立」（『東国の古代寺院と瓦』吉川弘文館　一九九六年）等。

（11）この項目の論旨は、前沢「多胡碑と古代の地方政治」（後出の『古代多胡碑と東アジア』所収）をもとにしている。多胡碑に関する近年の研究には、佐々木恵介「国家と農民」（『古文書の語る日本史1 飛鳥・奈良』筑摩書房　一九九〇年）、森田　悌「多胡郡の建置」（『古代王権と大和政権』新人物往来社　一九九二年）、高島英之「多胡碑を読む」（前掲『東国石文の古代史』所収）、有富由紀子・稲川やよい・北林春々香「人名としての「羊」（比都自、比津自）一覧」（同上）、高島英之『古代出土文字資料の研究』（東京堂出版　二〇〇〇年）、平川　南『古代地方木簡の研究』（吉川弘文館　二〇〇三年）、鐘江宏之「律令行政と民衆への情報下達」（『民衆史研究』六五　二〇〇三年）、佐々木恵介「牓示札・制札」（『文字と古代日本1　支配と文字』吉川弘文館　二〇〇四年）、勝浦令子「建郡と碑　多胡碑」（同上）、松原広宣「日本古代の社会と情報伝達」（『資源学の方法を探る（3）』愛媛大学法文学部　二〇〇四年）、川尻秋生「口頭と文書伝達——朝集使を事例として——」（『文字と古代日本2　文字による交流』吉川弘文館　二〇〇五年）、東野治之・佐藤　信編『古代多胡碑と東アジア』（山川出版社　二〇〇五年）所収の各論文、第三十回企画展図録『古墳からみた多胡碑——多胡郡の古墳文化——』（吉井町多胡碑記念館　二〇〇七年）がある。

（12）仲川恭司「多胡碑刻文字からの検討と考察」（前掲『古代多胡碑と東アジア』所収）。

（13）（1）東野「上野三碑」、（11）森田「多胡郡の建置」等による。これを含む論点と研究については、（11）高島「多胡碑を読む」に詳しく紹介されている。

（14）（11）有富由紀子・稲川やよい・北林春々香「人名としての「羊」（比都自、比津自）一覧」による。

（15）秋池　武「多胡碑の石材的検討」（前掲『古代多胡碑と東アジア』所収）。

(16) (1)『古代の碑』、(11) 佐々木「国家と農民」・鐘江「律令行政と民衆への情報下達」等による。

(17) (11) 平川『古代地方木簡の研究』等による。

(18) 論点の一つである「尊」の使用法も、この視点から考えてみる必要があろう。

(19) 金井沢碑に関する近年の研究には、東野治之「多胡碑と金井沢碑」(前掲『群馬県史　通史編2原始古代2』所収)、三舟隆之「八世紀前半の地方仏教――「金井沢碑文」を中心として――」(『律令国家の展開過程』名著出版　一九九一年)、勝浦令子「金井沢碑を読む」(前掲『東国石文の古代史』所収)がある。

(20) (19) 勝浦「金井沢碑を読む」による。

(21) 前沢「古代坂東についての基礎的研究」(『ぐんま史料研究』一三号　一九九九年)。

(22) (19) 東野「多胡碑と金井沢碑」等による。

(23) 『国指定重要文化財　山上多重塔　建立一二〇〇年記念歴史講演会』(群馬県新里村教育委員会　二〇〇一年)。この他に山上多重塔に関する近年の研究には、柏瀬和彦「山上多重塔の基礎的研究」(『群馬県史研究』二七号　一九八四年)、田熊信之「山上多重層塔の銘文について」(『武蔵野女子大学紀要』二四　一九八九年)、森田　悌「道輪と勝道」(『天皇号と須弥山』高科書店　一九九七年)、小池浩平「山上多重塔建立の社会背景」(前掲『古代の碑』所収)がある。

(24) (23) 柏瀬「山上多重塔の基礎的研究」、『国指定重要文化財　山上多重塔　建立一二〇〇年記念歴史講演会』等による。

(25) 『史跡上野国分寺跡発掘調査報告書』(群馬県教育委員会　一九八九年)。

(26) 菅原征子「写経活動と緑野寺」「最澄の東国伝道」(前掲『群馬県史　通史編2原始古代2』所収)、特別展図録『慈覚大師円仁とその名宝』(栃木県立博物館　二〇〇七年)による。

あとがき

このたび刊行した本書は、愛媛大学「資料学」研究会（代表：松原弘宣）の活動が基礎となっている。この研究会は、二〇〇一年から歴史と文学を研究する文系教員が、さまざまな資料を読み解く方法を考えようとしたもので、とくに「情報発信と受容の視点から」というテーマをかかげていた。その活動は、年一回の公開シンポジウムや例会を重ねて、『資料学の方法を探る』という冊子を発行しており、二〇〇八年三月には第七号を発行する予定である。このシンポジウムに、少しずつ各地の研究者が参加されるようになり、そこから焦点をしぼった研究プロジェクトを考えるようになった。

こうした折り、平成十七年度（二〇〇五年）～十九年度（二〇〇七年）に愛媛大学研究開発支援経費・特別推進研究プロジェクト「古代東アジアの出土資料と情報伝達」（代表：藤田勝久）の助成を受け、松山でのシンポジウムも、このテーマにそって企画した。

平成十七年度：古代東アジアの石刻資料と情報伝達
平成十八年度：古代東アジアの社会と情報伝達
平成十九年度：古代東アジアの出土資料と社会
（新潟大学超域研究機構の研究プロジェクトと東北学院大学オープンリサーチセンターとの共同主催）

ここには日本国内だけではなく、中国、韓国の研究者にも参加していただき、ささやかながら充実した研究会を開催することができた。本書は、これらのシンポジウムのうち、平成十八年度までの講演と報告者、コメンテーターの方々を中心に、あらためて論文を執筆していただいたものである。

本書の内容は、第一部「古代中国の情報伝達」、第二部「古代日本の情報伝達」で構成している。それぞれ最初の藤田勝久と松原弘宣の論文は、いわば総論にあたるものである。その基本的な考えは、古代中国の制度と情報伝達のあり方が原型となり、その後の中国社会や、古代東アジアの朝鮮と日本への影響に関連するとみなしている。ここでいう「古代東アジア」とは、直接的な交流史を扱うものではなく、情報伝達の原理や社会を比較するときのフィールドとして設定している。そのため、古代中国や日本における出土資料研究を共通の認識として、さらに進んで国家・社会の特質の検討を目的としている。こうしたソフト面に注目する試みは、公的な文書行政という側面だけではなく、習俗や風土の異なる地域社会に情報が受容されるモデルとして、その接点が見いだせると考える。

ただし本書をご覧いただければわかるように、古代中国の分野では、簡牘文書学の蓄積が多いため、これらの研究を情報伝達の視点から位置づけようとする論文と、碑や墓誌の論文を中心としている。また古代日本の交通と情報伝達に関する成果に対して、まだ解明すべき課題が残されている。しかし中国と日本の研究を比較するうえで、長江流域出土資料をふくむ資料学の構築は急務であり、この点については「情報伝達」という視点の有効性を示すことができたのではないかと考えている。今後は本書を出発点として、さらに古代社会の比較検討を進めてゆくつもりである。

なお、これまでの公開シンポジウムでは、工藤元男（早稲田大学）、大櫛敦弘（高知大学）、李開元（就実大学）、谷口満（東北学院大学）、下倉渉（東北学院大学）、超趙（中国社会科学院考古研究所）、李成市（早稲田大学）、金秉駿（韓国翰林大学）、廣瀬薫雄（日本学術振興会特別研究員）、石上英一（東京大学）、山中章（三重大学）、七海雅人（東北学院大学）の方々にご協力いただいた。また愛媛大学法文学部人文学会をはじめ、多くのご支援をえているが、今後ともご教示をいただければと希望している。

今回の出版にあたっては、学術書の刊行が困難な状況にもかかわらず、汲古書院の石坂叡志、三井久人、小林詔子氏のお世話によって刊行することができた。ここに記して、関係の方々に厚く感謝の意を表したい。

二〇〇八年一月

藤田　勝久

執筆者一覧（執筆順）

藤田勝久（ふじた　かつひさ）	1950年生	愛媛大学法文学部
陳　　偉（ちん　い）	1955年生	武漢大学簡帛研究中心
柿沼陽平（かきぬま　ようへい）	1980年生	早稲田大学博士後期課程・日本学術振興会特別研究員
藤田高夫（ふじた　たかお）	1959年生	関西大学文学部
關尾史郎（せきお　しろう）	1950年生	新潟大学人文社会・教育科学系（超域研究機構兼務）
角谷常子（すみや　つねこ）	1958年生	奈良大学文学部
東　賢司（ひがし　けんじ）	1964年生	愛媛大学教育学部
松原弘宣（まつばら　ひろのぶ）	1946年生	愛媛大学法文学部
小林昌二（こばやし　しょうじ）	1942年生	新潟大学大学院現代社会文化研究科
市　大樹（いち　ひろき）	1971年生	奈良文化財研究所飛鳥藤原宮跡発掘調査部
大平　聡（おおひら　さとし）	1955年生	宮城学院女子大学人間文化学科
加藤友康（かとう　ともやす）	1948年生	東京大学史料編纂所
前沢和之（まえざわ　かずゆき）	1946年生	館林市史編さんセンター

古代東アジアの情報伝達

二〇〇八年四月二十三日　発行

編　者　藤田勝久
　　　　松原弘宣

発行者　石坂叡志

整版印刷　富士リプロ㈱

発行所　汲古書院

〒102-0072　東京都千代田区飯田橋二-五-四
電　話　〇三（三二六五）九七六四
FAX　〇三（三二二二）一八四五

ISBN978-4-7629-2841-3　C3022

KYUKO-SHOIN, Co., Ltd. Tokyo.